| 博士生导师学术文库 |

A Library of Academics by
Ph.D.Supervisors

中国古代经济治理思想
对生态文明建设的启示

钟茂初 著

光明日报出版社

图书在版编目（CIP）数据

中国古代经济治理思想对生态文明建设的启示 / 钟
茂初著. --北京：光明日报出版社，2023.5

ISBN 978-7-5194-7177-4

Ⅰ.①中… Ⅱ.①钟… Ⅲ.①《管子》—政治思想—
研究 Ⅳ.①D092.25

中国国家版本馆 CIP 数据核字（2023）第 073014 号

中国古代经济治理思想对生态文明建设的启示
ZHONGGUO GUDAI JINGJI ZHILI SIXIANG DUI SHENGTAI WENMING
JIANSHE DE QISHI

著　　者：钟茂初

责任编辑：梁永春　　　　　　　责任校对：李佳莹
封面设计：一站出版网　　　　　责任印制：曹　净

出版发行：光明日报出版社
地　　址：北京市西城区永安路 106 号，100050
电　　话：010-63169890（咨询），010-63131930（邮购）
传　　真：010-63131930
网　　址：http：//book. gmw. cn
E - mail：gmrbcbs@ gmw. cn
法律顾问：北京市兰台律师事务所龚柳方律师

印　　刷：三河市华东印刷有限公司
装　　订：三河市华东印刷有限公司
本书如有破损、缺页、装订错误，请与本社联系调换，电话：010-63131930

开　　本：170mm×240mm
字　　数：201 千字　　　　　　印　　张：15.5
版　　次：2023 年 5 月第 1 版　　印　　次：2023 年 5 月第 1 次印刷
书　　号：ISBN 978-7-5194-7177-4
定　　价：95.00 元

目　录
CONTENTS

导　论

　　《管子》，托名春秋时期管仲之作，实际上是战国时期各学派有关治国思想的汇编。现存版本为汉代刘向编定，原有八十六篇，现存七十六篇，其余十篇佚失。尽管《管子》的内容较为庞杂、思想不尽统一，但各篇内容还是具有较为丰富的学理价值，并受到历代学者重视。

　　总体上来看，《管子》是一部关于国家治理的典籍。《管子》全书结合当时社会发展的背景，提出了国家治理、国家经济管理、法治、社会政治伦理等方面的思想和方法。尤其是在国家经济管理方面，涉及现代经济学所讨论的生产、交换、流通、分配、消费、货币、市场价格、垄断经营、产业、对外经济等内容，是中国古代经济学思想的奠基之作，是中国古代一部名副其实的"国富论"。更为具有思想价值的是，《管子》的经济学思想中，已经包含了对于人性逐利的行为动机、对于经济关系的均衡与权衡、利益诱导激励机制、政策目标的适度性、政策制度法规契合民众意愿、国家对经济稳定的调控等重要问题的讨论。此外，《管子》还把国家经济发展与国家治理的方方面面联系在一起，而不是独立地讨论治理制度、法律、军事、道德教化等问题，特别是强调经济手段在治理过程中的作用，而不是片面强调采用强制性手段的治理。《管子》的上述思想，对于当今人类社会发展面对的现实问题依然有着重要的启示作用。

　　要深刻地理解《管子》的思想及其对于当今社会的启示作用，首先要读懂《管子》原文。在此，本书作者提出以下几点认识。

其一，由于《管子》在流传过程中造成的简篇错乱、文字夺误等问题较多，所以，读者应选择较为严谨的校勘释本作为参考。如清代戴望所撰《管子校正》①，当代郭沫若等人所撰《管子集校》② 等。这些校勘注释本，对于读懂《管子》有重要的参考作用。

其二，由于《管子》可以看作以经济思想为核心的典籍，所以读者还应选择偏重经济学视角的、较为严谨的释本作为参考，如中国人民大学、北京经济学院《管子》经济思想研究组编撰的《〈管子〉经济篇文注译》③。因为，《管子》本身的文字，相对于《老子》《庄子》《周易》，并不算深奥难懂，较为困难的是对其所要表达的思想如何准确理解。如果不能从经济学视角去理解《管子》思想，也就很难从文字层面读懂《管子》所要表达的意涵。

其三，由于《管子》是为战国时代背景下的国家治理服务的，所以，在读懂《管子》之前，就要准确认识《管子》所追求的国家治理目标（大致可归纳为：国家得到有效治理、依法治国、国家对经济的掌控能力、富国富民、抑制豪强、重农抑末、经济社会稳定有序等）。尽管《管子》内容庞杂、思想不尽统一，但其所追求的总体目标并不偏移。正是由于《管子》所论述的思想都是为了实现这些目标的，所以对于《管子》内容的解读，也应朝着这一方向去认识和理解。

---

① 清代戴望所撰的《管子校正》，是管子的集大成著作，很有参考价值，一名《管子正误》。《管子校正》本以唐代房玄龄所撰《管子》注本。在校勘中，戴氏取元刻本、朱东光本、刘绩本、宋本、中立本等版本相互校对，并广泛吸收王念孙、丁士涵、高诱、俞樾、宋翔凤、张文虎、陈奂、洪颐煊、井衡等人的校订成果，还重视用房玄龄注文参校正文。

② 当代郭沫若等人所撰《管子集校》，把前人研究成果汇集一书，博采众家之说，广泛吸收千余年来校释《管子》的主要成果，为后人学习研读《管子》提供了重要参考。

③ 中国人民大学、北京经济学院《管子》经济思想研究组.《管子》经济篇文注译 [M]. 南昌：江西人民出版社，1980.

　　其四，要从同一篇目上下文思想连贯统一的角度来认识和理解。如《侈靡篇》中的"国贫而鄙富，苴美于朝市；国富而鄙贫，莫尽如市。"从字面上很难准确理解其意涵，但根据上下文及该篇的主题思想，不能理解其含义是：城市需求得不到完全满足（"国贫"，即"产品未能足够流入城市"之义），而农村供给得不到完全售出（"鄙富"，即"农村产品未能充分流出"之义），是市场交易不充分（"朝市"，即"如同只有早市那样市场交易受限"之义）造成的；而应理解为：城市需求得到完全满足（"国富"），而农村供给得到完全售出（"鄙贫"），则是市场交易充分（"莫尽如市"，如同"从早到晚为市那样市场交易不受限制"之义）带来的。这样来解读，就能够更好、更准确地认识《管子》的深刻思想。

　　其五，《管子》的主要观点，通常采用"故曰……""是故……""故……"等句式，归纳总结于各篇各段落的结尾。所以，在读《管子》时，可以先读解其核心观点，而后反过来审读整个段落，就可以更好地理解各句文字的语义。

　　其六，《管子》的论述过程中，多采用并列或递进的论述方式，本书作者根据原文语义，对其标点进行了较为细致地校订，采用标点"、"表示所论述事物间的并列关系，采用标点"；"表示所论述语句间的并列关系或递进关系。这对于更准确地阅读理解《管子》有所助益。读者应当注意的是，现今所见各种《管子》版本，对于标点所反映的逻辑关系缺乏足够的认识，随意标点的现象较为普遍。

　　其七，对于《管子》的具体内容，应着重理解其逻辑性，而非其具体表述。《管子》各篇所论述的事例，未必是真实存在的，恐怕不少是臆想的。尤其是文中用数字或数量表述的内容（如"倍""十倍""二十倍"等）、法规严厉程度的内容（"亏令者死，益令者死，不行令者死，留令者死，不从令者死"等），未必可信。今人读解《管子》，应主要从其思考方向、思维方式的角度去认识和理解，而不要去纠结其具体的数字和数量关系。

其八，《管子》中存在大量的通用字，如"涂"通"途"、"渝"通"逾"、"芸"通"耘"、"繇"通"徭"、"倍"通"悖"、"竟"通"境"等，应根据上下文的逻辑关联审慎确定其"本字"，准确认识相应字词的语义；此外，《管子》全书中同一字词，在不同语境下，也有不同的含义，如"国"，有时为"诸侯国"之义，有时则为"都市城镇"之义，应根据上下文准确确定其语义。

本书的核心内容是《管子》对当今生态文明建设的启示。这些启示，是从《管子》关于国家有效治理、依法治理、利益诱导激励机制、政策目标的适度性、政策制度法规切合民众意愿等方面内容，借鉴运用于当今推进生态文明建设事业而得出的，并不是《管子》对于自然资源和生态环境问题的具体见解。换言之，借鉴的只是《管子》对于相关问题的思维方法，而不是其具体认识。

例如，《法法篇》中的"不法法，则事毋常；法不法，则令不行。令而不行，则令不法也；法而不行，则修令者不审也；审而不行，则赏罚轻也；重而不行，则赏罚不信也；信而不行，则不以身先之也"。这句本身并没有涉及生态环境问题，但其对生态文明制度建设有重要的启示作用，即不以法规化的方式去形成，就不可能建成常态化的制度，不能常态化处理相关事务；不以程序化的方式去推行，制度政策就难以落实；制度政策难以落实，表明制度政策缺乏强制性措施；制度政策有强制性依然无法落实，表明制定政策不切合实际；如果政策切合实际仍然无法落实，则表明制度政策的激励力度和处罚力度不足；如果制度政策的激励力度和处罚力度已经达到了必要程度，仍然无法落实，则表明激励和处罚机制缺乏可信度；如果人们认同激励和处罚机制的可信度，仍然无法落实，那么问题就在于对社会起引导作用的群体没有身体力行。所以，起引导作用群体的带头落实，是制度政策得以在全社会落实的重要前提。

再如，《轻重乙篇》有"民，夺之则怒，予之则喜。民情固然。先王知其然，故见予之所，不见夺之理。……故夺然后予，高然后下，喜然后怒，天下可举"之句，本身并没有涉及生态环境问题，但是对于生态文明建设的政策有效性问题有重要的启示价值。即，生态文明建设政策，必须考虑民众的行为偏好（民众一般都是"获得"则增加其效用、"付出"则降低其效用），这样的政策才是有效的。所以，生态环境政策，对民众的补偿机制优于对民众的成本分担机制。因此，实施补偿机制应尽可能显性化，而实施成本分担机制则应尽可能隐性化；同理，对于民众相关权益的政策，如果是增加民众权益则应尽可能显性化，如果是限制民众权益则应尽可能隐性化；再者，在给予与予夺权益的机制同时存在时，考虑到民众的行为偏好，不妨先予夺后给予，这种方式优于先给予后予夺。

本书的体例是：全书下设四十章，即选用《管子》全部篇目中的四十篇。按照选用篇目，章目沿用《管子》原文的篇目名称，并在脚注中说明该篇的主要论题，并说明该选用篇目前后未选用的篇目及佚失篇目。各章目下，首先列出该篇"原文"（省略部分用"……"表示），其次阐述其中若干重要段落文字的"生态文明启示"。在脚注中，列出本书作者对该段落原文大意及哲理意涵做出的阐释。本书另有"《管子》主要思想的白话梗概""《管子》主要用语的新阐释"两篇附录，以供读者阅读理解时参考。

第一章

牧 民

【原文】

国颂

凡有地牧民者，务在四时，守在仓廪。国多财，则远者来，地辟举，则民留处；仓廪实，则知礼节；衣食足，则知荣辱；上服度，则六亲固。四维张，则君令行。故省刑之要，在禁文巧，守国之度，在饰四维，顺民之经，在明鬼神，只山川，敬宗庙，恭祖旧。不务天时，则财不生；不务地利，则仓廪不盈；野芜旷，则民乃菅；上无量，则民乃妄。文巧不禁，则民乃淫；不璋两原，则刑乃繁；不明鬼神，则陋民不悟；不只山川，则威令不闻；不敬宗庙，则民乃上校；不恭祖旧，则孝悌不备；四维不张，国乃灭亡。

四维

国有四维，一维绝则倾，二维绝则危，三维绝则覆，四维绝则灭。倾可正也，危可安也，覆可起也，灭不可复错也。何谓四维？一曰礼、二曰义、三曰廉、四曰耻。礼不踰节，义不自进。廉不蔽恶，耻不从枉。故不踰节，则上位安；不自进，则民无巧诈；不蔽恶，则行自全；不从枉，则邪事不生。

四顺

政之所兴，在顺民心。政之所废，在逆民心。民恶忧劳，我佚乐之。民恶贫贱，我富贵之；民恶危坠，我存安之；民恶灭绝，我生育之。能佚乐之，则民为之忧劳。能富贵之，则民为之贫贱。能存安之，则民为之危坠。能生育之，则民为之灭绝。故刑罚不足以畏其意，杀戮不足以服其心。故刑罚繁而意不恐，则令不行矣。杀戮众而心不服，则上位危矣。故从其四欲，则远者自亲；行其四恶，则近者叛之。故知"予之为取者，政之宝也"。

十一经

错国于不倾之地，积于不涸之仓，藏于不竭之府，下令于流水之原，使民于不争之官，明必死之路，开必得之门。不为不可成，不求不可得，不处不可久，不行不可复。错国于不倾之地者，授有德也；积于不涸之仓者，务五谷也；藏于不竭之府者，养桑麻育六畜也；下令于流水之原者，令顺民心也；使民于不争之官者，使各为其所长也；明必死之路者，严刑罚也；开必得之门者，信庆赏也；不为不可成者，量民力也；不求不可得者，不彊民以其所恶也；不处不可久者，不偷取一世也；不行不可复者，不欺其民也；故授有德，则国安；务五谷，则食足；养桑麻，育六畜，则民富；令顺民心，则威令行；使民各为其所长，则用备；严刑罚，则民远邪；信庆赏，则民轻难；量民力，则事无不成；不彊民以其所恶，则轴伪不生；不偷取一世，则民无怨心；不欺其民，则下亲其上。

六亲五法

以家为乡，乡不可为也；以乡为国，国不可为也；以国为天下，天下不可为也。以家为家，以乡为乡，以国为国，以天下为天下。毋曰不同生，远者不听。毋曰不同乡，远者不行。毋曰不同国，远者不从。如地如天，何私何亲？如月如日，唯君之节。御民之辔，在上之所贵。道民之门，在上之所先。召民之路，在上之所好恶。故君求之，则臣得之；君嗜之，则臣食之；君好之，则臣服之；君恶之，则臣匿之。毋蔽

7

汝恶，毋异汝度，贤者将不汝助。言室满室，言堂满堂，是谓圣王。城郭沟渠，不足以固守；兵甲彊力，不足以应敌；博地多财，不足以有众。惟有道者，能备患于未形也，故祸不萌。天下不患无臣，患无君以使之；天下不患无财，患无人以分之。故知时者，可立以为长；无私者，可置以为政；审于时而察于用，而能备官者，可奉以为君也。缓者后于事，吝于财者失所亲，信小人者失士。

【生态文明启示】

"不务天时，则财不生；不务地利，则仓廪不盈；野芜旷，则民乃菅；上无量，则民乃妄；文巧不禁，则民乃淫；不璋两原，则刑乃繁"[1]的生态文明启示是：如果不遵循自然生态系统的一般规律，经济活动的可持续性就无法得以保障；不考虑生态系统的生态承载力，由此造成生态系统生态功能劣化，人类各世代的需求也就难以得到保证。生态系统生态功能劣化，人类世代的生存传承环境也就随之劣化；如果人类的物质需求无限扩张的话，人类经济活动自然资源、自然生态环境也就必然攫取无度；如果对于人类需求和人类技术发展无所节制的话，那么，人类经济活动就会不断突破对于自然资源、生态环境的底线。所以，生态文明建设必须解决两个根本问题：一是突破生态承载力的经济活动，二是没有节制的需求满足。

---

① 《牧民篇》，主要从经济、社会、政治角度论述国家治理的理论与原则。"不务天时，则财不生；不务地利，则仓廪不盈；野芜旷，则民乃菅；上无量，则民乃妄；文巧不禁，则民乃淫；不璋两原，则刑乃繁"的大意是：不遵循天时，生产和财富就不能实现；不遵循土地耕作规律，粮食就不会充足；田地荒芜不被开发利用，意味着民众生活无着；君主挥霍无度，则民众无力满足之；不禁止奢侈品生产，则民众消费超出其能力；不堵塞索取无度和奢侈这两个根源，社会稳定秩序必然受到严重影响。"民乃菅"，可理解为"民众背井离乡"；"民乃妄"，可理解为"因无法承受而为乱"之义；"民乃淫"，可理解为"因难辨正邪而放纵"；"不璋两原"，即"不堵塞两方面的源头问题"之义。

"何谓四维？一曰礼、二曰义、三曰廉、四曰耻。礼不踰节，义不自进。廉不蔽恶，耻不从枉。故不踰节，则上位安；不自进，则民无巧诈；不蔽恶，则行自全；不从枉，则邪事不生"① 的生态文明启示是：在生态文明建设中，礼、义、廉、耻，可以赋予其新的内涵。"礼"，就是人们在生产生活中不超越有关生态环境的行为规范；"义"，就是人们不能为了满足自身过度的需求而在使用自然资源、影响自然生态环境方面妄自求进、不择手段地钻营谋利；"廉"，就是人们不再掩饰以往破坏自然生态环境的过错；"耻"，就是人们在经济社会活动中不会趋从于通过损耗自然资源、损害生态环境而谋求发展的企图。人们树立生态文明思维、遵从生态文明行为规范、不再盲目追求经济增长、勇于改正破坏生态环境的过错、抵制以生态环境损害换取增长的企图，那么，生态系统就不会因为人类行为而加剧其不稳定性，自然生态系统的生态功能就能够维持其"可持续性"。

"不为不可成者，量民力也；不求不可得者，不彊民以其所恶也；不处不可久者，不偷取一世也；不行不可复者，不欺其民也"② 的生态

---

① "何谓四维？一曰礼、二曰义、三曰廉、四曰耻。礼不踰节，义不自进，廉不蔽恶，耻不从枉。故：不踰节，则上位安；不自进，则民无巧诈；不蔽恶，则行自全；不从枉，则邪事不生"的大意是：什么是国家治理的四维？一是礼，二是义，三是廉，四是耻。有礼，人们则不会超越行为规范；有义，则人与人之间不会不择手段地获取竞争优势；有廉，则不会掩饰过错；有耻，就不会趋从恶行。民众遵守行为规范，则国家秩序（君主地位）稳定；不会为了目的不择手段，则人与人之间就不会相互欺骗；不掩饰过错，人们行为则会不断自我校正；不趋从恶行，则不会引致社会混乱之事循环加剧。"踰"，即"逾越"之义；"廉"，即"高洁不污"之义；"枉"，为"树木弯曲"之义，此处可理解为"非正道"；"行自全"，可理解为"行为自我完善"。

② "不为不可成者，量民力也；不求不可得者，不彊民以其所恶也；不处不可久者，不偷取一世也；不行不可复者，不欺其民也"的大意是：不强为难以办成之事，就是要考量民力的承受度；不追求难以获得的利益，就是不迫使民众去做不愿之事；不立足于难以持久之所，就是不把事业建立在高风险的基础上；不为不可重复推行的策略，就是不以欺瞒取巧手段去管理民众。"彊"，通"强"，即"强行"之义；"偷取一世"，可理解为"贪图短期的利益"。

文明启示是：生态文明建设中，也应遵循"不为不可成""不求不可得""不处不可久""不行不可复"的原则，赋予其新的内涵。"不为不可成"，就是不强行去实现难以达成的经济社会发展目标，要充分考量自然资源、自然生态环境的承受能力；"不求不可得"，就是不强行去追求并不符合人们内在意愿的财富，应当充分考虑什么样的发展目标、什么样的财富追求，才是社会成员普遍的真实需求，不要导致财富增加而民众幸福感反而下降的结果；"不处不可久"，就是不强行去追求难以持久维持的竞争地位，不可贪图一时的竞争优位，而为此带来源源不断的生态环境风险和社会风险；"不行不可复"，就是不能为了短期经济利益而采取对自然生态系统造成不可逆影响的经济行为，不能持有"战胜自然""改造自然"的思维。

"以家为乡，乡不可为也；以乡为国，国不可为也；以国为天下，天下不可为也。以家为家，以乡为乡，以国为国，以天下为天下。毋曰不同生，远者不听；毋曰不同乡，远者不行；毋曰不同国，远者不从。如地如天，何私何亲"① 的生态文明启示是：对于生态环境问题，不能简单地从个体的角度来考虑群体层面的问题，也不能从群体的角度来考虑区域和国家层面的问题，也不能从区域和国家的角度来考虑全球全人类层面的问题。对于生态环境问题，个体层面、群体层面、区域层面、国家层面、全人类层面，都应有符合各自责任的治理方式。不能因为个体利益的不同，以及不能因为属于群体、属于不同区域、属于不同国家，就不顾及自身行为可能对他者造成的更大范围生态环境的影响。治理生态环境问题，就应当像天地对待万物那样无偏无私，因为生态环境影响是无法区分你我的。

---

① "毋曰不同生，远者不听。毋曰不同乡，远者不行。毋曰不同国，远者不从。如地如天，何私何亲"的大意是：不要因为不同姓，就不听取外姓人的意见；不要因为不同乡，不采纳外乡人的建议；不要因为不同国，而不听从别国人的主张。听取意见建议，就要像天地对待万物那样，没有什么偏私偏爱。其中，"不同生"可理解为"不同姓"。

第二章

形 势

【原文】

山高而不崩，则祈羊至矣；渊深而不涸，则沈玉极矣。天不变其常，地不易其则，春秋冬夏，不更其节，古今一也。蛟龙得水，而神可立也；虎豹得幽，而威可载也；风雨无乡，而怨怒不及也。贵有以行令，贱有以忘卑，寿夭贫富，无徒归也。

衔命者，君之尊也。受辞者，名之铉也。上无事，则民自试。抱蜀不言，而庙堂既修。槛鹊锵锵，唯民歌之。济济多士，殷民化之，纣之失也。飞蓬之问，不在所宾；燕雀之集，道行不顾。牺牷圭璧，不足以飨鬼神。主功有素，宝币奚为？羿之道，非射也；造父之术，非驭也；奚仲之巧，非斫削也。召远者使无为焉，亲近者言无事焉，唯夜行者独有也。

平原之隰，奚有于高？大山之隈，奚有于深？訾讆之人，勿与任大。谲臣者可以远举，顾忧者可与致道。其计也速而忧在近者，往而勿召也举长者可远见也；裁大者众之所比也。美人之怀，定服而勿厌也。必得之事，不足赖也；必诺之言，不足信也。小谨者不大立，訾食者不肥体；有无弃之言者，必参于天地也。坠岸三仞，人之所大难也，而猿猱饮焉。故曰：伐矜好专，举事之祸也。不行其野，不违其马。能予而无取者，天地之配也。

　　怠倦者不及，无广者疑神，神者在内，不及者在门，在内者将假，在门者将待。曙戒勿怠，后稚逢殃。朝忘其事，夕失其功。邪气入内，正色乃衰。君不君，则臣不臣；父不父，则子不子。上失其位，则下踰其节；上下不和，令乃不行；衣冠不正，则宾者不肃；进退无仪，则政令不行。且怀且威，则君道备矣。莫乐之，则莫哀之；莫生之，则莫死之。往者不至，来者不极。

　　道之所言者一也，而用之者异。有闻道而好为家者，一家之人也；有闻道而好为乡者，一乡之人也；有闻道而好为国者，一国之人也；有闻道而好为天下者，天下之人也；有闻道而好定万物者，天下之配也。道往者，其人莫来；道来者，其人莫往；道之所设，身之化也。持满者与天，安危者与人。失天之度，虽满必涸。上下不和，虽安必危。欲王天下，而失天之道，天下不可得而王也。得天之道，其事若自然；失天之道，虽立不安。其道既得，莫知其为之；其功既成，莫知其释之。藏之无刑，天之道也。疑今者，察之古不知来者，视之往，万事之生也。异趣而同归，古今一也。

　　生栋覆屋，怨怒不及；弱子下瓦，慈母操箠。天道之极，远者自亲。人事之起，近亲造怨。万物之于人也，无私近也，无私远也，巧者有余，而拙者不足。其功顺天者天助之，其功逆天者天违之；天之所助，虽小必大；天之所违，虽成必败；顺天者有其功，逆天者怀其凶，不可复振也。

　　乌鸟之狡，虽善不亲；不重之结，虽固必解；道之用也，贵其重也。毋与不可，毋彊不能，毋告不知；与不可，彊不能，告不知，谓之劳而无功。见与之交，几于不亲；见哀之役，几于不结；见施之德，几于不报；四方所归，心行者也。独王之国，劳而多祸；独国之君，卑而不威；自媒之女，丑而不信，未之见而亲焉，可以往矣；久而不忘焉，可以来矣。日月不明，天不易也；山高而不见，地不易也。言而不可复者，君不言也；行而不可再者，君不行也。凡言而不可复，行而不可再者，有国者之大禁也。

【生态文明启示】

"謶臣者可以远举，顾忧者可与致道。其计也速而忧在近者，往而勿召也"① 的生态文明启示是：推进生态文明建设，应当有什么样的格局？考虑问题的视角应当是人类命运共同体，忧虑的应当是人类的生存传承以及后代人的发展环境。如果仅仅是考虑当代人如何快速发展、如何解决当代人的发展障碍，这样是无法推进生态文明建设的。

"生栋覆屋，怨怒不及；弱子下瓦，慈母操棰。天道之极，远者自亲。人事之起，近亲造怨。万物之于人也，无私近也，无私远也；巧者有余，而拙者不足；其功顺天者天助之，其功逆天者天违之；天之所助，虽小必大；天之所违，虽成必败；顺天者有其功，逆天者怀其凶，不可复振也"② 的生态文明启示是：自然灾害，是自然系统运动方式的一种形式，人类必须坦然承受自然灾害导致的影响。由于某些群体的不当行为而引致的生态环境灾害，这是人类应当共同谴责、共同抵制的。人类社会群体、社会成员，遵循"尊重自然、顺应自然、敬畏自然"的准则，那么各群体之间、各成员之间也就有了为共同利益而协同合作的基础；反之，各群体、各成员为了自身局部利益而不惜损害自然生态

---

① 《形势篇》主要论述主持政事的原则。"謶臣者可以远举，顾忧者可与致道。其计也速而忧在近者，往而勿召也"的大意是：谋虑远大的人，可以与他共商大事；见识高超的人，可以与他探讨治国之道。但是，对于那种贪图速效而只顾眼前利害的人，就不可招来与商大计。其中，"謶"，通"谟"，《说文解字》释为"谟，议谋也"。

② "生栋覆屋，怨怒不及；弱子下瓦，慈母操棰。天道之极，远者自亲。人事之起，近亲造怨"的大意是：用新伐木材做屋柱而房子倒塌，谁也不怨恨木材；小孩子把屋瓦拆下来，慈母也会操起棍子追打。顺天道去行为，外人也会认同称许；不守规矩去行为，近亲也会怨恨。其中，"生栋覆屋"，即"用新伐的木头做屋梁，木头变形造成房屋倒塌"，此处可理解为"因自然的灾害或非人为意造成的灾害"；"振"，《说文解字》释为"举救也"。"不可复振"，可理解为"不可能再次得到拯救"。

环境，那么相互之间也就形成了"公有地悲剧"。自然生态系统对于人类各群体、各成员是无偏的，所以，对充分认识生态承载力的群体和成员来说，他们就可以在生态承载力范围内有序地生产生活；而对不顾及生态承载力的群体或成员来说，他们总是不知餍足地生产生活。最终的结果必然是，顾及生态承载力的就能够实现可持续发展，不顾及生态承载力的反而无法可持续发展。也就是说，不尊重自然生态系统的承载力限制，必然导致不可逆的"不可持续"后果。

第三章

权 修

【原文】

万乘之国，兵不可以无主；土地博大，野不可以无吏；百姓殷众，官不可以无长；操民之命，朝不可以无政。

地博而国贫者，野不辟也；民众而兵弱者，民无取也。故末产不禁，则野不辟；赏罚不信，则民无取。野不辟，民无取，外不可以应敌，内不可以固守。故曰有万乘之号，而无千乘之用，而求权之无轻，不可得也。

地辟而国贫者，舟舆饰，台榭广也；赏罚信而兵弱者，轻用众，使民劳也。舟车饰，台榭广，则赋敛厚矣；轻用众，使民劳，则民力竭矣。赋敛厚，则下怨上矣；民力竭，则令不行矣。下怨上，令不行，而求敌之勿谋己，不可得也。

欲为天下者，必重用其国；欲为其国者，必重用其民；欲为其民者，必重尽其民力。无以畜之，则往而不可止也；无以牧之，则处而不可使也；远人至而不去，则有以畜之也。民众而可一，则有以牧之也。见其可也，喜之有征；见其不可也，恶之有刑。赏罚信于其所见，虽其所不见，其敢为之乎？见其可也，喜之无征；见其不可也，恶之无刑。赏罚不信于其所见，而求其所不见之为之化，不可得也。厚爱利，足以亲之；明智礼，足以教之。上身服以先之，审度量以闲之。乡置师以说道之，然后申之以宪令，劝之以庆赏，振之以刑罚，故百姓皆说为善，则暴乱之行无由至矣。

地之生财有时，民之用力有倦。而人君之欲无穷，以有时与有倦，养无穷之君，而度量不生于其间，则上下相疾也。是以臣有杀其君，子有杀其父者矣。故取于民有度，用之有止，国虽小必安；取于民无度，用之不止，国虽大必危。

地之不辟者，非吾地也；民之不牧者，非吾民也。凡牧民者，以其所积者食之，不可不审也。其积多者其食多，其积寡者其食寡，无积者不食。或有积而不食者，则民离上；有积多而食寡者，则民不力；有积寡而食多者，则民多轴；有无积而徒食者，则民偷幸；故离上不力，多轴偷幸，举事不成，应敌不用。故曰：察能授官，班禄赐予，使民之机也。

野与市争民。家与府争货，金与粟争贵，乡与朝争治。故野不积草，农事先也；府不积货，藏于民也；市不成肆，家用足也；朝不合众，乡分治也。故野不积草，府不积货，市不成肆，朝不合众，治之至也。

人情不二，故民情可得而御也。审其所好恶，则其长短可知也；观其交游，则其贤不肖可察也。二者不失，则民能可得而官也。

地之守在城，城之守在兵，兵之守在人，人之守在粟。故地不辟，则城不固。有身不治，奚待于人？有人不治，奚待于家？有家不治，奚待于乡？有乡不治，奚待于国？有国不治，奚待于天下？天下者，国之本也；国者，乡之本也；乡者，家之本也；家者，人之本也；人者，身之本也；身者，治之本也。故上不好本事，则末产不禁。末产不禁，则民缓于时事而轻地利；轻地利，而求田野之辟。仓廪之实，不可得也。

商贾在朝，则货财上流；妇言人事，则赏罚不信；男女无别，则民无廉耻。货财上流，赏罚不信，民无廉耻，而求百姓之安难，兵士之死节，不可得也；朝廷不肃，贵贱不明，长幼不分，度量不审，衣服无等，上下凌节，而求百姓之尊主政令，不可得也。上好轴谋闲欺，臣下赋敛竞得，使民偷壹，则百姓疾怨，而求下之亲上，不可得也；有地不务本事，君国不能壹民，而求宗庙社稷之无危，不可得也；上恃龟筮，好用巫医，则鬼神骤祟。故功之不立，名之不章，为之患者三：有独王者、有贫贱者、有日不足者。

一年之计，莫如树谷；十年之计，莫如树木；终身之计，莫如树人。一树一获者，谷也；一树十获者，木也；一树百获者，人也。我苟种之，如神用之，举事如神，唯王之门。

凡牧民者，使士无邪行，女无淫事。士无邪行，教也；女无淫事，训也。教训成俗，而刑罚省，数也。

凡牧民者，欲民之正也；欲民之正，则微邪不可不禁也。微邪者，大邪之所生也。微邪不禁，而求大邪之无伤国，不可得也。

凡牧民者，欲民之有礼也；欲民之有礼，则小礼不可不谨也；小礼不谨于国，而求百姓之行大礼，不可得也。

凡牧民者，欲民之有义也；欲民之有义，则小义不可不行；小义不行于国，而求百姓之行大义，不可得也。

凡牧民者，欲民之有廉也；欲民之有廉，则小廉不可不修也。小廉不修于国，而求百姓之行大廉，不可得也。

凡牧民者，欲民之有耻也，欲民之有耻，则小耻不可不饰也。小耻不饰于国，而求百姓之行大耻，不可得也。

凡牧民者，欲民之修小礼、行小义、饰小廉、谨小耻、禁微邪，此厉民之道也。民之修小礼、行小义、饰小廉、谨小耻、禁微邪，治之本也。

凡牧民者，欲民之可御也；欲民之可御，则法不可不审。

法者，将立朝廷者也；将立朝廷者，则爵服不可不贵也；爵服加于不义，则民贱其爵服；民贱其爵服，则人主不尊；人主不尊，则令不行矣。

法者，将用民力者也；将用民力者，则禄赏不可不重也；禄赏加于无功，则民轻其禄赏；民轻其禄赏，则上无以劝民；上无以劝民，则令不行矣。

法者，将用民能者也；将用民能者，则授官不可不审也；授官不审，则民闲其治；民闲其治，则理不上通；理不上通，则下怨其上；下怨其上，则令不行矣。

法者，将用民之死命者也；用民之死命者，则刑罚不可不审；刑罚不审，则有辟就；有辟就，则杀不辜而赦有罪；杀不辜而赦有罪，则国不免于贼臣矣。故夫爵服贱、禄赏轻、民闲其治、贼臣首难，此谓败国之教也。

【生态文明启示】

"见其可也，喜之有征；见其不可也，恶之有刑。赏罚信于其所见，虽其所不见，其敢为之乎？见其可也，喜之无征；见其不可也，恶之无刑。赏罚不信于其所见，而求其所不见之为之化，不可得也。厚爱利足以亲之，明智礼足以教之，上身服以先之，审度量以闲之，乡置师以说道之。然后申之以宪令，劝之以庆赏，振之以刑罚。故百姓皆说为善，则暴乱之行无由至矣"① 的生态文明启示是：国家在经济社会发

---

① 《权修篇》，主要讨论通过经济政策以强化政权等内容。"见其可也，喜之有征；见其不可也，恶之有刑。赏罚信于其所见，虽其所不见，其敢为之乎？见其可也，喜之无征；见其不可也，恶之无刑。赏罚不信于其所见，而求其所不见之为之化，不可得也。厚爱利足以亲之，明智礼足以教之，上身服以先之，审度量以闲之，乡置师以说道之。然后申之以宪令，劝之以庆赏，振之以刑罚。故百姓皆说为善，则暴乱之行无由至矣"的大意是：发现人们做有益之事，嘉许要有实际奖赏；发现人们做有害之事，反对且要有具体惩罚。赏功罚过，对于亲身经历者而言得以真实兑现，那么，没有亲身经历者也就不敢乱为了。如果发现人们做有益之事，空自嘉许而没有实际奖赏；发现人们做有害之事，空自反对而没有具体惩罚；赏功罚过之说，亲身经历者没有获得兑现，不可能指望没有经历者为之感化。君主治理国家能够付出厚爱和切实利益，就可亲近民众；申明知识和礼节，就可教导民众。以身作则来引导民众，确立规章制度以规范民众行为，设置官吏以管理和引导民众行为。也就是，用法令加以约束行为范围，用奖赏鼓励有益行为，用刑罚威慑有害行为。这样一来，民众就会愿意为善行为，为恶行为便会大大受到制约。

展、生态文明建设的治理过程中，要通过制度、法规、教育、示范等方式引导社会成员的行为。对于于经济社会发展、生态文明建设目标有益的行为，要有激励措施，要有实际的兑现；对于于目标有害的行为，则要有处罚措施，也要有具体的处罚兑现。否则，激励和处罚措施都起不到应有的激励作用和震慑作用。所以，在国家治理中，要明确与经济社会发展、生态文明建设目标一致的制度，要切实实施激励与处罚的法规，上层成员的行为应以身作则，还要有各层级的管理者进行具体的规制管理，以逐步使民众形成相应的行为规范，减少与经济社会可持续发展、生态文明理念相悖的行为。

"地之生财有时，民之用力有倦，而人君之欲无穷。以有时与有倦，养无穷之君，而度量不生于其间，则上下相疾也。是以臣有杀其君，子有杀其父者矣。故取于民有度，用之有止，国虽小必安；取于民无度，用之不止，国虽大必危"① 的生态文明启示是：自然资源可用于经济活动的规模是有限度的，自然生态环境可承载经济活动的规模也是有限度的，但是人类对于通过消耗自然资源和生态环境来实现的需求则是无限增长的。考虑到自然资源和生态环境的有限性，如果人类需求没有一定节制的话，必然导致人类与自然生态系统的对立，人类通过经济活动耗竭性使用自然资源、破坏生态环境，造成自然生态系统功能的劣化，势必反过来引致人类生存条件的劣化，人类与自然的关系形成恶性循环，最终必然导致生态环境危机和人类社会危机。

----

① "地之生财有时，民之用力有倦，而人君之欲无穷。以有时与有倦，养无穷之君，而度量不生于其间，则上下相疾也。是以臣有杀其君，子有杀其父者矣。故取于民有度，用之有止，国虽小必安；取于民无度，用之不止，国虽大必危"的大意是：土地生产财富，受时令限制；民力使用，有其承受力。如果君主欲望无度，有时令限制的土地和有承载力限制的民力是无法满足其欲望的，两者间若没有一个合理限度，则上下之间就会互相怨恨，臣反君、子杀父的现象也可能由此产生。因此，向民众征取必须有度，用度有节制的话，国家虽小也能够稳定；反之，对民众征取无度，用度没有节制的话，国家虽大也难以稳定。

"野与市争民，家与府争货，金与粟争贵，乡与朝争治。故野不积草，农事先也；府不积货，藏于民也；市不成肆，家用足也；朝不合众，乡分治也。故野不积草，府不积货，市不成肆，朝不合众，治之至也"① 的生态文明启示是：土地是用于生态维护还是用于经济开发，会产生矛盾冲突；个体经济利益与群体宜居环境利益之间，会产生矛盾冲突；物质财富重要，还是生态财富重要，会产生价值方面的矛盾冲突；生态环境的维护与治理责任，是区域的还是国家的，会产生责权利方面的矛盾冲突。在民众基本需求得到满足的情形下，应确立"生态优先"的原则；群体的宜居环境利益，应当转化为每个个体的内在需求；经济活动不是获得需求满足的必然手段，生态需求也是人们需求的重要组成部分；生态环境的维护与治理责任，既是整体性的共同责任，也是各区域各群体应合理分担的责任，这样才是生态环境维护与治理的根本路径。

"一年之计，莫如树谷；十年之计，莫如树木；终身之计，莫如树人。一树一获者，谷也；一树十获者，木也；一树百获者，人也。我苟种之，如神用之，举事如神，唯王之门"②的生态文明启示是：生态文明建设举措，有短期起效的，有中期起效的，还有长期起效的。短期起

---

① "野与市争民，家与府争货，金与粟争贵，乡与朝争治。故野不积草，农事先也；府不积货，藏于民也；市不成肆，家用足也；朝不合众，乡分治也"的大意是：农事与经商总是存在劳力之争，民间与官府总是存在财富货物之争，货币与粮食总是存在价格贵贱之争，地方与朝廷总是存在治理权限之争。所以，要想使土地不荒芜，就应把农业放在首位；要想让官府不积财货，就应把财富货物藏于民间；要想让商业市场不过度发展，就应努力做到家用自足；要想使朝廷不聚众讨论具体事务，就应当向地方管理者分权。

② "一年之计，莫如树谷；十年之计，莫如树木；终身之计，莫如树人。一树一获者，谷也；一树十获者，木也；一树百获者，人也。我苟种之，如神用之，举事如神，唯王之门"的大意是：做一年的打算，最好是种植五谷；做十年的打算，最好是种植树木；做长远的打算，最好是培育人才。种谷，是一种一收；种树，是一种十收；培育人才，则是一种百收。如果我们注重培养人才，其效应是不可估量的，只有真正掌握了治理之道才能够获得这一深远的效应。

效的举措是对被破坏的生态环境进行治理，中期起效的举措是生态功能区维护和环境污染的前端治理，长期起效的举措则是使人类社会成员全面树立起生态文明理念。只有全面树立生态文明理念，才能对生态文明建设起到根本性的作用。

"凡牧民者，欲民之正也；欲民之正，则微邪不可不禁也；微邪者，大邪之所生也……。民之修小礼、行小义、饰小廉、谨小耻、禁微邪，治之本也"① 的生态文明启示是：对相关概念赋予生态文明意涵，可以认识到：要想在全社会树立起生态文明理念，那么，就应当对于全体社会成员日常生活中的一些非生态环境友好行为进行及时纠正。一些轻微的生态环境影响行为，往往会累积成为大的生态环境影响，个体行为不及时纠正也会逐渐发展成为严重的生态环境破坏行为。所以，从民众日常生活中培养其遵从生态文明行为规范、不过度追求经济财富、及时改正不利于生态环境的不良习惯、不起以生态环境损害换取需求满足之念。对于有违生态文明理念的行为防微杜渐，这是生态文明建设的微观基础。

"凡牧民者，欲民之可御也；欲民之可御，则法不可不审。法者，将立朝廷者也……。故夫爵服贱、禄赏轻、民闲其治、贼臣首难，此谓败国之教也"② 的生态文明启示是：在生态文明建设中，要在全体社会

---

① "凡牧民者，欲民之正也；欲民之正，则微邪不可不禁也；微邪者，大邪之所生也……民之修小礼、行小义、饰小廉、谨小耻、禁微邪，治之本也"的大意是：凡是治理，都意图使民众走正道。要使民众走正道，就不能不禁止小的不当行为。因为，小的不当行为是大危害的形成根源。……所以，引导民众在日常生活中践行礼义廉耻，是实现有效治理的根本途径。

② "凡牧民者，欲民之可御也；欲民之可御，则法不可不审。法者，将立朝廷者也……故夫爵服贱、禄赏轻、民闲其治、贼臣首难，此谓败国之教也"的大意是：凡是治理，都意图使民众服从驱使。要想使民众服从驱使，就不可不重视"法"的作用。法，是用来建立国家权威的。……所以，如果国家荣誉不受尊重，对于国家治理，民众认为与己无关，有人站出来代表民众发难，这些都是国家法规制度不当造成的。

成员中树立生态文明理念，首先应构建起生态文明制度。生态文明制度起着引导全社会成员行为的作用。其一，要明确，社会重要荣誉只授予那些真正践行生态文明理念的人士，如果把荣誉授予那些"经济至上"行为的人士，那么民众的价值取向就无所适从了；其二，要明确，财富来源应满足"生态可持续性得以维护"的前提，如果允许通过破坏生态环境来获取财富，那么，民众获取财富的方向也就混乱了；其三，要明确，制定政策执行政策的官员，必须具有可持续发展理念，否则民众的生产生活行为也就无所适从了；其四，要明确，对于生态环境破坏行为的处罚，要罚罪相当，对于那些造成生态环境影响巨大的行为人和责任人应严厉处罚，如果仅仅是轻微处罚的话，反而会对民众形成反面的示范作用。生态文明制度，如果不能有效地在上述四个方面起到规制作用，那么就会对生态文明建设起到严重的负面作用。

第四章

立 政

【原文】

国之所以治乱者三，杀戮刑罚，不足用也；国之所以安危者四，城郭险阻不足守也；国之所以富贫者五，轻税租，薄赋敛，不足恃也。治国有三本，而安国有四固，而富国有五事，五事五经也。

三本

君之所审者三：一曰德不当其位，二曰功不当其禄，三曰能不当其官。此三本者，治乱之原也。故国有德义未明于朝者，则不可加以尊位；功力未见于国者，则不可授与重禄；临事不信于民者，则不可使任大官。故德厚而位卑者谓之过；德薄而位尊者谓之失。宁过于君子，而毋失于小人。过于君子，其为怨浅；失于小人，其为祸深。是故国有德义未明于朝而处尊位者，则良臣不进；有功力未见于国而有重禄者，则劳臣不劝；有临事不信于民而任大官者，则材臣不用。三本者审，则下不敢求；三本者不审，则邪臣上通，而便辟制威。如此，则明塞于上，而治壅于下，正道捐弃，而邪事日长。三本者审，则便辟无威于国，道涂无行禽，疏远无蔽狱，孤寡无隐治。故曰："刑省治寡，朝不合众"。

四固

君之所慎者四：一曰大德不至仁，不可以授国柄；二曰见贤不能让，不可与尊位；三曰罚避亲贵，不可使主兵；四曰不好本事，不务地利，而轻赋敛，不可与都邑。此四务者，安危之本也。故曰：卿相不得众，国之危也；大臣不和同，国之危也；兵主不足畏，国之危也；民不怀其产，国之危也。故大德至仁，则操国得众；见贤能让，则大臣和同；罚不避亲贵，则威行于邻敌。好本事，务地利，重赋敛，则民怀其产。

五事

君之所务者五：一曰山泽不救于火，草木不植成，国之贫也；二曰沟渎不遂于隘，鄣水不安其藏，国之贫也；三曰桑麻不植于野，五谷不宜其地，国之贫也；四曰六畜不育于家，瓜瓠荤菜百果不备具，国之贫也；五曰工事竞于刻镂，女事繁于文章，国之贫也。故曰：山泽救于火，草木植成，国之富也；沟渎遂于隘，鄣水安其藏，国之富也；桑麻植于野，五谷宜其地，国之富也；六畜育于家，瓜瓠荤菜百果备具，国之富也；工事无刻镂，女事无文章，国之富也。

首宪

分国以为五乡，乡为之师，分乡以为五州，州为之长；分州以为十里，里为之尉；分里以为十游，游为之宗；十家为什，五家为伍，什伍皆有长焉。筑障塞匿，一道路，博出入，审闾闬，慎筦键，筦藏于里尉。置闾有司，以时开闭。闾有司观出入者，以复于里尉。凡出入不时，衣服不中，圈属群徒，不顺于常者，闾有司见之，复无时。

若在长家子弟臣妾属役宾客，则里尉以谯于游宗，游宗以谯于什伍，什伍以谯于长家，谯敬而勿复。一再则宥，三则不赦。凡孝悌忠信、贤良俊材，若在长家子弟臣妾属役宾客，则什伍以复于游宗，游宗以复于里尉，里尉以复于州长，州长以计于乡师，乡师以著于士师。凡过党，其在家属，及于长家；其在长家，及于什伍之长；其在什伍之长，及于游宗；其在游宗，及于里尉；其在里尉，及于州长；其在州长，及于乡师；其在乡师，及于士师。三月一复，六月一计，十二月一著，凡上贤不过等，使能不兼官，罚有罪不独及，赏有功不专与。孟春之朝，君自听朝，论爵赏校官，终五日；季冬之夕，君自听朝，论罚罪刑杀，亦终五日。

正月之朔，百吏在朝，君乃出令布宪于国，五乡之师，五属大夫，皆受宪于太史。大朝之日，五乡之师，五属大夫，皆身习宪于君前。太史既布宪，入籍于太府，宪籍分于君前。五乡之师出朝，遂于乡官致于乡属，及于游宗，皆受宪。宪既布，乃反致令焉，然后敢就舍。宪未布，令未致，不敢就舍。就舍，谓之留令，罪死不赦。五属大夫，皆以行车朝，出朝不敢就舍，遂行至都之日。遂于庙致属吏，皆受宪。宪既布，乃发使者致令以布宪之日蚤晏之时，宪既布，使者以发，然后敢就舍。宪未布，使者未发，不敢就舍。就舍，谓之留令，罪死不赦；宪既布，有不行宪者，谓之不从令，罪死不赦；考宪而有不合于太府之籍者，侈曰专制，不足曰亏令，罪死不赦。首宪既布，然后可以布宪。

首事

凡将举事，令必先出，曰事将为。其赏罚之数，必先明之。立事者，谨守令以行赏罚，计事致令，复赏罚之所加，有不合于令之所谓者，虽有功利，则谓之专制，罪死不赦。首事既布，然后可以举事。

省官

修火宪，敬山泽，林薮积草，夫财之所出，以时禁发焉，使民足于宫室之用、薪蒸之所积，虞师之事也；决水潦、通沟渎、修障防、安水藏，使时水虽过度无害于五谷、岁虽凶旱有所秎获，司空之事也；相高下，视肥墝，观地宜，明诏期，前后农夫，以时均修焉，使五谷桑麻皆安其处，由田之事也；行乡里，视宫室，观树艺，简六畜，以时钧修焉，劝勉百姓，使力作毋偷。怀乐家室，重去乡里，乡师之事也；论百工，审时事，辨功苦，上完利，监壹五乡，以时钧修焉，使刻镂文采毋敢造于乡，工师之事也。

服制

度爵而制服，量禄而用财。饮食有量，衣服有制，宫室有度，六畜人徒有数，舟车陈器有禁，修生则有轩冕服位谷禄田宅之分，死则有棺椁绞衾圹垄之度。虽有贤身贵体，毋其爵，不敢服其服；虽有富家多资，毋其禄，不敢用其财；天子服文有章，而夫人不敢以燕以缯庙；将军大夫不敢以朝官吏，以命士，止于带缘；散民不敢服杂采；百工商贾不得服长鬈貂；刑余戮民不敢服绻，不敢畜连乘车。

九败

寝兵之说胜，则险阻不守；兼爱之说胜，则士卒不战；全生之说胜，则廉耻不立；私议自贵之说胜，则上令不行；群徒比周之说胜，则贤不肖不分；金玉货财之说胜，则爵服下流；观乐玩好之说胜，则奸民在上位；请谒任举之说胜，则绳墨不正；谄谀饰过之说胜，则巧佞者用。

七观

期而致，使而往，百姓舍己以上为心者，教之所期也；始于不足见，终于不可及，一人服之，万人从之，训之所期也；未之令而为，未之使而往，上不加勉，而民自尽，竭俗之所期也；好恶形于心，百姓化于下，罚未行而民畏恐，赏未加而民劝勉，诚信之所期也；为而无害，成而不议，得而莫之能争，天道之所期也；为之而成，求之而得，上之所欲，小大必举，事之所期也；令则行、禁则止，宪之所及、俗之所被，如百体之从心，政之所期也。

【生态文明启示】

"山泽救于火，草木植成，国之富也；沟渎遂于隘，鄣水安其藏，国之富也；桑麻植于野，五谷宜其地，国之富也；六畜育于家，瓜瓠荤菜百果备具，国之富也；工事无刻镂，女事无文章，国之富也"① 的生态文明启示是：在对自然生态系统产生影响尽可能小的条件下，如何更好地满足民众和国家的需求？一是要避免自然资源的无谓损耗，保障可再生资源的有效生长；二要使生态系统运行良好，且适于进行适宜的经济活动；三要因地制宜地进行相关的经济活动，这样才能既不对生态环境造成大的影响，又可保障民众必要的生活需求；四要防止在经济活动过程中为满足非必要需求而对自然资源、生态环境带来无谓的消耗。

"宪既布，有不行宪者，谓之不从令，罪死不赦。考宪而有不合于太府之籍者，侈曰专制，不足曰亏令，罪死不赦。首宪既布，然后可以布宪"② 的生态文明启示是：将"首宪"赋予生态文明法规的含义，可以认识到，制定和实施生态文明法规制度，法律规定内容要事前严明、处罚要坚决，执行过程中不得临时增加条文、不得因某种原因减省条文、不得对某些条文自由裁量而变相不执行。

"修火宪，敬山泽，林薮积草，夫财之所出，以时禁发焉。使民足于宫室之用，薪蒸之所积，虞师之事也"③ 的生态文明启示是：对于可

---

① 《立政篇》，主要论述国家治理中的施政制度和经济、政治的主要措施。"山泽救于火，草木植成，国之富也；沟渎遂于隘，郛水安其藏，国之富也；桑麻植于野，五谷宜其地，国之富也；六畜育于家，瓜瓠荤菜百果备具，国之富也；工事无刻镂，女事无文章，国之富也"的大意是：山泽能够防范火灾，草木繁殖成长，国家就可富足；使沟渠全线通畅，堤坝之水不会漫溢，国家就可富足；田野种植桑麻，五谷因地制宜种植，国家就可富足；农家饲养六畜，蔬菜瓜果齐全，国家就可富足；工匠不做刻花镂空、女红也不求文采花饰等奢侈品，国家就可富足。

② "宪既布，有不行宪者，谓之不从令，罪死不赦。考宪而有不合于太府之籍者，侈曰专制，不足曰亏令，罪死不赦。首宪既布，然后可以布宪"的大意是：法令公布后，有不执行的，叫作"不从令"，死罪不赦；检查法令，有与太府所存文本不符的，条文增多的叫作"专制"，减少的叫作"亏令"，也是死罪不赦。法令公布以后，各地就应当不折不扣地执行。

③ "修火宪，敬山泽，林薮，积草，夫财之所出，以时禁发焉。使民足于宫室之用，薪蒸之所积，虞师之事也"的大意是：制定防火法令；戒止山泽林薮之处堆积枯草；对自然资源的出产，按时封禁和开放，保障公共建筑需求和民间生活需求，这些都是专门管理者"虞师"的职责。

再生自然资源的维护与使用，应按照"可持续"原则进行有效管理，既要防止自然资源的无谓损耗，也要保障自然资源的使用程度不超过其再生水平。所以，只有按照可再生自然资源的生长周期，合理安排其生长空间的封禁和开放，才能更好地保障人们对于自然资源的使用需求。

"决水潦，通沟渎，修障防，安水藏，使时水虽过度，无害于五谷。岁虽凶旱，有所秎获，司空之事也"① 的生态文明启示是：对于自然生态系统，只有在顺应其正常运行路径、维持其正常功能的前提下，进行经济活动，而不应为了经济活动而对自然生态系统进行大规模的改造。

"期而致，使而往，百姓舍己以上为心者，教之所期也。始于不足见，终于不可及，一人服之，万人从之，训之所期也。未之令而为，未之使而往，上不加勉，而民自尽竭，俗之所期也。好恶形于心，百姓化于下，罚未行而民畏恐，赏未加而民劝勉，诚信之所期也"② 的生态文明启示是：使社会成员普遍形成生态文明行为，首先要通过全面性普遍性的教育，其次要通过具体行为的养成，再次要形成社会风气，最后则需要有效的奖惩制度加以激励或威慑。

---

① "决水潦，通沟渎，修障防，安水藏，使时水虽过度，无害于五谷。岁虽凶旱，有所秎获，司空之事也"的大意是：排泄积水，疏通沟渠，修整堤坝，以保持蓄水安全，以期雨水过多时无害于五谷、年景干旱时也有正常收成，这些都是专门管理者"司空"的职责。

② "期而致，使而往，百姓舍己以上为心者，教之所期也。始于不足见，终于不可及，一人服之，万人从之，训之所期也。未之令而为，未之使而往，上不加勉，而民自尽竭，俗之所期也。好恶形于心，百姓化于下，罚未行而民畏恐，赏未加而民劝勉，诚信之所期也"的大意是：一旦征召就立即来到，一旦派遣就立即前往，民众舍己而一心为君，这是教化所期望的成效。初始成效不明显，而最终成效深远。君主一人发令，民众万人遵从，这是训练所期望的成效。不加强令而主动办事，不加强求而主动前往，不用劝勉，而民众尽心竭力，这是树立风尚所期望的成效。君主的愿望刚在内心形成，百姓就领会而化为行动；法律尚未惩处而民众就懂得戒惧，激励尚未兑现而民众就积极行动，这是推行诚信所期望的成效。

第五章

乘 马

【原文】

立国

凡立国都，非于大山之下，必于广川之上；高毋近旱，而水用足；下毋近水，而沟防省；因天材，就地利，故城郭不必中规矩，道路不必中准绳。

大数

无为者帝，为而无以为者王，为而不贵者霸。不自以为所贵，则君道也；贵而不过度，则臣道也。

地政

地者，政之本也；朝者，义之理也；市者，货之准也；黄金者，用之量也；诸侯之地，千乘之国者，器之制也。五者其理可知也，为之有道。地者政之本也，是故地可以正政也。地不平均和调，则政不可正也；政不正，则事不可理也。

阴阳

春秋冬夏，阴阳之推移也；时之短长，阴阳之利用也；日夜之易，阴阳之化也。然则阴阳正矣，虽不正，有余不可损，不足不可益也，天地莫之能损益也。然则可以正政者地也。故不可不正也。正地者，其实必正，长亦正，短亦正；小亦正，大亦正；长短大小尽正。正不正，则官不理；官不理，则事不治；事不治，则货不多。是故何以知货之多也？曰：事治。何以知事之治也？曰：货多。货多事治，则所求于天下者寡矣，为之有道。

爵位

朝者，义之理也。是故爵位正而民不怨；民不怨，则不乱，然后义可理。理不正，则不可以治，而不可不理也。故一国之人，不可以皆贵。皆贵，则事不成而国不利也。为事之不成，国之不利也；使无贵者，则民不能自理也。是故辨于爵列之尊卑，则知先后之序，贵贱之义矣，为之有道。

务市事

市者，货之准也。是故：百货贱，则百利不得。百利不得，则百事治。百事治，则百用节矣；是故事者生于虑，成于务，失于傲。不虑则不生，不务则不成，不傲则不失，故曰：市者可以知治乱，可以知多寡而不能为多寡，为之有道。

黄金

黄金者，用之量也。辨于黄金之理，则知侈俭。知侈俭，则百用节矣。故：俭则伤事，侈则伤货；俭则金贱，金贱则事不成，故伤事。

侈则金贵，金贵则货贱，故伤货。货尽而后知不足，是不知量也；事已，而后知货之有余，是不知节也。不知量，不知节不可，为之有道。

诸侯之地千乘之国

诸侯之地，千乘之国者，器之制也。天下乘马服牛，而任之轻重有制，有壹宿之行，道之远近有数矣。是知诸侯之地千乘之国者，所以知地之小大也，所以知任之轻重也；重而后损之，是不知任也；轻而后益之，是不知器也。不知任，不知器不可，为之有道。

士农工商

地之不可食者，山之无木者，百而当一；涧泽，百而当一；地之无草木者，百而当一；樊棘杂处，民不得入焉，百而当一；薮，镰缠得入焉，九而当一；蔓山，其木可以为材，可以为轴，斤斧得入焉，九而当一；汎山，其木可以为棺，可以为车，斤斧得入焉，十而当一；流水，网罟得入焉，五而当一；林，其木可以为棺，可以为车，斤斧得入焉，五而当一；泽，网罟得入焉，五而当一。命之曰地均，以实数。

方六里，命之曰暴；五暴命之曰部；五部命之曰聚，聚者有市，无市则民乏；五聚命之曰某乡；四乡命之曰方，官制也。

官成而立邑。五家而伍，十家而连，五连而暴，五暴而长，命之曰某乡，四乡命之曰都，邑制也。

邑成而制事。四聚为一离，五离为一制，五制为一田，二田为一夫，三夫为一家，事制也。

事成而制器，方六里，为一乘之地也；一乘者，四马也；一马，其甲七，其蔽五。四乘，其甲二十有八，其蔽二十。白徒三十人奉车两，器制也。

方六里，一乘之地也；方一里，九夫之田也。黄金一镒，百乘一宿之尽也，无金则用其绢。季绢三十三制当一镒，无绢则用其布。经暴布百两当一镒，一镒之金，食百乘之一宿，则所市之地，六灸一斗，命之曰中，岁有市无市，则民不乏矣。方六里，名之曰社，有邑焉，名之曰央，亦关市之赋。黄金百镒为一箧，其货一谷笼为十箧。其商苟在市者三十人。其正月十二月，黄金一镒，命之曰正。分春曰书比，立夏曰月程，秋曰大稽。与民数得亡。

三岁修封，五岁修界，十岁更制，经正也。十仞见水不大潦，五尺见水不大旱，十一仞见水轻征，十分去二三，二则去三四，四则去四，五则去半，比之于山。五尺见水，十分去一，四则去三，三则去二，二则去一，三尺而见水，比之于泽。

距国门以外，穷四竟之内，丈夫二犁，童五尺一犁，以为三日之功。正月，令农始作，服于公田农耕，及雪释，耕始焉，芸卒焉。士闻见博，学意察，而不为君臣者，与功而不与分焉；贾知贾之贵贱，日至于市，而不为官贾者，与功而不与分焉；工治容貌功能，日至于市，而不为官工者，与功而不与分焉。不可使而为工，则视货离之实而出夫粟。

是故智者知之，愚者不知，不可以教民；巧者能之，拙者不能，不可以教民；非一令而民服之也，不可以为大善；非夫人能之也，不可以为大功。是故非诚贾不得食于贾，非诚工不得食于工，非诚农不得食于农，非信士不得立于朝。是故：官虚而莫敢为之请；君有珍车珍甲而莫之敢有；君举事，臣不敢诬其所不能。君知臣，臣亦知君知己也，故臣莫敢不竭力俱操其诚以来。

道曰，均地分力，使民知时也，民乃知时日之蚤晏，日月之不足，饥寒之至于身也；是故夜寝蚤起，父子兄弟，不忘其功。为而不倦，民不惮劳苦。故：不均之为恶也，地利不可竭，民力不可殚。不告之以时，而民不知；不道之以事，而民不为。与之分货，则民知得正矣，审其分，则民尽力矣，是故不使而父子兄弟不忘其功。

圣人

圣人之所以为圣人者，善分民也。圣人不能分民，则犹百姓也，于己不足，安得名圣。是故有事则用，无事则归之于民，唯圣人为善托业于民。民之生也，辟则愚，闭则类，上为一，下为二。

失时

时之处事精矣，不可藏而舍也。故曰：今日不为，明日忘货。昔之日已往而不来矣。

地里

上地方八十里，万室之国一，千室之都四；中地方百里，万室之国一，千室之都四；下地方百二十里，万室之国一，千室之都四。以上地方八十里，与下地方百二十里，通于中地方百里。

【生态文明启示】

"地者，政之本也；朝者，义之理也；市者，货之准也；黄金者，用之量也；诸侯之地、千乘之国者，器之制也。五者其理可知也，为之有道。地者，政之本也。是故，地可以正政也。地不平均和调，则政不可正也；政不正，则事不可理也"①的生态文明启示是：一个国家、一个地区的生态承载力，实质上决定了其所能够承载的经济规模和人口规模，进而决定其经济社会发展水平；由生态承载力决定的污染排放权额度等"生态品"，也就成为可交易的"商品"，只有通过市场交易才能准确地反映生态品的"供给"与"需求"的真实状况；生态品的"价格"，实际上也反映了一般商品与生态品的平衡关系；一个国家、一个地区的经济活动既不能超过自身生态承载力而对周边区域带来影响，也要防止周边区域过度的经济活动对其带来影响。由此可见，由生态承载力决定的"生态品"的配置，是宏观经济管理的重要内容，"生态品"必须公平配置，如果得不到公平配置，那么，会对生态文明建设和经济社会发展带来不利的影响。

"黄金者，用之量也。辨于黄金之理，则知侈俭；知侈俭，则百用节矣。故俭则伤事，侈则伤货。俭则金贱，金贱则事不成，故伤事；侈则金贵，金贵则货贱，故伤货。货尽而后知不足，是不知量也；事已而

---

① 《乘马篇》主要论述经济谋划等治国原则和具体措施。"地者，政之本也。是故，地可以正政也。地不平均和调，则政不可正也；政不正，则事不可理也"的大意是：土地是政事的根本。所以，土地管理政策应当为政事顺利推行发挥重要作用。土地管理政策，如果不能实现相关利益的公平协调，那么，政事就必然无法公正。没有公正的政事，生产就无法有效管理。其中，"乘"为"运算"之义，"马"为"计数"之义。

后知货之有余，是不知节也。不知量，不知节，不可，为之有道"①的生态文明启示是："生态品"的配置、交易，形成其"价格"。从其价格可以判断维护生态环境与经济社会发展之间的关系是否协调，如果生态品价格过高，意味着一般商品生产过少，则会影响民众的正常生活需求和社会发展；如果生态品价格过低，意味着生态品的配置额度过多，则会影响维护生态环境目标的实现。

"是故，智者知之，愚者不知，不可以教民；巧者能之，拙者不能，不可以教民。非一令而民服之也，不可以为大善；非夫人能之也，不可以为大功。是故，非诚贾不得食于贾，非诚工不得食于工，非诚农不得食于农，……"②的生态文明启示是：在经济社会发展和生态文明建设过程中，只有少数人能够理解的技术或政策，不要急于普遍推广，否则难以达到一个有效率的结果。同理，各行各业，也应当是深刻认识其行业特征的人去从事，如果并不深刻认识其特征的人去从事只能导致低效率的结果。低效率地推行某一技术或政策，低效率地从事某一产业

---

① "黄金者，用之量也。辨于黄金之理，则知侈俭；知侈俭，则百用节矣。故俭则伤事，侈则伤货。俭则金贱，金贱则事不成，故伤事；侈则金贵，金贵则货贱，故伤货。货尽而后知不足，是不知量也；事已而后知货之有余，是不知节也。不知量，不知节，不可，为之有道"的大意是：黄金是计量财用的货币工具。通晓黄金货币在经济活动中的规律，就懂得什么是奢侈和俭省。懂得奢侈与俭省，各项用度就能够实现适度的满足。国家用度过少，对举办事业不利；用度过多，则对商品价格不利。因为，国家用度过少，则金价低迷，金价低则对各项事业举办不利；国用过多则金价高企，金价高则商品价格低，所以对商品生产不利。导致商品供给不足，这是不懂得适度造成的；或者导致商品供过于求，也是不懂得适度造成的。不适量、不适度都是不利于国家治理的。国家治理，必须懂得货币与生产的规律。

② "是故，智者知之，愚者不知，不可以教民；巧者能之，拙者不能，不可以教民。非一令而民服之也，不可以为大善；非夫人能之也，不可以为大功。是故，非诚贾不得食于贾，非诚工不得食于工，非诚农不得食于农，……"的大意是：只有智者懂得而一般人不懂的事，不可要求一般民众；只有巧者能做到而一般人做不到的事，也不可要求一般民众；不是命令一下，人人都能执行的目标，很难最终实现；不是那种只要努力就能完成的功业，很难切实地达成。因此，不是真正有商业能力的商人，不得经商；不是真正有技能的工匠，不得为工；不是用心耕种的农夫，不得务农……

活动，都必然是对自然资源和生态环境的低效率占用。

"道曰：均地，分力，使民知时也。……与之分货，则民知得正矣；审其分，则民尽力矣。是故，不使而父子兄弟不忘其功"① 的生态文明启示是：由生态承载力决定的污染排放权额度等"生态品"，应当分配到各个生产者来具体承担。因为，只要生产者承担着具体的责任，他们就会用心用力地、采取最有效的方式，既完成了其责任，也很好地实现了其生产目标。如果不对生态品额度具体分配到生产者的话，他们是不可能努力去达成生态责任的。所以，只要把生态品额度分配到生产者，不需要更多的规制，就可使生态品额度得到效率最大化的使用。

---

① "道曰：均地，分力，使民知时也。……与之分货，则民知得正矣；审其分，则民尽力矣。是故，不使而父子兄弟不忘其功"的大意是：土地分租耕种，分户经营，可以使民众自动地抓紧农时。……实行了与民分利的制度，民众就可预期到切实的收益；再明确分利准则，民众就会竭尽全力。这样一来，不必督促，所有的劳动力都会自觉自愿地投入农业生产之中。

第六章

版　法

【原文】

凡将立事，正彼天植，风雨无违。远近高下，各得其嗣。三经既饬，君乃有国。

喜无以赏，怒无以杀。喜以赏，怒以杀，怨乃起，令乃废，骤令不行，民心乃外。外之有徒，祸乃始牙。众之所忿，置不能图。举所美，必观其所终；废所恶，必计其所穷。庆勉敦敬以显之，富禄有功以劝之，爵贵有名以休之。兼爱无遗，是谓君心。必先顺教，万民乡风。旦暮利之，众乃胜任。

取人以己，成事以质。审用财，慎施报，察称量。故用财不可以嗇，用力不可以苦。用财嗇则费，用力苦则劳。民不足，令乃辱；民苦殃，令不行。施报不得，祸乃始昌。祸昌不窕，民乃自图。

正法直度，罪杀不赦。杀戮必信，民畏而惧。武威既明，令不再行，顿卒怠倦以辱之，罚罪宥过以惩之，杀戮犯禁以振之。植固不动，倚邪乃恐。倚革邪化，令往民移。法天合德，象法无亲。参于日月，佐于四时。悦在施有，众在废私。召远在修近，闭祸在除怨。修长在乎任贤，高安在乎同利。

【生态文明启示】

"举所美，必观其所终；废所恶，必计其所穷。庆勉敦敬以显之，

36

富禄有功以劝之，爵贵有名以休之。兼爱无遗，是谓君心。必先顺教，万民乡风；旦暮利之，众乃胜任"① 的生态文明启示是：在经济社会建设和生态文明建设过程中，对于拟兴办的工程和事业，一定要预期到其最终的结果和影响（包括相关联的生态环境影响和结果）；对于拟废止或拟改造的既有工程或事业，也要预期到其最终的结果和影响（包括相关联的生态环境影响和结果）。对于基层在兴办工程和事业的过程中，能够考虑长远影响和关联影响的典范，应当予以激励和表彰。对于民众的相关行为，既要以民众愿意接受的方式予以宣传教导，使之成为民风，也要因势利导，使民众能够自觉承担相应责任。

"取人以己，成事以质。审用财，慎施报，察称量。故用财不可以啬，用力不可以苦。用财啬则费，用力苦则劳。民不足，令乃辱；民苦殃，令不行，……"② 的生态文明启示是：在经济社会建设和生态文明建设过程中，对于拟兴办的工程和事业，都应参照他人的有益认识和有益经验，根据自身实际能力，确定合理的规模和实施进程，既不能超过自身实际能力，也不能加重民众负担。一旦兴办事项的规模超过合理程度，就必然加重民众负担，最终不仅使得民众承受痛苦，也难以达成拟兴办事项的预期目标。

---

① 《版法篇》主要论述兴办事业问题。原为第七篇，本书略去了第六篇《七法篇》，该篇主要论述建军与治军原则。"举所美，必观其所终；废所恶，必计其所穷"的大意是：兴办所喜欢之事项，一定要预估到可能的结局；废止所厌恶之事项，一定要考虑到可能的关联影响。

② "取人以己，成事以质。审用财，慎施报，察称量。故用财不可以啬，用力不可以苦。用财啬则费，用力苦则劳。民不足，令乃辱；民苦殃，令不行"的大意是：用人要比照一下自己，办事要根据实际能力。对于国家用度应详细考量，对于奖惩要慎重处理，要明察事物的分量与限度。所以，君主用财于民不可以吝啬，征用民力不可以过头。用财吝啬反而没有成效，用民力过度反而劳而无功。总是使得民众贫困，则政令难以推行；总是滥用民力，则政令难以实施。

第七章

五　辅

【原文】

古之圣王，所以取明名广誉，厚功大业，显于天下不忘于后世，非得人者未之尝闻；暴王之所以失国家，危社稷，覆宗庙，灭于天下，非失人者未之尝闻；今有士之君，皆处欲安，动欲威，战欲胜，守欲固，大者欲王天下，小者欲霸诸侯，而不务得人，是以小者兵挫而地削，大者身死而国亡。故曰：人不可不务也，此天下之极也。

曰：然则得人之道，莫如利之；利之之道，莫如教之以政。故善为政者，田畴垦而国邑实，朝廷闲而官府治，公法行而私曲止，仓廪实而囹圄空，贤人进而奸民退。其君子上中正而下谄谀，其士民贵武勇而贱得利，其庶人好耕农而恶饮食。于是财用足，而饮食薪菜饶。是故上必宽裕而有解舍，下必听从而不疾怨，上下和同而有礼义。故处安而动威，战胜而守固，是以一战而正诸侯。不能为政者，田畴荒而国邑虚，朝廷凶而官府乱，公法废而私曲行，仓廪虚而囹圄实，贤人退而奸民进。其君子上谄谀而下中正，其士民贵得利而贱武勇，其庶人好饮食而恶耕农，于是财用匮而食饮薪菜乏。上弥残苟而无解舍，下愈覆鸷而不听从，上下交引而不和同。故处不安而动不威，战不胜而守不固，是以小者兵挫而地削，大者身死而国亡。故以此观之，则政不可不慎也。

德有六兴，义有七体，礼有八经，法有五务，权有三度。所谓六兴者何？曰：辟田畴，利坛宅，修树艺，劝士民，勉稼穑，修墙屋，此谓厚其生；发伏利，输墆积，修道途，便关市，慎将宿，此谓输之以财；导水潦，利陂沟，决潘渚，溃泥滞，通郁闭，慎津梁，此谓遗之以利；薄征敛，轻征赋，弛刑罚，赦罪戾，宥小过，此谓宽其政；养长老，慈幼孤，恤鳏寡，问疾病，吊祸丧，此谓匡其急；衣冻寒，食饥渴，匡贫窭，振罢露，资乏绝，此谓振其穷。凡此六者，德之兴也。六者既布，则民之所欲，无不得矣；夫民必得其所欲，然后听上；听上，然后政可善为也。故曰：德不可不兴也。

曰：民知德矣，而未知义，然后明行以导之义，义有七体，七体者何？曰：孝悌慈惠，以养亲戚；恭敬忠信，以事君上；中正比宜，以行礼节；整齐撙诎，以辟刑僇；纤啬省用，以备饥馑；敦懞纯固，以备祸乱；和协辑睦，以备寇戎。凡此七者，义之体也。夫民必知义然后中正，中正然后和调，和调乃能处安，处安然后动威，动威乃可以战胜而守固。故曰：义不可不行也。

曰：民知义矣，而未知礼，然后饰八经以导之礼。所谓八经者何？曰：上下有义，贵贱有分，长幼有等，贫富有度，凡此八者，礼之经也。故上下无义则乱，贵贱无分则争，长幼无等则倍，贫富无度则失。上下乱，贵贱争，长幼倍，贫富失，而国不乱者未之尝闻也。是故，圣王饬此八礼，以导其民。八者各得其义，则为人君者，中正而无私；为人臣者，忠信而不党；为人父者，慈惠以教；为人子者，孝悌以肃；为人兄者，宽裕以诲；为人弟者，比顺以敬；为人夫者，敦懞以固；为人妻者，劝勉以贞。夫然则下不倍上，臣不杀君，贱不踰贵，少不陵长，远不闲亲，新不闲旧，小不加大，淫不破义，凡此八者，礼之经也。夫人必知礼然后恭敬，恭敬然后尊让，尊让然后少长。贵贱不相踰越，少长贵贱不相踰越，故乱不生而患不作。故曰：礼不可不谨也。

曰：民知礼矣，而未知务，然后布法以任力，任力有五务，五务者何？曰：君择臣而任官，大夫任官辩事，官长任事守职，士修身功材，庶人耕农树艺。君择臣而任官，则事不烦乱；大夫任官辩事，则举措时；官长任事守职，则动作和；士修身功材，则贤良发；庶人耕农树艺，则财用足。故曰：凡此五者，力之务也。夫民必知务，然后心一，心一然后意专，心一而意专，然后功足观也。故曰：力不可不务也。

曰：民知务矣，而未知权，然后考三度以动之，所谓三度者何？曰：上度之天祥，下度之地宜，中度之人顺，此所谓三度。故曰：天时不祥，则有水旱；地道不宜，则有饥馑；人道不顺，则有祸乱。此三者之来也，政召之。曰：审时以举事，以事动民，以民动国，以国动天下。天下动，然后功名可成也。故：民必知权然后举错得，举错得则民和辑，民和辑则功名立矣。故曰：权不可不度也。

故曰五经既布，然后逐奸民，诘轴伪，屏谗愿，而毋听淫辞，毋作淫巧。若民有淫行邪性，树为淫辞，作为淫巧，以上诡君上，而下惑百姓，移国动众，以害民务者，其刑死流。故曰：凡人君之所以内失百姓，外失诸侯，兵挫而地削，名卑而国亏，社稷灭覆，身体危殆，非生于诡淫者未之尝闻也。何以知其然也？曰：淫声诡耳，淫观诡目，耳目之所好诡心，心之所好伤民，民伤而身不危者未之尝闻也。曰：实圹虚，垦田畴，修墙屋，则国家富；节饮食，撙衣服，则财用足；举贤良，务功劳，布德惠，则贤人进；逐奸人，诘轴伪，去谗愿，则奸人止；修饥馑，救灾害，振罢露，则国家定。

明王之务，在于强本事。去无用，然后民可使富；论贤人，用有能，而民可使治；薄税敛，毋苟于民，待以忠爱，而民可使亲。三者，霸王之事也。事有本而仁义其要也。今工以巧矣，而民不足于备用者，其悦在玩好；农以劳矣，而天下饥者，其悦在珍怪；方丈陈于前，女以巧矣，而天下寒者，其悦在文绣。是故博带梨，大袂列，文绣染，刻镂削，雕琢采，关几而不征，市鄽而不税。是故古之良工，不劳其知巧以为玩好，无用之物，守法者不失。

【生态文明启示】

"……，人不可不务也，此天下之极也"① 的生态文明启示是：无论推行什么事业，首先都必须得人心。同样的道理，推进生态文明建设，必须获得大众的共同认同。如果得不到普遍的认同，也就必然难以推进。

"然则得人之道，莫如利之。利之之道，莫如教之以政，……"的生态文明启示是：一项事业，获得人心最有效的方式是因势利导，特别是通过利益诱导大众的共同认同。利益诱导，最有效的方式则是向大众展现实实在在的利益和利益之形成。

"所谓六兴者何？曰：辟田畴，……此谓厚其生；发伏利，……此谓输之以财；导水潦，……此谓遗之以利；薄征敛，……此谓宽其政；养长老，……此谓匡其急；衣冻寒，……此谓振其穷。凡此六者，德之兴也"的生态文明启示是：生态文明建设过程中，也需要注重六个方面的问题。一是改善民众生活，包括生态宜居环境的改善；二是改进基础设施，包括环境治理方面的基础设施；三是通过生态治理，使生态系统功能能得到更好发挥，既有利于民众生产生活，也有利于生态维护；四是不可加重民众负担，特别是不可将生态环境保护成本转嫁给民众承担；五是要着力解决社会保障问题，包括生态环境领域的社会保障问题；六是要解决发展不平衡问题，特别是因生态环境问题而导致的生态贫困问题。

"明王之务，在于强本事，去无用，然后民可使富。论贤人，用有能，而民可使治。薄税敛，毋苟于民，待以忠爱，而民可使亲，……是

---

① 《五辅篇》原为第十篇，主要论述国家治理中获得人心的五种施政措施。本书略去了第八篇《幼官篇》，该篇主要论述军事与兵法问题；略去了第九篇《幼官图篇》，该篇与《幼官篇》内容相同，只是段落次序有所差异。

故古之良工，不劳其知巧以为玩好，无用之物，守法者不失"① 的生态文明启示是：在经济建设和生态文明建设过程中，国家和民众所追求的应当是基本需求，而不应当去追求那些奢侈性消费需求，导致自然资源和生态环境的无谓损耗；政策制定者和宏观管理者，应当选拔那些真正具有生态文明理念、有能力提升生态效率的人才来担任，这样才能够引导民众树立生态文明理念、努力提升生态效率；减少各种无谓的需求，也就能够减轻民众负担，也就能够使民众在共同理念下协同推进生态文明建设。产业技术的发展，也不要用于满足奢侈性消费需求。

---

① "明王之务，在于强本事，去无用，然后民可使富。论贤人，用有能，而民可使治。薄税敛，毋苟于民，待以忠爱，而民可使亲，……是故古之良工，不劳其知巧以为玩好，无用之物，守法者不失"的大意是：治理之道的根本，在于强化农业的根本地位，减少无用之物的生产，以使民众富足；选拔贤才，任用能臣，以使民众得以有效管理；减轻赋税，不苛求于民，忠爱相待，以使民众亲近君主。……古代治世，优良的工匠也不能用智巧去做玩好之物。无用之物，守法者从不生产。

第八章

枢　言

【原文】

管子曰："道之在天者，日也，其在人者，心也。"故曰："有气则生，无气则死，生者以其气；有名则治，无名则乱，治者以其名。"枢言曰：爱之，利之，益之，安之。四者道之出。

帝王者用之而天下治矣。帝王者，审所先所后，先民与地，则得矣；先贵与骄，则失矣。是故先王慎贵在所先所后。人主不可以不慎贵，不可以不慎民，不可以不慎富。慎贵在举贤，慎民在置官，慎富在务地。故人主之卑尊轻重，在此三者，不可不慎。国有宝有器有用，城郭险阻蓄藏，宝也；圣智，器也；珠玉，末用也。

先王重其宝器，而轻其末用。故能为天下生而不死者二，立而不立者四。喜也者，怒也者，恶也者，欲也者，天下之败也，而贤者宝之。

为善者，非善也，故善无以为也，故先王贵善。王主积于民，霸主积于将战士，衰主积于贵人，亡主积于妇女珠玉，故先王慎其所积。

疾之疾之，万物之师也；为之为之，万物之时也；强之强之，万物之指也。

凡国有三制，有制人者，有为人之所制者，有不能制人，人亦不能制者。何以知其然，德盛义尊而不好加名于人，人众兵强而不以其国造难生患，天下有大事，而好以其国后，如此者，制人者也；德不盛，义不尊而好加名于人，人不众，兵不强而好以其国造难生患，恃与国，幸名利，如此者，人之所制也；人进亦进，人退亦退，人劳亦劳，人佚亦佚，进退劳佚，与人相苟，如此者，不能制人，人亦不能制也。

爱人甚而不能利也，憎人甚而不能害也。故先王贵当、贵周。周者不出于口，不见于色，一龙一蛇，一日五化之谓周，故先王不以一过二，先王不独举，不擅功。

先王不约束，不结纽，约束则解，结纽则绝。故亲不在约束，结纽；先王不货交，不列地，以为天下。天下不可改也，而可以鞭棰使也。时也利也，出为之也。余目不明，余耳不聪，是以能继天子之容。官职亦然。时者得天，义者得人，既时且义，故能得天与人。先王不以勇猛为边竟，则边竟安；边竟安，则邻国亲；邻国亲，则举当矣。

人故相憎也，人之心悍。故为之法。法出于礼，礼出于治，治礼道也，万物待治礼而后定。

凡万物，阴阳两生而参视，先王因其参而慎所入所出。以卑为卑，卑不可得，以尊为尊，尊不可得，桀舜是也，先王之所以最重也。

得之必生，失之必死者，何也？唯无，得之，尧舜禹汤文武孝己，斯待以成，天下必待以生，故先王重之。一日不食，比岁歉。三日不食，比岁饥。五日不食，比岁荒。七日不食，无国土，十日不食，无畴类尽死矣。

先王贵诚信，诚信者，天下之结也。贤大夫不恃宗至，士不恃外权。坦坦之利不以功，坦坦之备不为用。故存国家，定社稷，在卒谋之间耳。

圣人用其心，沌沌乎博而圜，豚豚乎莫得其门，纷纷乎若乱丝，遗遗乎若有从治。故曰：欲知者知之，欲利者利之，欲勇者勇之，欲贵者贵之。彼欲贵，我贵之，人谓我有礼；彼欲勇，我勇之，人谓我恭；彼欲利，我利之，人谓我仁；彼欲知，我知之，人谓我愍。戒之戒之，微而异之。动作必思之，无令人识之，卒来者必备之，信之者仁也，不可欺者智也。既智且仁，是谓成人。

贱固事贵，不肖固事贤。贵之所以能成其贵者，以其贵而事贱也；贤之所以能成其贤者，以其贤而事不肖也。恶者美之充也，卑者尊之充也，贱者贵之充也，故先王贵之。

天以时使，地以材使，人以德使，鬼神以祥使，禽兽以力使。所谓德者，先之之谓也。故德莫如先，应适莫如后。先王用一阴二阳者，霸；尽以阳者，王；以一阳二阴者，削；尽以阴者，亡。量之不以少多，称之不以轻重，度之不以短长，不审此三者，不可举大事。能戒乎？能敕乎？能隐而伏乎？能而稷乎？能而麦乎？春不生而夏无得乎，众人之用其心也，爱者憎之始也，德者怨之本也，唯贤者不然。先王事以合交，德以合人，二者不合，则无成矣，无亲矣。

凡国之亡也，以其长者也；人之自失也，以其所长者也。故善游者死于梁池，善射者死于中野。命属于食，治属于事。无善事而有善治者，自古及今，未尝之有也。

众胜寡，疾胜徐，勇胜怯，智胜愚，善胜恶，有义胜无义，有天道胜无天道，凡此七胜者贵众，用之终身者众矣。

人主好佚欲，亡其身失其国者，殆；其德不足以怀其民者，殆；明其刑而贱其士者，殆；诸侯假之威，久而不知极已者，殆；身弥老不知敬其适子者，殆；蓄藏积陈朽腐，不以与人者，殆。

凡人之名三，有治也者，有耻也者，有事也者；事之名二，正之，察之。五者而天下治矣。名正则治，名倚则乱，无名则死。故先王贵名。

先王取天下，远者以礼，近者以体，体礼者，所以取天下，远近者，所以殊天下之际。

日益之而患少者惟忠，日损之而患多者惟欲。多忠少欲，智也，为人臣者之广道也。为人臣者，非有功劳于国也，家富而国贫，为人臣者之大罪也；为人臣者，非有功劳于国也，爵尊而主卑，为人臣者之大罪也。无功劳于国而贵富者，其唯尚贤乎？

众人之用其心也，爱者憎之始也，德者怨之本也。生其事亲也，妻子具，则孝衰矣。其事君也，有好业，家室富足，则行衰矣。爵禄满，则忠衰矣，唯贤者不然，故先王不满也。人主操逆人臣操顺。

先王重荣辱，荣辱在为，天下无私爱也、无私憎也。为善者有福，为不善者有祸，祸福在为，故先王重为；明赏不费、明刑不暴，赏罚明，则德之至者也，故先王贵明。

天道大而帝王者用爱恶。爱恶，天下可秘，爱恶重，闭必固。釜鼓满，则人概之，人满，则天概之，故先王不满也。

先王之书，心之敬执也，而众人不知也。故有事，事也；毋事，亦事也。吾畏事，不欲为事；吾畏言，不欲为言，故行年六十而老吃也。

【生态文明启示】

"枢言曰：爱之，利之，益之，安之。四者道之出。帝王者用之，而天下治矣。帝王者，审所先所后，先民与地则得矣，先贵与骄则失矣。是故先王慎贵在所先所后"① 的生态文明启示是：国家在推行经济社会发展、生态文明建设过程中，其政策首先必须是为社会成员利益考量，使民众行为顺势而为，使民众各方面的幸福感有所增加，使民众生产生活能够获得稳定的预期。政策的优先次序，首先考量的是对民众的影响、对民众基本生活的影响，决不可把所谓的国家荣耀作为优先的

---

① 《枢言篇》，主要论述的是治国过程中如何获得民心。原为第十二篇，本书略去了第十一篇《宙合篇》，该篇主要论述的是国家治理过程中的所宜采用的哲理及思维方式。"爱之，利之，益之，安之。四者道之出。帝王者用之，而天下治矣。帝王者，审所先所后，先民与地则得矣，先贵与骄则失矣"的大意是：爱护民众、利导民众、使民众增益、使民众安定，这四个方面都是国家治理的应有之义。君主能够推行相应的政策，国家即可得到有效治理。君主应当懂得什么为先、什么居后的目标次序，亦即民众与土地放在首要地位则有利于国家治理，如果把君主尊严和骄奢生活放在优先地位则有害于国家治理。

考量。

"先王不约束，不结纽，约束则解，结纽则绝。故亲不在约束结纽。先王不货交，不列地，以为天下。……时者得天，义者得人，既时且义，故能得天与人。先王不以勇猛为边竟，则边竟安。边竟安，则邻国亲。邻国亲，则举当矣"① 的生态文明启示是：要想在各国推行全球可持续发展，不是通过订立盟约就可实现的，盟约迟早是要被废弃的；也不可完全依赖经济利益、政治利益使各国参与全球可持续发展。最根本的还在于使全球各国普遍认识到生态环境问题的严峻性和生态环境治理的迫切性，使各国的民众和主体普遍认同推行全球可持续发展的正当性，只有在这个前提下，才能够减少因国家间竞争而导致的无谓生态环境损耗，各国得以在生态环境领域协同合作，全球可持续发展才有可能得以推进。

"凡国之亡也，以其长者也；人之自失也，以其所长者也。故善游者死于梁池，善射者死于中野。命属于食，治属于事。无善事而有善治者，自古及今，未尝之有也"② 的生态文明启示是：要想使生态文明建设得以有效地推进，仅仅依靠丰富的自然资源、良好的生态环境条件以

① "先王不约束，不结纽，约束则解，结纽则绝。故亲不在约束结纽。先王不货交，不列地，以为天下。……时者得天，义者得人，既时且义，故能得天与人。先王不以勇猛为边竟，则边竟安。边竟安，则邻国亲。邻国亲，则举当矣"的大意是：治理有道的先王在处理国家关系时，既不"约束"，也不"结纽"，因为"约束"和"结纽"，都不是真正地有机协作，其关系最终必然散开。所以，国家亲善不在于形成"约束""结纽"般的关系，也不可采用"纳贡"和"裂地"的方式来统治天下各国。而有效的方式是，有效把握合乎时势、合乎正义的准则。既占天时，又合正义，就可得到上天和各国民众的支持。所以，不采用武力就可保障边境安定、邻国亲善，共同目标也可得以实现。

② "凡国之亡也，以其长者也；人之自失也，以其所长者也。……命属于食，治属于事。无善事而有善治者，自古及今，未尝之有也"的大意：一国之亡，其根源往往在于过于看重自身的优势；人犯错，其根源也往往是过于自负。粮食问题是攸关民众生存的大问题，而具体政事处理得井井有条则是攸关国家治理稳定与否的关键。所以，自古以来，一个国家，（如果仅仅依赖国力强盛，）而不注重具体的政事得当与否，那么这个国家不可能得到有效治理。

及强盛的经济实力，是不行的。更为重要的是，要在各个层面、各个领域、针对各主体各群体，都应当有切实可行的对策措施。这些政策措施，应当成为与民众基本的生产生活密切关联起来。

"凡人之名三，有治也者，有耻也者，有事也者，事之名二，正之，察之。五者而，天下治矣。名正则治，名倚则乱，无名则死，故先王贵名"①的生态文明启示是：社会的每个主体、每个成员都在生态文明建设事业之中，部分主体、部分成员是决策者、管理者，部分主体、部分成员是监督者、督促者，大部分主体和大部分成员则是在日常生产生活中的具体践行者。生态文明建设工作，一部分是可以在事前根据目标明确规范的，另一部分则只能在实践过程中不断调适而达成目标的。

① "凡人之名三，有治也者，有耻也者，有事也者。事之名二，正之，察之。五者而，天下治矣"的大意是：人们在国家事业中，按职责可以划分为三类：一类是管理者，一类是监督督促者，一类是从事具体事务的劳动者。人们的工作，也可划分为两种：一种是事前明确规定的，一种是事后查明改正的。

第九章

八 观

【原文】

大城不可以不完，郭周不可以外通，里域不可以横通，闾闬不可以毋阖，宫垣关闭不可以不修。故大城不完，则乱贼之人谋；郭周外通，则奸遁逾越者作；里域横通，则攘夺窃盗者不止；闾闬无阖，外内交通，则男女无别；宫垣不备，关闭不固，虽有良货，不能守也。故：形势不得力非，则奸邪之人悫愿；禁罚威严，则简慢之人整齐；宪令著明，则蛮夷之人不敢犯；赏庆信必，则有功者劝；教训习俗者众，则君民化变而不自知也。是故明君在上位，刑省罚寡，非可刑而不刑，非可罪而不罪也；明君者，闭其门，塞其涂，夺其迹，使民毋由接于淫非之地，是以民之道正行善也若性然。故罪罚寡而民以治矣。

行其田野，视其耕芸，计其农事，而饥饱之国可以知也。其耕之不深，芸之不谨，地宜不任，草田多秽，耕者不必肥，荒者不必墝，以人猥计其野，草田多而辟田少者，虽不水旱，饥国之野也。若是而民寡，则不足以守其地；若是而民众，则国贫民饥。以此遇水旱，则众散而不收；彼民不足以守者，其城不固，民饥者不可以使战。众散而不收，则国为丘墟。故曰：有地君国，而不务耕芸，寄生之君也。故曰：行其田野，视其耕芸，计其农事，而饥饱之国可知也。

行其山泽，观其桑麻，计其六畜之产，而贫富之国可知也。夫山泽

49

广大，则草木易多也；壤地肥饶，则桑麻易植也；荐草多衍，则六畜易繁也。山泽虽广，草木毋禁；壤地虽肥，桑麻毋数；荐草虽多，六畜有征，闭货之门也。故曰：时货不遂，金玉虽多，谓之贫国也。故曰：行其山泽，观其桑麻，计其六畜之产，而贫富之国可知也。

入国邑，视宫室，观车马衣服，而侈俭之国可知也。夫国城大而田野浅狭者，其野不足以养其民；城域大而人民寡者，其民不足以守其城；宫营大而室屋寡者，其室不足以实其宫；室屋众而人徒寡者，其人不足以处其室；困仓寡而台榭繁者，其藏不足以共其费。故曰：主上无积而宫室美，氓家无积而衣服修，乘车者饰观望，步行者杂文采，本资少而末用多者，侈国之俗也。国侈则用费，用费则民贫，民贫则奸智生，奸智生则邪巧作。故奸邪之所生，生于匮不足；匮不足之所生，生于侈；侈之所生，生于毋度。故曰：审度量，节衣服，俭财用，禁侈泰，为国之急也。不通于若计者，不可使用国。故曰：入国邑，视宫室，观车马衣服，而侈俭之国可知也。

课凶饥，计师役，观台榭，量国费，而实虚之国可知也。凡田野万家之众，可食之地，方五十里，可以为足矣；万家以下，则就山泽可矣；万家以上，则去山泽可矣。彼野悉辟而民无积者，国地小而食地浅也。田半垦而民有余食而粟米多者，国地大而食地博也；国地大而野不辟者，君好货而臣好利者也；辟地广而民不足者，上赋重，流其藏者也。故曰：粟行于三百里，则国毋一年之积；粟行于四百里，则国毋二年之积；粟行于五百里，则众有饥色。其稼亡三之一者，命曰小凶。小凶三年而大凶，大凶，则众有大遗苞矣。什一之师，什三毋事，则稼亡三之一。稼亡三之一，而非有故盖积也，则道有损瘠矣。什一之师，三年不解，非有余食也，则民有鬻子矣。故曰：山林虽近，草木虽美，宫室必有度，禁发必有时，是何也？曰：大木不可独伐也，大木不可独举也，大木不可独铉也，大木不可加之薄墙之上。故曰：山林虽广，草木虽美，禁发必有时；国虽充盈，金玉虽多，宫室必有度；江海虽广，池泽虽博，鱼鳖虽多，罔罟必有正，船网不可一财而成也。非私草木爱鱼鳖也，恶废民于生谷也。故曰：先王之禁山泽之作者，博民于生谷也。彼民非谷不食，谷非地不生，地非民不动，民非作力毋以致财。天下之所生，生于用力；力之所生，生于劳身。是故主上用财毋已，是民用力毋休也。故曰：台榭相望者，其上下相怨也；民毋余积者，其禁不必止；众有遗苞者，其战不必胜；道有损瘠者，其守不必固。故令不必行，禁不必止，战不必胜，守不必固，则危亡随其后矣。故曰：课凶饥，计师役，观台榭，量国费，实虚之国可知也。

入州里，观习俗，听民之所以化其上，而治乱之国可知也。州里不鬲，闾閈不设，出入毋时，早晏不禁，则攘夺窃盗，攻击残贼之民，毋自胜矣。食谷水，巷凿井，场容接，树木茂，宫墙毁坏，门户不闭，外内交通，则男女之别毋自正矣。乡毋长游，里毋士舍，时无会同，丧烝不聚，禁罚不严，则齿长辑睦，毋自生矣。故帐礼不谨，则民不修廉；论贤不乡举，则士不及行；货财行于国，则法令毁于官；请谒得于上，则党与成于下；乡官毋法制，百姓群徒不从，此亡国弑君之所自生也。故曰：入州里，观习俗，听民之所以化其上者，而治乱之国可知也。

入朝廷，观左右，求本朝之臣，论上下之所贵贱者，而彊弱之国可知也。功多为上，禄赏为下，则积劳之臣不务尽力；治行为上，爵列为下，则豪桀材臣不务竭能；便辟左右，不论功能，而有爵禄，则百姓疾怨非上，贱爵轻禄。金玉货财商贾之人，不论志行，而有爵禄也，则上令轻，法制毁；权重之人，不论才能，而得尊位，则民倍本行而求外势；彼积劳之臣，不务尽力，则兵士不战矣；豪桀材人不务竭能，则内治不别矣；百姓疾怨非上，贱爵轻禄，则上毋以劝众矣。上令轻，法制毁，则君毋以使臣，臣毋以事君矣；民倍本行而求外势，则国之情伪竭在敌国矣。故曰：入朝廷，观左右，求本朝之臣，论上下之所贵贱者，而彊弱之国可知也。

置法出令，临众用民，计其威严宽惠，行于其民与不行于其民可知也。法虚立而害疏远，令一布而不听者存，贱爵禄而毋功者富，然则众必轻令，而上位危。故曰：良田不在战士，三年而兵弱；赏罚不信，五年而破；上卖官爵，十年而亡；倍人伦而禽兽行，十年而灭。战不胜，弱也；地四削，入诸侯，破也；离本国，徙都邑，亡也；有者异姓，灭也。故曰：置法出令，临众用民，计其威严宽惠，而行于其民不行于其民可知也。

计敌与，量上意，察国本，观民产之所有余不足，而存亡之国可知也。敌国疆而与国弱，谏臣死而谀臣尊，私情行而公法毁；然则与国不恃其亲，而敌国不畏其疆。豪杰不安其位，而积劳之人不怀其禄；悦商贩而不务本货，则民偷处而不事积聚；豪杰不安其位，则良臣出；积劳之人不怀其禄，则兵士不用。民偷处而不事积聚，则囷仓空虚。如是而君不为变，然则攘夺窃盗，残贼进取之人起矣。内者廷无良臣，兵士不用，囷仓空虚，而外有疆敌之忧，则国居而自毁矣。故曰：计敌与，量上意，察国本，观民产之所有余不足，而存亡之国可知也。

故以此八者观人主之国，而人主毋所匿其情矣。

【生态文明启示】

"……行其田野，视其耕芸，计其农事，而饥饱之国可知也"① 的生态文明启示是：考察一个国家或地区生态文明建设的基本状况，只要观察其基本需求中相关产业的生产状况和规模，了解其生产技术的生态环境损耗状况和生态环境效率，即可知晓这个国家或地区基本的生态文明水平。

"行其山泽，观其桑麻，计其六畜之产，而贫富之国可知也。夫山泽广大，则草木易多也；壤地肥饶，则桑麻易植也；荐草多衍，则六畜

---

① 《八观篇》，主要论述的是从八个方面考察一国治理的经济、政治的真实状况，原为第十三篇。此处"芸"，通"耘"。

易繁也。山泽虽广，草木毋禁；壤地虽肥，桑麻毋数；荐草虽多，六畜有征，闭货之门也。故曰：时货不遂，金玉虽多，谓之贫国也。故曰：行其山泽，观其桑麻，计其六畜之产，而贫富之国可知也"①的生态文明启示是：进一步考察一个国家或地区的生态文明建设状况，就要观察其满足日常需求、正常获取财富产业的生产状况和规模，考察其是否充分利用自然资源和生态环境，如果在其生产过程中资源利用技术和生态环境利用技术不高、资源利用效率和生态环境效率受到影响，自然资源和生态环境的可持续性没有有效的维护机制，则其民生保障和生态文明建设都存在问题。

"……入国邑，视宫室，观车马衣服，而侈俭之国可知也"的生态文明启示是：更进一步考察一个国家或地区的生态文明建设状况，就要观察其国家、城市、民众之奢华建设和奢华生活的状况，如果各个层面都普遍体现出对于奢华建设、奢华生活、奢侈品的追求，那么，其生态文明理念尚未树立，生态文明建设水平有待提升。

"……，山林虽广，草木虽美，禁发必有时；国虽充盈，金玉虽多，宫室必有度；江海虽广，池泽虽博，鱼鳖虽多，罔罟必有正，船网不可一财而成也。非私草木爱鱼鳖也，恶废民于生谷也……"②的生态文明启示是：推进生态文明建设，对于自然资源的利用与保护，要有一定的规则才能维护自然资源的可持续性；对于较大规模的消费设施建设和大宗消费，不仅应考虑财力的承受性，更要同时考虑经济、民生、生

---

① 此处"荐草多衍"，即"牧草繁茂"之义；"草木毋禁"，即"对于树木林草的乱砍滥伐现象，没有得到禁止"之义；"桑麻毋数"，即"种植桑麻的技术不得法"之义；"六畜有征，闭货之门也"，即"不当的税赋征收，制约了货物的生产"之义；"时货不遂"，即"日常用品，得不到有效供给"之义。

② 此处"禁发必有时"，即"对于山林树木砍伐的封禁和开放有合理的时期规定"之义；"罔罟必有正，船网不可一财而成也"，即"捕鱼业须有政府管理；民众不能只靠捕鱼单一财路来维持生活"之义；"非私草木爱鱼鳖也，恶废民于生谷也"，即"这些要求，并不是对草木、鱼鳖有什么偏爱，而是担心民众荒废了粮食生产"之义。

态各方面的可承受性；对于产业的发展、财富的获取，不能是单一途径，如果过于集中某一领域，必将使这一方面的生态环境影响极端强化，也必然影响其他各方面的平衡。

"入朝廷，观左右，求本朝之臣，论上下之所贵贱者，而彊弱之国可知也。……"① 的生态文明启示是：从一个国家或地区的用人倾向，就可知晓其生态文明状况。如果那些在推行生态文明方面努力程度不够、没有生态文明建设实绩的人得到重用，如果那些以生态环境破坏为代价获得经济发展政绩者得到重用，如果那些无视或破坏生态文明法规的人得到任用，那么，这个国家或地区的生态环境必然是堪忧的。

---

① 此处"彊"，通"强"。

第十章

重　令

【原文】

凡君国之重器，莫重于令。令重则君尊，君尊则国安；令轻则君卑，君卑则国危。故安国在乎尊君，尊君在乎行令，行令在乎严罚。罚严令行，则百吏皆恐；罚不严、令不行，则百吏皆喜。故明君察于治民之本，本莫要于令。故曰：亏令者死，益令者死，不行令者死，留令者死，不从令者死。五者死而无赦，唯令是视。故曰：令重而下恐。

为上者不明，令出虽自上，而论可与不可者在下。夫倍上令以为威，则行恣于己以为私，百吏奚不喜之有？且夫令出虽自上，而论可与不可者在下，是威下系于民也。威下系于民，而求上之毋危，不可得也。令出而留者无罪，则是教民不敬也；令出而不行者毋罪，行之者有罪，是皆教民不听也；令出而论可与不可者在官，是威下分也；益损者毋罪，则是教民邪途也。如此，则巧佞之人，将以此成私为交；比周之人，将以此阿党取与；贪利之人，将以此收货聚财；懦弱之人，将以此阿贵事富便辟；伐矜之人，将以此买誉成名。故令一出，示民邪途五衢，而求上之毋危，下之毋乱，不可得也。

菽粟不足，末生不禁，民必有饥饿之色，而工以雕文刻镂相稚也，谓之逆；布帛不足，衣服毋度，民必有冻寒之伤，而女以美衣锦绣綦组相稚也，谓之逆；万乘藏兵之国，卒不能野战应敌，社稷必有危亡之患，而士以毋分役相稚也，谓之逆；爵人不论能，禄人不论功，则士无为行制死节，而群臣必通外请谒，取权道，行事便辟，以贵富为荣华以相稚也，谓之逆。

朝有经臣，国有经俗，民有经产。何谓朝之经臣？察身能而受官，不诬于上；谨于法令以治，不阿党；竭能尽力而不尚得，犯难离患而不辞死；受禄不过其功，服位不侈其能，不以毋实虚受者，朝之经臣也。何谓国之经俗？所好恶不违于上，所贵贱不逆于令；毋上拂之事，毋下比之说；毋侈泰之养，毋逾等之服；谨于乡里之行，而不逆于本朝之事者，国之经俗也。何谓民之经产？畜长树艺，务时殖谷，力农垦草，禁止末事者，民之经产也。故曰：朝不贵经臣，则便辟得进，毋功虚取，奸邪得行、毋能上通；国不服经俗，则臣下不顺而上令难行；民不务经产，则仓廪空虚，财用不足。便辟得进、毋功虚取，奸邪得行、毋能上通，则大臣不和；臣下不顺、上令难行，则应难不捷；仓廪空虚，财用不足，则国毋以固守。三者见一焉，则敌国制之矣。

故国不虚重，兵不虚胜，民不虚用，令不虚行。凡国之重也，必待兵之胜也，而国乃重；凡兵之胜也，必待民之用也，而兵乃胜；凡民之用也，必待令之行也，而民乃用；凡令之行也，必待近者之胜也，而令乃行。故禁不胜于亲贵，罚不行于便辟，法禁不诛于严重而害于疏远，庆赏不施于卑贱。二三而求令之必行，不可得也；能不通于官受，禄赏不当于功，号令逆于民心、动静诡于时变，有功不必赏、有罪不必诛，令焉不必行，禁焉不必止，在上位无以使下，而求民之必用，不可得也；将帅不严威，民心不专一，阵士不死制，卒士不轻敌，而求兵之必胜，不可得也；内守不能完，外攻不能服，野战不能制敌，侵伐不能威四邻，而求国之重，不可得也；德不加于弱小，威不信于强大，征伐不能服天下，而求霸诸侯，不可得也；威有与两立，兵有与分争，德不能怀远国，令不能一诸侯，而求王天下，不可得也。

地大国富，人众兵强，此霸王之本也，然而与危亡为邻矣。天道之数，人心之变。天道之数，至则反，盛则衰；人心之变，有余则骄，骄则缓怠。夫骄者，骄诸侯，骄诸侯者，诸侯失于外；缓怠者，民乱于内。诸侯失于外、民乱于内，天道也，此危亡之时也。若夫地虽大，而不并兼，不攘夺；人虽众，不缓怠，不傲下；国虽富，不侈泰，不纵欲；兵虽强，不轻侮诸侯，动众用兵必为天下政理，此正天下之本而霸王之主也。

凡先王治国之器三，攻而毁之者六。明王能胜其攻，故不益于三者，而自有国、正天下。乱王不能胜其攻，故亦不损于三者，而自有天下而亡。三器者何也？曰：号令也，斧钺也，禄赏也。六攻者何也？曰：亲也，贵也，货也，色也，巧佞也，玩好也。三器之用何也？曰：非号令毋以使下，非斧钺毋以威众，非禄赏毋以劝民。六攻之败何也？曰：虽不听，而可以得存者；虽犯禁，而可以得免者；虽毋功，而可以得富者。凡国有不听而可以得存者，则号令不足以使下；有犯禁而可以得免者，则斧钺不足以威众；有毋功而可以得富者，则禄赏不足以劝民。号令不足以使下，斧钺不足以威众，禄赏不足以劝民，若此，则民毋为自用。民毋为自用，则战不胜；战不胜，而守不固；守不固，则敌国制之矣。然则先王将若之何？曰：不为六者变更于号令，不为六者疑错于斧钺，不为六者益损于禄赏。若此，则远近一心；远近一心，则众寡同力；众寡同力，则战可以必胜，而守可以必固。非以并兼攘夺也，以为天下政治也，此正天下之道也。

【生态文明启示】

"凡君国之重器，莫重于令。令重则君尊，君尊则国安；令轻则君卑，君卑则国危。……故曰：亏令者死，益令者死，不行令者死，留令者死，不从令者死。……"①的生态文明启示是：生态文明法规的严肃性，对于生态文明建设至关重要。如果法规在所有行为者面前没有权威性，那么，生态文明建设也就无法推进。法规的严肃性体现在：不得随意删减法规，不得随意增添法规，不得不落实法规，不得不明示法规，不得不遵从法规。

"为上者不明，令出虽自上，而论可与不可者在下。夫倍上令以为威，则行恣于己以为私，百吏奚不喜之有？……故令一出，示民邪途五衢，而求上之毋危、下之毋乱，不可得也"②的生态文明启示是：如果生态文明法规已经颁布实施，而各级部门还在讨论法规可行还是不可行，那么法规的权限就等于落在了下级部门，而各级部门各行其是，各级执法部门则可从中强化自身的权力和利益，立法的目标无从实现。一旦在落实法规、执行法规等方面打了折扣，那也就为各个行为主体规避法规提供了路径，使违法者获益、守法者受损，那样一来，必然是宏观层面生态文明制度被破坏、微观层面生态文明建设秩序混乱。此外，生态文明法规必须是事前明示，不可事后追加，否则，相关行为主体将无所适从，"事前不明示、事后追加规制"必然导致行为者无谓的损失。

"菽粟不足，末生不禁，民必有饥饿之色，而工以雕文刻镂相稚也，谓之逆。布帛不足，衣服毋度，民必有冻寒之伤，而女以美衣锦绣

---

① 《重令篇》，主要论述从哪些具体方面以严肃法规。原为第十五篇，本书略去了第十四篇《法禁篇》，该篇主要论述严肃维护法制对于国家治理的重要性。此处"亏"，为"减损"之义；"益"，为"增添"之义；"留"，此处为"留置不用"之义。

② "为上者不明，令出虽自上，而论可与不可者在下。夫倍上令以为威，则行恣于己以为私，百吏奚不喜之有？……故令一出，示民邪途五衢，而求上之毋危、下之毋乱，不可得也"的大意是：法令虽然由上面制定，而可行、不可行却取决于下面，这就是君主权威被下面所牵制。权威被下面的官吏牵制，就会被官吏们用于谋私。……因此，法令只要颁行，就不应为执行者提供可不落实法令的路径，一旦为他们预留了可不落实的各种路径，那么，法令意图达成的目标根本无法达成，上面、下面的法制秩序也必定混乱。其中，"倍"，《说文解字》释为"倍，反也"，即"违反"之义；"恣"，《说文解字》释为"恣，纵也"，即"放纵"之义；"衢"，《说文解字》释为"四达谓之衢"，此处可理解为"路径"。

綦组相稚也，谓之逆。万乘藏兵之国，卒不能野战应敌，社稷必有危亡之患，而士以毋分役相稚也，谓之逆。……"① 的生态文明启示是：基本需求品供给不足而大量生产奢侈品，社会风气以奢侈消费生活为荣，应当承担公共责任者不承担责任而规避责任，这些都是与生态文明建设目标背道而驰的社会现象。

"朝有经臣，国有经俗，民有经产。……"② 的生态文明启示是：要想持续推进生态文明建设，国家要有与生态文明相符的长期坚持的连续政策和管理方式，社会要形成与生态文明理念相适应的社会风气，民众要形成与生态文明理念相适应的生产生活方式。三个层面相辅相成，相互促进。

"凡先王治国之器三，攻而毁之者六。明王能胜其攻，故不益于三者，而自有国、正天下。乱王不能胜其攻，故亦不损于三者，而自有天下而亡。三器者何也？曰：号令也，斧钺也，禄赏也。六攻者何也？曰：亲也，贵也，货也，色也，巧佞也，玩好也。……"③ 的生态文明

---

① "菽粟不足，末生不禁，民必有饥饿之色，而工以雕文刻镂相稚也，谓之逆。布帛不足，衣服毋度，民必有冻寒之伤，而女以美衣锦绣綦组相稚也，谓之逆。万乘藏兵之国，卒不能野战应敌，社稷必有危亡之患，而士以毋分役相稚也，谓之逆"的大意是：粮食不足，却不禁止奢侈品生产，民众必定饥饿，而工匠们还以雕木镂空相夸耀，这就是"逆"；布帛不足，富贵人家的衣物却没有节制，民众必定要受冻，而富贵人家女眷还以衣着美丽、锦绣花团相夸耀，这就是"逆"；有万辆兵车的大国，士卒不拼命作战应敌，国家必定有危亡之患，而武士们还以免服兵役相夸耀，这就是"逆"。此处"稚"，为"骄傲"之义，"相稚"，即为"以……而看轻他人"之义；"逆"，《说文解字》释为"逆，迎也"，即"相向、反向而行"之义，此处可理解为"与目标相反的行为"；"綦组"，为"有花纹的彩带"之义。

② 此处"经臣"，可理解为"典范的管理方式"；"经俗"，可理解为"共同遵从的社会风俗"；"经产"，可理解为"规范的生产方式"。

③ "三器者何也？曰：号令也，斧钺也，禄赏也。六攻者何也？曰：亲也，贵也，货也，色也，巧佞也，玩好也"的大意是：有效落实政策目标的工具有三个：一是政策要求，二是处罚性法规，三是激励机制。影响政策有效落实的因素有六个：一是政策执行有偏向性，二是管理层不以身作则，三是有经济利益输送，四是有其他方面利益的输送，五是有投机取巧的方式，六是执行者偏离了既定目标。其中，"攻"，此处可理解为"破坏性因素"之义；"斧钺"，此处可理解为"刑罚"之义。

启示是：国家在推进生态文明建设过程中主要有三个方面的政策工具，一是统一的政策要求，二是法规的吓阻作用和处罚机制，三是利益激励机制。而导致这三方面政策工具失效的因素主要有：一是允许某些主体不听从统一政策要求，使得政策得不到统一落实；二是某些主体违反法规也不会受到追究和处罚，使得法规起不到吓阻作用；三是遵守规范获得的利益不如违反规范获得的利益；四是其他方面的追求妨碍了正常目标；五是允许某些主体以投机取巧的方式去"达成目标"；六是财富用于其他方面，进而影响了正常目标所需的投入。

第十一章

法　法

【原文】

不法法，则事毋常；法不法，则令不行。令而不行，则令不法也；法而不行，则修令者不审也；审而不行，则赏罚轻也；重而不行，则赏罚不信也；信而不行，则不以身先之也。故曰：禁胜于身，则令行于民矣。

闻贤而不举，殆；闻善而不索，殆；见能而不使，殆；亲人而不固，殆；同谋而离，殆；危人而不能，殆；废人而复起，殆；可而不为，殆；足而不施，殆；几而不密，殆。人主不周密，则正言直行之士危；正言直行之士危，则人主孤而毋内；人主孤而毋内，则人臣党而成群。使人主孤而毋内、人臣党而成群者，此非人臣之罪也，人主之过也。

民毋重罪，过不大也，民毋大过，上毋赦也。上赦小过，则民多重罪，积之所生也。故曰：赦出则民不敬，惠行则过日益。惠赦加于民，而图圄虽实，杀戮虽繁，奸不胜矣。故曰：邪莫如蚤禁之。赦过遗善，则民不励。有过不赦，有善不遗，励民之道，于此乎用之矣。故曰：明君者，事断者也。

君有三欲于民，三欲不节，则上位危。三欲者何也？一曰求，二曰禁，三曰令。求必欲得，禁必欲止，令必欲行。求多者，其得寡；禁多者，其止寡；令多者，其行寡。求而不得，则威日损；禁而不止，则刑罚侮；令而不行，则下凌上。故未有能多求而多得者也，未有能多禁而多止者也，未有能多令而多行者也。故曰：上苛则下不听，下不听而强以刑罚，则为人上者众谋矣。为人上而众谋之，虽欲毋危，不可得也。号令已出又易之，礼义已行又止之，度量已制又迁之，刑法已错又移之。如是，则庆赏虽重，民不劝也；杀戮虽繁，民不畏也。故曰：上无固植，下有疑心。国无常经，民力必竭，数也。

明君在上位，民毋敢立私议自贵者，国毋怪严，毋杂俗，毋异礼，士毋私议。倨傲易令，错仪画制，作议者尽诛。故强者折，锐者挫，坚者破。引之以绳墨，绳之以诛戮，故万民之心皆服而从上，推之而往，引之而来。彼下有立其私议自贵，分争而退者，则令自此不行矣。故曰：私议立则主道卑矣。况主倨傲易令，错仪画制，变易风俗，诡服殊说犹立。上不行君令，下不合于乡里，变更自为，易国之成俗者，命之曰不牧之民。不牧之民，绳之外也；绳之外诛。使贤者食于能，斗士食于功。贤者食于能，则上尊而民从；斗士食于功，则卒轻患而傲敌。上尊而民从，卒轻患而傲敌。二者设于国，则天下治而主安矣。

凡赦者，小利而大害者也，故久而不胜其祸。毋赦者，小害而大利者也，故久而不胜其福。故赦者，奔马之委辔；毋赦者，痤睢之矿石也。爵不尊、禄不重者，不与图难犯危，以其道为未可以求之也。是故先王制轩冕所以著贵贱，不求其美；设爵禄所以守其服，不求其观也。使君子食于道，小人食于力。君子食于道，则上尊而民顺；小人食于力，则财厚而养足。上尊而民顺，财厚而养足，四者备体，则胥足上尊时而王不难矣。文有三侑，武毋一赦。惠者，多赦者也，先易而后难，久而不胜其祸；法者，先难而后易，久而不胜其福。故惠者，民之仇雠也；法者，民之父母也。太上以制制度，其次失而能追之，虽有过，亦不甚矣。

明君制宗庙，足以设宾祀，不求其美；为宫室台榭，足以避燥湿寒暑，不求其大；为雕文刻镂，足以辨贵贱，不求其观。故农夫不失其时，百工不失其功，商无废利，民无游日，财无砥墆。故曰：俭其道乎！

令未布而民或为之，而赏从之，则是上妄予也。上妄予，则功臣怨；功臣怨，而愚民操事于妄作；愚民操事于妄作，则大乱之本也。令未布而罚及之，则是上妄诛也。上妄诛，则民轻生；民轻生，则暴人兴、曹党起而乱贼作矣。令已布而赏不从，则是使民不劝勉、不行制、不死节。民不劝勉、不行制、不死节，则战不胜而守不固；战不胜而守不固，则国不安矣。令已布而罚不及，则是教民不听。民不听，则强者立；强者立，则主位危矣。故曰：宪律制度必法道，号令必著明，赏罚必信密，此正民之经也。

凡大国之君尊，小国之君卑。大国之君所以尊者，何也？曰：为之用者众也。小国之君所以卑者，何也？曰：为之用者寡也。然则为之用者众则尊，为之用者寡则卑，则人主安能不欲民之众为己用也？使民众为己用，奈何？曰：法立令行，则民之用者众矣；法不立，令不行，则民之用者寡矣。故法之所立、令之所行者多，而所废者寡，则民不诽议；民不诽议，则听从矣。法之所立，令之所行，与其所废者钧，则国毋常经；国毋常经，则民妄行矣。法之所立、令之所行者寡，而所废者多，则民不听；民不听，则暴人起而奸邪作矣。

计上之所以爱民者，为用之爱之也。为爱民之故，不难毁法亏令，则是失所谓爱民矣。夫以爱民用民，则民之不用明矣。夫至用民者，杀之危之，劳之苦之，饥之渴之；用民者将致之此极也，而民毋可与虑害己者，明王在上，道法行于国，民皆舍所好而行所恶。故善用民者，轩冕不下拟，而斧钺不上因。如是，则贤者劝而暴人止。贤者劝而暴人止，则功名立其后矣。蹈白刃，受矢石，入水火，以听上令；上令尽行，禁尽止。引而使之，民不敢转其力；推而战之，民不敢爱其死。不敢转其力，然后有功；不敢爱其死，然后无敌。进无敌，退有功，是以三军之众皆得保其首领，父母妻子完安于内。故民未尝可与虑始，而可与乐成功。是故仁者、知者、有道者，不与大虑始。

国无以小与不幸而削亡者，必主与大臣之德行失于身也，官职、法制、政教失于国也，诸侯之谋虑失于外也，故地削而国危矣。国无以大与幸而有功名者，必主与大臣之德行得于身也。官职、法制、政教得于国也，诸侯之谋虑得于外也。然后功立而名成。然则国何可无道？人何可无求？得道而导之，得贤而使之，将有所大期于兴利除害。期于兴利除害莫急于身，而君独甚。伤也，必先令之失。人主失令而蔽，已蔽而劫，已劫而弑。

凡人君之所以为君者，势也。故人君失势，则臣制之矣。势在下，则君制于臣矣；势在上，则臣制于君矣。故君臣之易位，势在下也。在臣期年，臣虽不忠，君不能夺也；在子期年，子虽不孝，父不能服也。故《春秋》之记，臣有弑其君、子有弑其父者矣。故曰：堂上远于百里，堂下远于千里，门庭远于万里。今步者一日，百里之情通矣；堂上有事，十日而君不闻，此所谓远于百里也。步者十日，千里之情通矣；堂下有事，一月而君不闻，此所谓远于千里也。步者百日，万里之情通矣，门庭有事，期年而君不闻，此所谓远于万里也。故请入而不出谓之灭，出而不入谓之绝，入而不至谓之侵，出而道止谓之壅。灭绝侵壅之君者，非杜其门而守其户也、为政之有所不行也。故曰：令重于宝，社稷先于亲戚，法重于民，威权贵于爵禄。故不为重宝轻号令，不为亲戚后社稷，不为爱民枉法律，不为爵禄分威权。故曰：势非所以予人也。

政者，正也。正也者，所以正定万物之命也。是故圣人精德立中以生正，明正以治国。故正者，所以止过而逮不及也。过与不及也，皆非正也；非正，则伤国一也。勇而不义伤兵，仁而不法伤正。故军之败也，生于不义；法之侵也，生于不正。故言有辨而非务者，行有难而非善者。故言必中务，不苟为辨；行必思善，不苟为难。

规矩者，方圆之正也。虽有巧目利手，不如拙规矩之正方圆也。故巧者能生规矩，不能废规矩而正方圜。虽圣人能生法，不能废法而治国。故虽有明智高行，倍法而治，是废规矩而正方圜也。

一曰：凡人君之德行威严，非独能尽贤于人也；曰人君也，故从而贵之，不敢论其德行之高卑有故。为其杀生，急于司命也；富人贫人，使人相畜也；良人贱人，使人相臣也。人主操此六者以畜其臣，人臣亦望此六者以事其君，君臣之会，六者谓之谋。六者在臣期年，臣不忠，君不能夺；在子期年，子不孝，父不能夺。故《春秋》之记，臣有弑其君，子有弑其父者，得此六者，而君父不智也。六位在臣，则主蔽矣；主蔽者，失其令也。故曰：令入而不出谓之蔽，令出而不入谓之壅，令出而不行谓之牵，令入而不至谓之瑕。牵瑕蔽壅之事君者，非敢杜其门而守其户也，为令之有所不行也。此其所以然者，在贤人不至而忠臣不用也。故人主不可以不慎其令。令者，人主之大宝也。

一曰：贤人不至谓之蔽，忠臣不用谓之塞，令而不行谓之障，禁而不止谓之逆。蔽塞障逆之君者，不敢杜其门而守其户也，为贤者之不至、令之不行也。

凡民从上也，不从口之所言，从情之所好者也；上好勇，则民轻死；上好仁，则民轻财。故上之所好，民必甚焉。是故明君知民之必以上为心也，故置法以自治，立仪以自正也。故上不行，则民不从；彼民不服法死制，则国必乱矣。是以有道之君，行法修制，先民服也。

凡论人有要：矜物之人，无大士焉。彼矜者，满也；满者，虚也。满虚在物，在物为制也。矜者，细之属也。凡论人而远古者，无高士焉。既不知古而易其功者，无智士焉。德行成于身而远古，卑人也。事无资，遇时而简其业者，愚士也。钓名之人，无贤士焉。钓利之君，无王主焉。贤人之行其身也，忘其有名也；王主之行其道也，忘其成功也。贤人之行，王主之道，其所不能已也。

明君公国一民以听于世，忠臣直进以论其能。明君不以禄爵私所爱，忠臣不诬能以干爵禄。君不私国，臣不诬能，行此道者，虽未大治，正民之经也。今以诬能之臣事私国之君，而能济功名者，古今无之。诬能之人易知也。臣度之先王者，舜之有天下也，禹为司空，契为司徒，皋陶为李，后稷为田。此四士者，天下之贤人也，犹尚精一德以事其君。今诬能之人，服事任官，皆兼四贤之能。自此观之，功名之不立，亦易知也。故列尊禄重，无以不受也；势利官大，无以不从也；以此事君，此所谓诬能篡利之臣者也。世无公国之君，则无直进之士；无论能之主，则无成功之臣。昔者三代之相授也，安得二天下而杀之。

贫民伤财，莫大于兵；危国忧主，莫速于兵。此四患者明矣，古今莫之能废也。兵当废而不废，则古今惑也；此二者不废而欲废之，则亦惑也。此二者伤国一也。黄帝唐虞，帝之隆也，资有天下，制在一人。当此之时也，兵不废。今德不及三帝，天下不顺，而求废兵，不亦难乎？故明君知所擅，知所患。国治而民务积，此所谓擅也。动与静，此所患也。是故明君审其所擅，以备其所患也。

猛毅之君，不免于外难；懦弱之君，不免于内乱。猛毅之君者轻诛，轻诛之流，道正者不安；道正者不安、则材能之臣去亡矣。彼智者知吾情伪，为敌谋我，则外难自是至矣。故曰：猛毅之君，不免于外难。懦弱之君者重诛，重诛之过，行邪者不革；行邪者久而不革，则群臣比周；群臣比周，则蔽美扬恶；蔽美扬恶，则内乱自是起。故曰：懦弱之君，不免于内乱。

明君不为亲戚危其社稷，社稷戚于亲；不为君欲变其令、令尊于君；不为重宝分其威，威贵于宝；不为爱民亏其法，法爱于民。

【生态文明启示】

"不法法，则事毋常；法不法，则令不行。令而不行，则令不法也；法而不行，则修令者不审也；审而不行，则赏罚轻也；重而不行，则赏罚不信也；信而不行，则不以身先之也。故曰：禁胜于身，则令行于民矣"①的生态文明启示是：对于生态文明建设制度，不以法规化的方式去形成，就不可能建成常态化的制度，不能常态化处理相关事务；不以程序化的方式去推行，制度政策就难以落实；制度政策难以落实，表明制度政策缺乏强制性措施；制度政策有强制性依然无法落实，表明制定政策不切合实际；如果政策切合实际仍然无法落实，则表明制度政策的激励力度和处罚力度不足；如果制度政策的激励力度和处罚力度已经达到了必要程度，仍然无法落实，则表明激励和处罚机制缺乏可信度；如果人们认同激励和处罚机制的可信度，仍然无法落实，那么问题就在于对社会起引导作用的群体没有身体力行。所以，起引导作用群体的带头落实，是制度政策得以在全社会落实的重要前提。

"闻贤而不举，殆；闻善而不索，殆；见能而不使，殆；亲人而不固，殆；同谋而离，殆；危人而不能，殆；废人而复起，殆；可而不

---

① 《法法篇》，原为第十六篇，主要论述树立法规尊严、严格依法治理的重要性。"不法法，则事毋常；法不法，则令不行。令而不行，则令不法也；法而不行，则修令者不审；审而不行，则赏罚轻也；重而不行，则赏罚不信也；信而不行，则不以身先之也。故曰：禁胜于身，则令行于民矣"的大意是：不依法推行法度，则国家各方面行事不能常态化；法度不采用依法手段推行，则政令难以贯彻落实。政令不能贯彻落实，是因为政令没有成为强制性法规；成为强制性法规而不能贯彻，是因为政令制定不切合现实；切合现实而不能贯彻，是因为激励处罚程度不足以达到预期目标；激励处罚程度适当而不能贯彻，是因为激励处罚没有信用（没有一一兑现实施）；有信用而不能贯彻，是因为上层统治者不以身作则遵守法令。所以说，法令能够约束上层统治者遵守，就可以广泛推行于大众。"常"，此处可理解为"常态化"；"修令者不审"，可理解为"制定法律者不切合实际"。"审"，《说文解字》释为"悉也"；"胜"，此处为"承受"之义。"禁胜于身"，可理解为"禁令也由自身承受"。

为，殆；足而不施，殆；……"① 的生态文明启示是：出现以下几种情形，生态文明建设事业就将颓殆，能否持续下去令人担忧。一是对于生态文明建设有着深刻认识的人士得不到举荐任用；二是有推进生态文明建设的典型经验得不到总结推广；三是有能力推进生态文明建设的同道者发挥不了其最大作用；四是推进生态文明建设的策略思路，得不到坚定的支持和落实；五是推进生态文明建设的群体相互之间缺乏协同，各自为政；六是认识到可能出现问题之所在，却无力避免；七是一旦遇到困难，又启用秉持"经济至上"思维的人士；八是有力量推动生态文明措施，而没有及时推动；九是在生态文明建设过程中，未能解决既有的贫富差距问题，并且引发新的不公平问题。

　　"凡赦者，小利而大害者也，故久而不胜其祸。毋赦者，小害而大利者也，故久而不胜其福。……惠者，多赦者也，先易而后难，久而不胜其祸：法者，先难而后易，久而不胜其福。……"② 的生态文明启示是：对于生态环境破坏行为的惩处，应当严格执行，而不应轻易"减免处罚、说服教育"。"减免处罚"，对于行为者而言，对于短时期的民意而言，可能会得到一定的正面评价，但长此以往对生态文明建设而言

------

① "闻贤而不举，殆；闻善而不索，殆；见能而不使，殆；亲人而不固，殆；同谋而离，殆；危人而不能，殆；废人而复起，殆；可而不为，殆；足而不施，殆"的大意是：知有贤才而不举用，听到有好的做法而不去调查借鉴，有人才而不发挥其才能，对任用人才的信任并不坚定，决策谋划者之间并不团结，想处置不当人员却无能为力，明知无法胜任而弃用的人员又不得不启用，事可为而不为，富贵家族并不怜悯而帮助他人，凡此种种现象，都是国家治理出现问题的征兆。"殆"，《说文解字》释为"危也"，此处可理解为"颓态"；"闻善而不索"，可理解为"听闻好行为而不去探察"；"危"，《说文解字》释为"在高而惧也"。"危人而不能"，可理解为"担心他人对己不利但又无法规避"；"同谋而离"，可理解为"共谋大业者离心离德"；"足而不施"，可理解为"部分人富足而不向贫困者施舍"。

② "惠者，多赦者也，先易而后难，久而不胜其祸：法者，先难而后易，久而不胜其福"的大意是：主要依靠笼络的治理方式，通常都是对于违法行为的赦免，这种方式初期有一定效果但问题越积累越多，积累到一定程度，社会就难以承受其累积性后果；而依法治理的方式，在初期有一定难度和问题，但推行一段时间后，问题不断得到化解，社会长期稳定的成效也就显现了。此处"胜"，可理解为"承受"。

则会累积越来越多的危害，久而久之将难以承受其危害的频发、累积和长期影响。所以，当下的严格执法，虽然短期有一定的负面影响，但从长期角度来看，其正面作用则是巨大的、累积性的、长远性的。在法规实施的先期阶段，如果采取渐进方式，先易后难地推进，先期多采用"减免处罚、说服教育"的话，其贻害无穷，推进难度将越来越大甚至无法推进。反之，先难后易，先期采取严格措施的话，则法规越来越有利于推进。

"君有三欲于民，三欲不节，则上位危。三欲者何也？一曰求，二曰禁，三曰令。求必欲得，禁必欲止，令必欲行。求多者，其得寡；禁多者，其止寡；令多者，其行寡。……"① 的生态文明启示是：在生态文明建设过程中，国家及政府对于民众会有三个方面的要求，一是要求民众承担的社会责任，二是对民众提出的禁止性规定，三是要求民众执行的政策措施。如果这三个方面的要求过当的话，反而不利于生态文明建设进程。如果要求民众承担的社会责任过多、过重，那么实际上只能完成少量的责任；如果禁止性规定过多、过滥，那么真正能够达成的禁止性规定必定很少；如果推出的政策措施过多，那么真正能够得以落实的必定不多。所以，社会责任、禁止性规定、政策措施，都必须适当，在适当的前提下，社会责任必须承担，禁止性规定必须令行禁止，政策措施必须落实。

"政者，正也。正也者，所以正定万物之命也。是故圣人精德立中以生正，明正以治国。故正者，所以止过而逮不及也。过与不及也，皆非正也；非正，则伤国一也。勇而不义伤兵，仁而不法伤正。故军之败

---

① "三欲者何也？一曰求，二曰禁，三曰令。求必欲得，禁必欲止，令必欲行"的大意是：上层统治者对民众有三种要求，都应当尽可能节制。一是向民众征取财富，二是对民众行为做出禁止性规定，三是向民众发布命令。如果征取财富总是希望得到，禁令总是希望立竿见影，命令总是希望切实推行，那么其结果必然是与预期相反。其中，"欲"，《说文解字》释为"贪欲也"，此处可理解为"过当的要求"。

也，生于不义；法之侵也，生于不正"① 的生态文明启示是：生态环境规制的基本原则就是"正"（也就是规制适当而有效），过严、过宽都是"不正"。在治理过程中，一旦出现过严或过宽的状况，必然危及生态文明制度，必然危及生态文明建设事业。

"规矩者，方圆之正也。虽有巧目利手，不如拙规矩之正方圆也。故巧者能生规矩，不能废规矩而正方圆……"② 的生态文明启示是：生态环境规制，任何高妙的治理手段，都不如明确而切实执行的标准。可以从有效的治理手段中总结并转化为标准，但不可废除标准而依赖一时有效的手段。

"凡民从上也，不从口之所言，从情之所好者也；上好勇，则民轻死；上好仁，则民轻财。故上之所好，民必甚焉。……是以有道之君，行法修制，先民服也"的生态文明启示是：生态文明建设要在全社会推行，对社会起引导作用的群体的理念与行为有着重要的示范作用。民众不是听他们倡导什么，而是观察他们真正的内心追求，如果生态文明是他们真实的理念和真正的内在追求，那么民众就会追随他们将生态文明作为行为理念和内在追求；反之，如果他们真实的理念是"经济至上"，内在的追求依然是经济增长和物质财富积累，那么民众对于经济活动和物质财富的追求则更甚。所以，对社会起引导作用的群体，在形成生态文明制度之前，必须从自我的日常生活和日常行为中躬行。

"贫民伤财，莫大于兵；危国忧主，莫速于兵。此四患者明矣，古今莫之能废也。兵当废而不废，则古今惑也；此二者不废而欲废之，则

---

① "故正者，所以止过而逮不及也。过与不及也，皆非正也；非正，则伤国一也"的大意是：所谓的"依法"，就是既要防止过度，也要防止偏轻。无论是过度，还是偏轻，都不是"依法"，都将损害国家治理和社会秩序。此处"逮"，可理解为"不放过"。
② "圜"，通"圆"。

亦惑也。此二者伤国一也……"① 的生态文明启示是：国家之间、区域之间、群体之间，非合作的竞争关系（特别是损人不利己的竞争关系），对于生态环境的危害是最大的，对于民众利益的无谓损害、自然资源的无谓损耗、生态环境的无谓损害都极大。但是，这种形态的竞争关系是永远存在的。所以，每一个主体都应当恰当地维护自身的生态环境权益和生态公平，尽可能避免非合作竞争的真正发生，同时也不得不预防可能发生的情形，以免让自身成员承受不该承受的生态环境后果。

---

① "贫民伤财，莫大于兵；危国忧主，莫速于兵。此四患者明矣，古今莫之能废也。兵当废而不废，则古今惑也；此二者不废而欲废之，则亦惑也。此二者伤国一也"的大意是：导致民众贫困、耗费社会财富，莫过于战争；对国家造成危险、对统治带来危机，没有比战争更直接的。战争给国家和民众带来的四种危害是很明显的，但古往今来都不能废止战争。只能说，非必要的战争就应当制止，而必要的战争也不得不进行，发动不必要的战争与不发动必要的战争，对国家和民众的危害是一样的。

第十二章

霸　形

桓公在位，管仲、隰朋见。立有间，有贰鸿飞而过之。桓公叹曰："仲父，今彼鸿鹄有时而南，有时而北，有时而往，有时而来，四方无远，所欲至而至焉，非唯有羽翼之故，是以能通其意于天下乎？"管仲、隰朋不对。桓公曰："二子何故不对？"管子对曰："君有霸王之心，而夷吾非霸王之臣也，是以不敢对。"桓公曰："仲父胡为然？盍不当言，寡人其有乡乎？寡人之有仲父也，犹飞鸿之有羽翼也，若济大水有舟楫也。仲父不一言教寡人，寡人之有耳，将安闻道而得度哉。"管子对曰："君若将欲霸王举大事乎，则必从其本事矣。"桓公变躬迁席，拱手而问曰："敢问何谓其本？"管子对曰："齐国百姓，公之本也。人甚忧饥，而税敛重；人甚惧死，而刑政险；人甚伤劳，而上举事不时。公轻其税敛，则人不忧饥；缓其刑政，则人不惧死；举事以时，则人不伤劳。"桓公曰："寡人闻仲父之言此三者，闻命矣，不敢擅也，将荐之先君。"于是令百官有司，削方墨笔。明日，皆朝于太庙之门朝，定令于百吏。使税者百一钟，孤幼不刑，泽梁时纵，关讥而不征，市书而不赋；近者示之以忠信，远者示之以礼义。行此数年，而民归之如流水。

此其后，宋伐杞，狄伐邢、卫。桓公不救，裸体纫胸称疾。召管仲曰："寡人有千岁之食，而无百岁之寿，今有疾病，姑乐乎！"管子曰：
"诺。"于是令之县钟磬之榱，陈歌舞竽瑟之乐，日杀数十牛者数旬。
群臣进谏曰："宋伐杞，狄伐邢、卫，君不可不救。"桓公曰："寡人有
千岁之食，而无百岁之寿，今又疾病，姑乐乎！且彼非伐寡人之国也，
伐邻国也，子无事焉。"宋已取杞，狄已拔邢、卫矣。桓公起，行笋虡
之间，管子从。至大钟之西，桓公南面而立，管仲北乡对之，大钟鸣。
桓公视管仲曰："乐夫，仲父？"管子对曰："此臣之所谓哀，非乐也。
臣闻之，古者之言乐于钟磬之间者不如此。言脱于口，而令行乎天下；
游钟磬之间，而无四面兵革之忧。今君之事，言脱于口，令不得行于天
下；在钟磬之间，而有四面兵革之忧。此臣之所谓哀，非乐也。"桓公
曰："善。"于是伐钟磬之县，并歌舞之乐，宫中虚无人。桓公曰："寡
人以伐钟磬之县，并歌舞之乐矣，请问所始于国，将为何行？"管子对
曰："宋伐杞，狄伐邢、卫，而君之不救也，臣请以庆。臣闻之，诸侯
争于强者，勿与分于强。今君何不定三君之处哉？"于是桓公曰：
"诺。"因命以车百乘、卒千人，以缘陵封杞；车百乘、卒千人，以夷
仪封邢；车五百乘、卒五千人，以楚丘封卫。桓公曰："寡人以定三君
之居处矣，今又将何行？"管子对曰："臣闻诸侯贪于利，勿与分于利。
君何不发虎豹之皮、文锦以使诸侯，令诸侯以缦帛鹿皮报？"桓公曰：
"诺。"于是以虎豹皮、文锦使诸侯，诸侯以缦帛、鹿皮报。则令固始
行于天下矣。此其后，楚人攻宋、郑，烧焫熯焚郑地，使城坏者不得复
筑也，屋之烧者不得复葺也；令其人有丧雌雄，居室如鸟鼠处穴。要宋
田，夹塞两川，使水不得东流，东山之西，水深灭垝，四百里而后可田
也。楚欲吞宋、郑而畏齐，曰思人众兵强能害己者，必齐也。于是乎楚
王号令于国中曰："寡人之所明于人君者，莫如桓公；所贤于人臣者，
莫如管仲。明其君而贤其臣，寡人愿事之。谁能为我交齐者，寡人不爱
封侯之君焉。"于是楚国之贤士皆抱其重宝币帛以事齐。桓公之左右，
无不受重宝币帛者。于是桓公召管仲曰："寡人闻之，善人者人亦善

73

之。今楚王之善寡人一甚矣，寡人不善，将拂于道。仲父何不遂交楚哉?"管子对曰:"不可。"楚人攻宋、郑，烧焫熯焚郑地，使城坏者不得复筑也，屋之烧者不得复葺也，令人有丧雌雄，居室如鸟鼠处穴。要宋田，夹塞两川，使水不得东流，东山之西，水深灭塊，四百里而后可田也。楚欲吞宋、郑，思人众兵强而能害己者，必齐也。是欲以文克齐，而以武取宋、郑也，楚取宋、郑而不知禁，是失宋、郑也；禁之，则是又不信于楚也。知失于内，兵困于外，非善举也。"桓公曰:"善。然则若何?"管子对曰:"请兴兵而南存宋、郑，而令曰:'无攻楚，言与楚王遇。'至于遇上，而以郑城与宋水为请，楚若许，则是我以文令也；楚若不许，则遂以武令焉。"桓公曰:"善。"于是遂兴兵而南存宋、郑，与楚王遇于召陵之上，而令于遇上曰:"毋贮粟，毋曲堤，无擅废嫡子，无置妾以为妻。"因以郑城与宋水为请于楚，楚人不许。遂退七十里而舍。使军人城郑南之地，立百代城焉。曰:自此而北至于河者，郑自城之，而楚不敢隳也。东发宋田，夹两川，使水复东流，而楚不敢塞也。遂南伐，及逾方城，济于汝水，望汶山，南致楚越之君，而西伐秦，北伐狄，东存晋公于南，北伐孤竹，还存燕公。兵车之会六，乘车之会三，九合诸侯，反位已霸。修钟磬而复乐。管子曰:"此臣之所谓乐也。"

【生态文明启示】

"齐国百姓，公之本也。人甚忧饥，而税敛重；人甚惧死，而刑政险；人甚伤劳，而上举事不时。公轻其税敛，则人不忧饥；缓其刑政，则人不惧死；举事以时，则人不伤劳"① 的生态文明启示是：在积极推动区域性乃至全球性生态环境共同体之前，必须解决好本国或本地区内部的经济社会问题。首先是解决好民众的民生后顾之忧，其次是减轻民众承受公共事业的负担，再次是缓解各种法规限制的严苛程度，最后是生态环境治理不影响正常的经济活动。只有解决这些内部的问题，才具备推进区域性或全球性生态环境协同治理的基础条件。

"臣闻之，古者之言乐于钟磬之间者不如此。言脱于口，而令行乎天下；游钟磬之间，而无四面兵革之忧。今君之事，言脱于口，令不得行于天下；在钟磬之间，而有四面兵革之忧。此臣之所谓哀，非乐也。……自此而北至于河者，郑自城之，而楚不敢骜也。东发宋田，夹两川，使水复东流，而楚不敢塞也。遂南伐，及逾方城，济于汝水，望汶山，南致楚越之君，而西伐秦，北伐狄，东存晋公于南，北伐孤竹，还存燕公。兵车之会六，乘车之会三，九合诸侯，反位已霸。修钟磬而复乐。管子曰：此臣之所谓乐也"② 的生态文明启示是：即使本国或本地区的经济社会稳定、生态环境良好，但区域性和全球性生态环境共同体无法形成，在周边区域的生态环境破坏可能对自身造成影响的情形下，本国

---

① 《霸形篇》，主要论述管仲佐助齐桓公成为诸侯霸主的思路与策略。原为第二十二篇，本书略去了第十七篇《兵法篇》，该篇主要论述军事和作战方面的法令；略去了第十八篇《大匡篇》、第十九篇《中匡篇》、第二十篇《小匡篇》，各篇主要论述管仲辅佐齐桓公成为霸主的历程以及管仲治国理政的思路方法；第二十一篇《王言篇》，已佚失。"人甚忧饥，而税敛重；人甚惧死，而刑政险；人甚伤劳，而上举事不时"的大意是：民众担心饥饿，是因为当前税赋过重；民众担心死罪，是因为当前法规过于严苛；民众担心劳困，是因为当前国家征用民力的时间过长。

② "臣闻之，古者之言乐于钟磬之间者不如此。言脱于口，而令行乎天下；游钟磬之间，而无四面兵革之忧。今君之事，言脱于口，令不得行于天下；在钟磬之间，而有四面兵革之忧。此臣之所谓哀，非乐也"的大意是：据我管仲所知，古代贤明所说的行乐于钟磬之间的，不是现在这种情形。而是君主命令一出就行于天下，此时行乐于钟磬之间，是没有四面兵革之忧的。而现在的情形是，君主命令并不能行于天下，即使身在钟磬之间却有四面兵革之忧。所以，这是"堪哀"而非"堪乐"的情形。

或本地区的经济社会、生态环境的持续发展条件同样堪忧。只有通过各主体间的利益协商，必要情形下通过施加有效的压力，以达成区域性或全球性的生态环境共同体的协同机制，确定各主体对于生态环境的共同责任和分担责任。在这样的协同情形下，对于本国或本地区的经济社会、生态环境而言，才是可持续的。

第十三章

霸　言

【原文】

霸王之形，象天则地，化人易代，创制天下，等列诸侯，宾属四海，时匡天下。大国小之，曲国正之，强国弱之，重国轻之，乱国并之，暴工残之。戮其罪，卑其列，维其民，然后王之。夫丰国之谓霸，兼正之国之谓王。夫王者有所独明，德共者不取也，道同者不王也。夫争天下者，以威易危暴，王之常也。君人者有道，霸王者有时。国修而邻国无道，霸王之资也。夫国之存也，邻国有焉；国之亡也，邻国有焉；邻国有事，邻国得焉；邻国有事，邻国亡焉。天下有事，则圣王利也。国危，则圣人知矣。夫先王所以王者，资邻国之举不当也。举而不当，此邻敌之所以得意也。

夫欲用天下之权者，必先布德诸侯。是故先王有所取，有所与，有所诎、有所信，然后能用天下之权。夫兵幸于权，权幸于地。故诸侯之得地利者，权从之；失地利者，权去之；夫争天下者，必先争人。明大数者得人，审小计者失人。得天下之众者王，得其半者霸。是故圣王卑礼以下天下之贤而王之，均分以钓天下之众而臣之。故贵为天子，富有天下，而伐不谓贪者，其大计存也。以天下之财，利天下之人；以明威之振，合天下之权；以逐德之行，结诸侯之亲；以好佞之罪，刑天下之心；因天下之威，以广明王之伐；攻逆乱之国，赏有功之劳；封贤圣之德，明一人之行，而百姓定矣。夫先王取天下也，术术乎大德哉，物利之谓也。夫使国常无患，而名利并至者，神圣也；国在危亡，而能寿者，明圣也。是故先王之所师者，神圣也；其所赏者，明圣也。夫一言而寿国，不听而国亡，若此者，大圣之言也。夫明王之所轻者马与玉，其所重者政与军。若失主不然，轻予人政而重予人马，轻予人军而重与人玉，重宫门之营而轻四境之守，所以削也。

夫权者，神圣之所资也；独明者，天下之利器也；独断者，微密之营垒也。此三者，圣人之所则也。圣人畏微，而愚人畏明；圣人之憎恶也内，愚人之憎恶也外；圣人将动必知，愚人至危易辞。圣人能辅时不能违时，知者善谋不如当时。精时者，日少而功多。夫谋无主则困，事无备则废。是以圣王务具其备，而慎守其时。以备待时，以时兴事，时至而举兵。绝坚而攻国，破大而制地，大本而小标，垄近而攻远。以大牵小，以强使弱，以众致寡，德利百姓，威振天下。令行诸侯而不拂，近无不服，远无不听。夫明王为天下正，理也。按强助弱，围暴止贪，存亡定危，继绝世，此天下之所载也，诸侯之所与也，百姓之所利也。是故天下王之。知盖天下，继最一世，材振四海，王之佐也。

千乘之国得其守，诸侯可得而臣，天下可得而有也。万乘之国失其守，国非其国也。天下皆理己独乱，国非其国也；诸侯皆令己独孤，国非其国也；邻国皆险己独易，国非其国也。此三者，亡国之征也。夫国大而政小者，国从其政；国小而政大者，国益大。大而不为者，复小；强而不理者，复弱；众而不理者，复寡；贵而无礼者，复贱；重而凌节者，复轻；富而骄肆者，复贫。故观国者观君，观军者观将，观备者观野。其君如明而非明也，其将如贤而非贤也，其人如耕者而非耕也，三守既失，国非其国也。地大而不为，命曰土满；人众而不理，命曰人满；兵威而不止，命曰武满。三满而不止，国非其国也。地大而不耕，非其地也；卿贵而不臣，非其卿也；人众而不亲，非其人也。

夫无土而欲富者忧，无德而欲王者危，施薄而求厚者孤。夫上夹而下萻、国小而都大者弒。主尊臣卑，上威下敬，令行人服，理之至也。使天下两天子，天下不可理也；一国而两君，一国不可理也；一家而两父，一家不可理也。夫令，不高不行，不持不听。尧舜之人，非生而理也；桀纣之人，非生而乱也。故理乱在上也。夫霸王之所始也，以人为本。本理则国固，本乱则国危。故上明则下敬，政平则人安，士教和则兵胜敌，使能则百事理，亲仁则上不危，任贤则诸侯服。

霸王之形，德义胜之，智谋胜之，兵战胜之，地形胜之，动作胜之，故王之。夫善用国者，因其大国之重，以其势小之；因强国之权，以其势弱之；因重国之形，以其势轻之。强国众，合强以攻弱，以图霸；强国少，合小以攻大，以图王。强国众，而言王势者，愚人之智也；强国少，而施霸道者，败事之谋也。夫神圣，视天下之形，知动静之时；视先后之称，知祸福之门。强国众，先举者危，后举者利。强国少，先举者王，后举者亡。战国众，后举可以霸；战国少，先举可以王。

夫王者之心，方而不最，列不让贤，贤不齿第择众，是贪大物也。是以王之形大也。夫先王之争天下也以方心，其立之也以整齐，其理之也以平易。立政出令用人道，施爵禄用地道，举大事用天道。是故先王之伐也，伐逆不伐顺，伐险不伐易，伐过不伐及。四封之内，以正使之；诸侯之会，以权致之；近而不服者，以地患之；远而不听者，以刑危之。一而伐之，武也；服而舍之，文也。文武具满，德也。夫轻重强弱之形，诸侯合则强，孤则弱。骥之材，而百马伐之，骥必罢矣。强最一伐，而天下共之，国必弱矣。强国得之也以收小，其失之也以恃强。小国得之也以制节，其失之也以离强。夫国小大有谋，强弱有形。服近而强远，王国之形也；合小以攻大，敌国之形也；以负海攻负海，中国之形也；折节事强以避罪，小国之形也。自古以至今，未尝有先能作难，违时易形，以立功名者；无有常先作难，违时易形，无不败者也。夫欲臣伐君，正四海者，不可以兵独攻而取也。必先定谋虑，便地形，利权称，亲与国，视时而动，王者之术也。夫先王之伐也，举之必义，用之必暴，相形而知可，量力而知攻，攻得而知时。是故：先王之伐也，必先战而后攻，先攻而后取地。故善攻者，料众以攻众，料食以攻食，料备以攻备。以众攻众，众存不攻；以食攻食，食存不攻；以备攻备，备存不攻。释实而攻虚，释坚而攻脆，释难而攻易。

夫持国不在敦古，理世不在善攻，霸王不在成曲。夫举失而国危，刑过而权倒，谋易而祸反，计得而强信，功得而名从，权重而令行，固其数也。

夫争强之国，必先争谋，争刑，争权。令人主一喜一怒者，谋也；令国一轻一重者，刑也；令兵一进一退者，权也。故精于谋，则人主之愿可得，而令可行也；精干刑，则大国之地可夺，强国之兵可围也；精于权，则天下之兵可齐，诸侯之君可朝也。夫神圣视天下之刑，知世之所谋，知兵之所攻，知地之所归，知令之所加矣。夫兵攻所憎而利之，此邻国之所不亲也。权动所恶，而实寡归者强。擅破一国，强在后世者王；擅破一国，强在邻国者亡。

【生态文明启示】

"……夫丰国之谓霸，兼正之国之谓王。夫王者有所独明。德共者不取也，道同者不王也。夫争天下者，以威易危暴，王之常也。君人者有道，霸王者有时。……"① 的生态文明启示是：一国或一地区自身经济社会得以良好发展、生态环境得以良好治理的情形下，可以去帮助周

---

① 《霸言篇》，原为第二十三篇，主要论述成为诸侯霸主应把握的原则。"夫丰国之谓霸，兼正之国之谓王。夫王者有所独明。德共者不取也，道同者不王也。夫争天下者，以威易危暴，王之常也。君人者有道，霸王者有时"的大意是：在诸侯各国之中自身实力强盛称作"霸"，能够纠正诸侯国行为的称作"王"。能够成为王者，有他国所不具备的公正性、正当性。道义相同的国家，它不会去攻取；理念一致的国家，它不去统治。王者争夺天下，是以威信去推翻暴君。称王以统治各国必须有正当性，称霸以号令各国则必须合乎天下情势。

边区域推进经济社会和生态环境的发展。要想主导推动区域性或全球性的协同发展，必须具有其可获得各主体广泛信任的行为准则，那就是对于有共同价值理念的主体，不作"零和"的非合作性竞争；只对那些以损人利己的方式、以强凌弱的方式危害区域性或全球性发展利益的主体，施加必要的政治经济压力，使之改变发展方式而转向协同合作发展方向。

"夫欲用天下之权者，必先布德诸侯。是故先王有所取，有所与，有所诎，有所信，然后能用天下之权。夫兵幸于权，权幸于地。故诸侯之得地利者，权从之；失地利者，权去之，夫争天下者，必先争人。明大数者得人，审小计者失人"① 的生态文明启示是：意图将生态文明理念推行到全区域乃至全球，必须先行通过自身的生态文明理念行为对各国各地区的发展产生积极的影响，并由此获得广泛的信任。所以，对于各国各地区的生态环境治理应当有所付出、有所贡献，才能得到它们积极的回应和认同，才能将生态文明理念推广普及到各国各地区。因此，一国一地区对于各国各地区，能够发挥其政治经济压力的作用，在于其利益的引导；利益引导起作用，在于获得各国各地区民众对其理念和作为的认同与信任。只有其理念和作为是真正考虑全局性共同利益的国家或地区，才能获得他国他地区民众的认同与信任；其理念和作为实质是考虑自身利益的国家或地区，是无法获得他人的认同与信任的。

"万乘之国失其守，国非其国也。天下皆理己独乱，国非其国也；诸侯皆令己独孤，国非其国也；邻国皆险己独易，国非其国也。此三者，亡国之征也。……地大而不为，命曰土满；人众而不理，命曰人

---

① "夫兵幸于权，权幸于地。故诸侯之得地利者，权从之；失地利者，权去之。夫争天下者，必先争人。明大数者得人，审小计者失人"的大意是：兵力的强大有赖于权威的树立，权威的树立有赖于土地生产的富强。所以，各国由于经济富强，才能树立其权威，经济衰败则失去了其权威。而要将权威树立于天下各国，则必须首先获取各国民众的民心，获取民心就是考虑大众的共同利益，而只考虑自身局部利益者，是无法获取天下各国民心的。

满；兵威而不止，命曰武满。三满而不止，国非其国也"的生态文明启示是：一国或一地区，其自身生态环境条件再好，如果不对其自然资源和生态环境进行有效治理的话，其生态环境势必劣化；周边各国各地区都进行生态环境领域的协同协作，而自身置身其外的话，其生态环境也将劣化；周边各国各地区都珍惜其拥有的生态环境容量，并限制他国他地区的外部性影响，而自身对外部性影响不设防的话，其生态环境也必然劣化。如果一国一地区拥有良好的生态承载力而不加珍视，拥有良好的自然资源而不加以有效使用，拥有先进的技术水平而不用于有效提升的话，那么其生态环境必将劣化。

"霸王之形，德义胜之，智谋胜之，兵战胜之，地形胜之，动作胜之，故王之"的生态文明启示是：一国一地区，之所以在区域性或全球性生态环境协同中能够起着主导性的作用，一是生态文明理念上的先进，二是生态文明建设策略上的先进，三是施加政治经济压力的作用得当，四是在维护全球生态系统中起着关键性作用，五是践行生态文明理念的积极作为。

"是故先王之伐也，伐逆不伐顺，伐险不伐易，伐过不伐及。四封之内，以正使之；诸侯之会，以权致之。近而不服者，以地患之；远而不听者，以刑危之。一而伐之，武也；服而舍之，文也；文武具满，德也。夫轻重强弱之形，诸侯合则强，孤则弱"的生态文明启示是：一国一地区，在区域性或全球性生态环境协同中能够起着主导性的作用，必须秉持基于全局生态环境利益的正义性。对于一些国家或地区施加政治经济压力，应遵循一定的原则，即只对那些违逆生态文明理念的主体施加压力，而不针对努力顺应生态文明理念的主体；只对那些可能对全局生态系统带来重大影响的主体施加压力，而不针对一般性的行为主体；只针对那些主动承担全局公共责任过少的主体施加压力，而不针对已经积极承担全局公共责任的主体。对于自身管辖范围内，采取法规和责任目标来推进；对于全局性共同体，则要以"共同而有区别"的原则去协调相互之间的利益关系。对于那些不协作的周边国家、周边地区，应坚决抵制其外部性影响；对于那些不协作而相距较远的国家或地区，则要采用关联性制裁措施对其施加政治经济压力。

"夫欲臣伐君，正四海者，不可以兵独攻而取也。必先定谋虑，便地形，利权称，亲与国，视时而动，王者之术也。夫先王之伐也，举之必义，用之必暴，相形而知可，量力而知攻，攻得而知时"① 的生态文明启示是：对于后发国家或地区而言，如果要取代传统强国在全局性生态环境治理中的领导地位，不能仅靠其经济实力来推动。要有可行的推进规划，要占据有利的经济竞争地位，要权衡利益格局的变化驱使，要与盟国形成密切互动关系，在合适的发展阶段和适当的时机展开相关工作。要推动这一进程，必须基于正义的立场，施加政治经济压力，要见到成效，要通过各方面实力对比确定其可行性，时机选择要得当。

---

① "夫先王之伐也，举之必义，用之必暴，相形而知可，量力而知攻，攻得而知时"的大意是：古代贤明君主对外发动战争时，其前提是要有正义性，用兵须迅即，依情势而决断可否举兵，量实力而决断能否进攻，考虑得失而决断行动时机。此处"暴"，可理解为"迅即"。

第十四章

问

凡立朝廷，问有本纪。爵授有德，则大臣兴义。禄予有功，则士轻死节。上帅士以人之所戴，则上下和。授事以能，则人上功。审刑当罪，则人不易讼。无乱社稷宗庙则人有所宗。毋遗老忘亲，则大臣不怨。举知人急，则众不乱。行此道也，国有常经，人知终始，此霸王之术也。

然后问事：事先大功，政自小始。

问死事之孤其未有田宅者有乎？问少壮而未胜甲兵者几何人？问死事之寡，其饩廪何如？问国之有功大者，何官之吏也？问州之大夫也，何里之士也。今吏亦何以明之矣，问刑论有常以行，不可改也，今其事之久留也何若？问五官有制度，官都有其常断。今事之稽也何待。问独夫寡妇孤寡疾病者几何人也？问国之弃人何族之子弟也？问乡之良家其所牧养者几何人矣。问邑之贫人债而食者几何家？问理园容而食者几何家？人之开田而耕者几何家？士之身耕者几何家？问乡之贫人何族之别也？问宗子之收昆弟者，以贫从昆弟者几何家？余子仕而有田邑，今入者几何人？子弟以孝闻于乡里者几何人？余子父母存，不养而出离者几何人？士之有田而不使者几何人？吏恶何事士之有田而不耕者几何人？身何事。君臣有位而未有田者几何人？外人之来从而未有田宅者几何

84

家？国子弟之游于外者几何人？贫士之受责于大夫者几何人？官贱行书，身士以家臣自代者几何人？官承吏之无田饩而徒理事者几何人？群臣有位事官大夫者几何人？外人来游在大夫之家者几何人？乡子弟力田为人率者几何人？国子弟之无上事，衣食不节；率子弟不田弋猎者几何人？男女不整齐，乱乡子弟者有乎？问人之贷粟米，有别券者几何家？

问国之伏利其可应人之急者几何所也？人之所害于乡里者何物也？问士之有田宅身在陈列者几何人？余子之胜甲兵有行伍者几何人？问男女有巧伎，能利备用者几何人？处女操工事者几何人？冗国所开口而食者几何人？问一民有几年之食也？问兵车之计几何乘也？牵家马觳家车者几何乘。处士修行。足以教人，可使帅众莅百姓者几何人？士之急难可使者几何人？工之巧，出，足以利军伍，处，可以修城郭补守备者几何人？城粟军粮其可以行几何年也。吏之急难可使者几何人？大夫疏器：甲兵、兵车、旌旗、鼓铙、帷幕、帅车之载几何乘？疏藏器：弓弩之张、衣夹铁钩弦之造、戈戟之紧，其厉何若？其宜修而不修者故何视？而造修之官，出器处器之具，宜起而未起者何待？乡师车辎造修之具，其缮何若？工尹伐材用，毋于三时，群材乃植，而造器定冬，完良备用必足。人有余兵，诡陈之行，以慎国常。时简稽帅马牛之肥膌，其老而死者皆举之。其就山薮林泽食荐者几何，出入死生之会几何。若夫城郭之厚薄，沟壑之浅深，门闾之尊卑，宜修而不修者，上必几之。守备之伍，器物不失其具，淫雨而各有处藏。问兵官之吏，国之豪士，其急难足以先后者几何人？夫兵事者危物也，不时而胜，不义而得，未为福也。失谋而败，国之危也。慎谋乃保国。

问所以教选人者何事？问执官都者，其位事几何年矣。所辟草莱有益于家邑者几何矣？所封表以益人之生利者何物也？所筑城郭，修墙闭，绝通道，陁阙，深防沟，以益人之地守者，何所也？所捕盗贼，除人害者几何矣？

制地。君曰：理国之道，地德为首，君臣之礼，父子之亲，覆育万

85

人，官府之藏，彊兵保国，城郭之险，外应四极，具取之地。而市者天地之财具也。而万人之所和而利也。正是道也。民荒无苛人，尽地之职，一保其国。各主异位，毋使谍人乱普，而德营九军之亲。关者，诸侯之隊隧也。而外财之门户也。万人之道行也。明道以重告之。征于关者，勿征于市，征于市者，勿征于关。虚车勿索，徒负勿入，以来远人。十六道同身外事谨，则听其名，视其名，视其色，是其事，稽其德。以观其外则，无敦于权人，以困貌德。国则不惑，行之职也。问于边吏曰：小利害信，小怒伤义，边信伤德，厚和构四国以顺貌德。后乡四极，令守法之官日行，度必明，无失经常。

【生态文明启示】

"然后问事，事先大功，政自小始。……"① 的生态文明启示是：要了解当前生态文明建设的推进状况，就必须对各方面进行调查。调查要从大的方面着眼、小的方面着手。首先应当调查人口结构，是否具有生态友好型特征的消费人口结构，可以反映消费领域的生态文明建设状况。而其业结构，可以反映生产领域的生态文明建设状况。

"问国之伏利，其可应人之急者几何所也？人之所害于乡里者何物也？"② 的生态文明启示是：要了解生态文明建设的进一步推进的可能条件，就必须调查有哪些可以开发而尚未开发的自然资源？有哪些需要治理却尚未得到有效治理的生态环境问题？潜在的人口结构，将对未来阶段的生产领域、生活领域的生态文明建设带来什么样的影响？宏观层面潜在的需求和供给条件，将对未来阶段的生态文明建设带来什么样的影响？

---

① 《问篇》，原为第二十四篇，主要论述的是有关社会状况调查的内容和方法。
② "问国之伏利，其可应人之急者几何所也？人之所害于乡里者何物也"的大意是：调查国内尚未开发的资源有哪些，其中可以解决人们之急需的有哪几处？调查人们认为有害于乡里的有哪些因素？

"问所以教选人者何事？问执官都者其位事几何年矣？所辟草莱有益于家邑者几何矣？所封表以益人之生利者何物也？所筑城郭，修墙闭，绝通道，陒阙，深防沟，以益人之地守者，何所也？所捕盗贼，除人害者几何矣"① 的生态文明启示是：要了解生态文明建设的进一步推进的可能条件，就必须调查地方行政部门的执政理念如何，这种执政理念推行多年会对生态文明建设带来什么样的长期影响和累积性影响？他们执政期间，所推行的经济发展政策、产业结构，对民众的物质生活和宜居生态环境条件，产生了什么样的影响？他们执政期间，基础设施建设、所进行的生态环境治理项目，对于当地、对于整个区域乃至国家的生态文明建设，有着什么样的影响？

---

① "问所以教选人者何事？问执官都者其位事几何年矣？所辟草莱有益于家邑者几何矣？所封表以益人之生利者何物也？所筑城郭，修墙闭，绝通道，陒阙，深防沟，以益人之地守者，何所也？所捕盗贼，除人害者几何矣"的大意是：调查选拔人才采用什么标准？调查各个责任官员的任职时长，他们在任内开垦的荒地，使人们受益的面积有多大？他们所提的奏议，可使民众增加财利的内容有哪些？他们建筑的城郭、修建的墙垣、设置的路障，安设的门楼及加深的护城河，有益于城池守卫的，都有哪些？所捕盗贼，消除的祸患，有多少？

第十五章

制　分

　　凡兵之所以先争，圣人贤士，不为爱尊爵；道术知能，不为爱官职；巧伎勇力，不为爱重禄；聪耳明目，不为爱金财。故伯夷、叔齐非于死之日而后有名也，其前行多修矣；武王非于甲子之朝而后胜也，其前政多善矣。

　　故小征千里遍知之，筑堵之墙，十人之聚，日五间之。大征遍知天下，日一间之。散金财，用聪明也。故善用兵者，无沟垒而有耳目。兵不呼儌，不苟聚，不妄行，不强进。呼儌则敌人戒，苟聚则众不用，妄行则群卒困，强进则锐士挫。故凡用兵者，攻坚则韧，乘瑕则神，攻坚则瑕者坚，乘瑕则坚者瑕。故坚其坚者，瑕其瑕者。屠牛坦朝解九牛，而刀可以莫铁，则刃游闲也。故天道不行，屈不足从；人事荒乱，以十破百；器备不行，以且击倍。故军争者不行于完城，有道者不行于无君。故莫知其将至也，至而不可围；莫知其将去也，去而不可止。敌人虽众，不能止待。

　　治者所道富也，而治未必富也，必知富之事，然后能富；富者所道强也，而富未必强也，必知强之数，然后能强；强者所道胜也，而强未必胜也，必知胜之理，然后能胜；胜者所道制也，而胜未必制也，必知制之分，然后能制。是故治国有器，富国有事，强国有数，胜国有理，制天下有分。

【生态文明启示】

"凡兵之所以先争，圣人贤士不为爱尊爵，道术知能不为爱官职，巧伎勇力不为爱重禄，聪耳明目不为爱金财。故伯夷、叔齐非于死之日而后有名也，其前行多修矣；武王非于甲子之朝而后胜也，其前政多善矣"① 的生态文明启示是：生态环境得以有效维护，生态文明建设得以顺利推进，必须具备先决条件，那就是各阶层民众普遍树立生态文明理念，长期在生产、生活中践行。这并不是一蹴而就就能够实现的。

"治者所道富也，治而未必富也，必知富之事，然后能富。富所道强也，而富未必强也，必知强之数，然后能强。强者所道胜也，而强未必胜也，必知胜之理，然后能胜。胜者所道制也，而胜未必制也，必知制之分，然后能制。是故治国有器，富国有事，强国有数，胜国有理，制天下有分"② 的生态文明启示是：对于生态环境问题进行治理，未必就能够带来生态环境质量的大幅好转，而是要对具有关键性影响的生态环境问题进行有效治理；通过治理而使生态环境质量有所改善，未必能够带来生态环境质量的持续改进，而是要有长期有效的治理机制；通过治理机制带来持续改进，未必能够带来生态系统功能的修复，而是要认

---

① 《制分篇》，主要论述军事取胜的前提要求。原为第二十九篇，第二十五篇《谋失篇》已佚；本书略去了第二十六篇《戒篇》，该篇主要论述的是仁德爱民以治国以及如何识人用人；略去了第二十七篇《地图篇》，主要论述的是主持战事者所必须具备的能力和条件；略去了第二十八篇《参患篇》，主要论述的是军事之于国家治理的关系。"故伯夷叔齐，非于死之日而后有名也，其前行多修矣。武王非于甲子之朝而后胜也，其前政多善矣"的大意是：伯夷、叔齐并不是因为饿死才被人称道的，而是因为他们一直以来就注重修德；周武王取胜商纣王，并不是在甲子那天起兵取得的，而是由于之前就多行善政。

② "是故治国有器，富国有事，强国有数，胜国有理，制天下有分"的大意是：国家得以治理要有制度，国家得以富裕要有生产，国家得以强盛要有客观条件，国家地位得以形成要遵从竞争优势准则，掌控天下则要掌握关键性因素。

识自然生态系统的运行机理；认识了生态系统的机理带来生态功能的修复，也未必能够使生态系统具有抵御外在冲击的完好能力，而是要维护生态系统中生物多样性；维护生物多样性，并不是简单地维护各类生物物种，而是维护各类生物的生存传承环境，根本目的就是维护生态系统的稳定性。

第十六章

侈靡

【原文】

问曰：古之时与今之时同乎？曰：同。其人同乎？不同乎？曰：不同。可与？政其诛。偌尧之时，混吾之美在下，其道非独出人也。山不童而用赡，泽不弊而养足。耕以自养，以其余应良天子，故平。牛马之牧不相及，人民之俗不相知，不出百里而来足，故卿而不理，静也。其狱一踦腓一踦屦而当死；今周公断指满稽，断首满稽，断足满稽，而死民不服，非人性也，敝也。地重人载，毁敝而养不足，事末作而民兴之，是以下名而上实也。圣人者，省诸本而游诸乐，大昏也、博夜也。

问曰：兴时化若何？莫善于侈靡，贱有实，敬无用，则人可刑也。故贱粟米而如敬珠玉，好礼乐而如贱事业，本之始也。珠者阴之阳也，故胜火；玉者阴之阴也，故胜水。其化如神。故天子臧珠玉，诸侯臧金石，大夫畜狗马，百姓臧布帛。不然，则强者能守之，智者能牧之，贱所贵而贵所贱。不然，鳏寡独老不与得焉。

均之始也，政与教庸急？管子曰：夫政教相似而殊方，若夫教者，标然若秋云之远，动人心之悲；蔼然若夏之静云，乃及人之体；霭然若谲之静，动人意以怨。荡荡若流水，使人思之。人所生往，教之始也，身必备之。辟之若秋云之始见，贤者不肖者化焉。敬而待之，爱而使之，若樊神山祭之。贤者少，不肖者多，使其贤，不肖恶得不化？今夫政则少则，若夫成形之征者也，去则少可使人乎？

用贫与富，何如而可？曰：甚富不可使，甚贫不知耻；水平而不流，无源则速竭；云平而雨不甚，无委云，雨则速已。政平而无威，则不行；爱而无亲则流；亲左有，用无用，则辟之若相为有兆怨。上短下长，无度而用，则危本。

不称而祀谭，次祖；犯诅渝盟，伤言。敬祖祢，尊始也；齐约之信，论行也；尊天地之理，所以论威也。薄德之君之府囊也，必因成形而论于人，此政行也。

可以王乎？请问用之若何？必辨于天地之道，然后功名可以殖；辨于地利，而民可富；通于侈靡，而士可戚。君亲自好事，强以立断，仁以好任。人君寿以政年，百姓不夭厉，六畜庶育，五谷庶熟，然后民力可得用。邻国之君俱不贤，然后得王。

俱贤若何？曰：忽然易乡而移，忽然易事而化，变而足以成名。承弊而民劝之，慈种而民富，应言待感与物俱长。故日月之明，应风雨而种。天之所覆，地之所载，斯民之良也，不有而丑天地，非天子之事也。民变而不能变，是梲之傅革，有革而不能革，不可服。民死信，诸侯死化。

请问诸侯之化弊？弊也者，家也。家也者，以因人之所重而行之。吾君长来猎，君长虎豹之皮用；功力之君，上金玉币；好战之君，上甲兵。甲兵之本，必先于田宅。今吾君战，则请行民之所重。

饮食者也，侈乐者也，民之所愿也。足其所欲，赡其所愿，则能用之耳。今使衣皮而冠角，食野草，饮野水，庸能用之？伤心者不可以致功。故尝至味，而罢至乐，而雕卵然后瀹之，雕橑然后爨之。丹沙之穴不塞，则商贾不处。富者靡之，贫者为之，此百姓之怠生，百振而食。非独自为也，为之畜化。

用其臣者，予而夺之，使而辍之，徒以而富之，父系而伏之，予虚爵而骄之，收其春秋之时而消之，有集礼我而居之，时举其强者以誉

92

之。强而可使服事，辨以辩辞，智以招请，廉以摽人。坚强以乘六，广其德以轻上，位不能使之而流徙，此谓国亡之郄。故法而守常，尊礼而变俗，上信而贱文，好缘而好驵，此谓成国之法也。为国者，反民性，然后可以与民戚，民欲佚而教以劳，民欲生而教以死，劳教定而国富，死教定而威行。

圣人者，阴阳理，故平外而险中。故信其情者伤其神，美其质者伤其文，化之美者应其名，变其美者应其时，不能兆其端者菑及之。故缘地之利，承从天之指，辱举其死，开国闭辱，知其缘地之利者，所以参天地之吉纲也。承从天之指者，动必明；辱举其死者，与其失人，同公事则道必行；开其国门者，玩之以善言；柰其罕辱知神次者，操牺牲与其珪璧，以执其罕。家小害，以小胜大。员其中，辰其外。而复畏强，长其虚，而物正以视其中情。

公曰：国门则塞，百姓谁敢敖，胡以备之？择天下之所宥，择鬼之所当，择人天之所戴，而前付其身，此所以安之也。强与短而立，齐国之若何？高予之名而举之，重予之官而危之。因责其能以随之，犹傶则疏之；毋使人图之，犹疏则数之；毋使人曲之，此所以为之也。

大有臣甚大，将反为害，吾欲优患除害，将小能察大，为之奈何？潭根之毋伐，固蒂之毋乂，深黎之毋涸，不仪之毋助，章明之毋灭，生荣之毋失。十言者不胜此一，虽凶必吉，故平以满。

无事而总，以待有事，而为之若何？积者立余日而侈，美车马而驰，多酒醴而靡，千岁毋出食，此谓本事。县人有主，人此治用。然而不治，积之市，一人积之下，一人积之上，此谓利无常。百姓无宝，以利为首。一上一下，唯利所处。利然后能通，通然后成国。利静而不化，观其所出，从而移之。

视其不可使，因以为民等。择其好名，因使长民。好而不已，是以为国纪。功未成者不可以独名，事未道者不可以言名。成功然后可以独名，事道然后可以言名，然后可以承致酢。

先其士者之为自犯，后其民者之为自赡。轻国位者国必败，疏贵戚者谋将泄。毋仕异国之人，是为失经；毋数变易，是为败成；大臣得罪，勿出封外，是为漏情；毋数据大臣之家而饮酒，是为使国大消。三尧在，臧于县，返于连，比若是者，必从是偏亡乎！辟之若尊酾，未胜其本，亡流而下不平。令苟下不治，高下者不足以相待，此谓杀。

事立而坏，何也？兵远而畏，何也？民已聚而散，何也？辍安而危，何也？功成而不信者，殆；兵强而无义者，残；不谨于附近而欲求远者，兵不信。略近臣合于其远者，立。亡国之起，毁国之族，则兵远而不畏。国小而修大，仁而不利，犹有争名者，累哉是也！乐聚之力，以兼人之强，以待其害，虽聚必散。大王不恃众而自恃，百姓自聚；供而后利之，成而无害。疏戚而好外，企以仁而谋泄，贱寡而好大，此所以危。

众而约，实取而言让，行阴而言阳，利人之有祸，言人之无患，吾欲独有是，若何？是故之时，陈财之道可以行。今也利散而民察，必放之身然后行。公曰：谓何？长丧以毁其时，重送葬以起身财，一亲往，一亲来，所以合亲也。此谓众约。问，用之若何？巨瘗培，所以使贫民也；美垄墓，所以使文明也；巨棺椁，所以起木工也；多衣衾，所以起女工也。犹不尽，故有次浮也，有差樊，有瘗藏。作此相食，然后民相利，守战之备合矣。

乡殊俗，国异礼，则民不流矣；不同法，则民不困；乡丘老不通睹，诛流散，则人不眺安乡乐宅，享祭而讴吟称号者皆诛，所以留民俗也。断方井田之数，乘马甸之众，制之。陵溪立鬼神而谨祭。皆以能别以为食数，示重本也。

故地广千里者，禄重而祭尊。其君无余地与他若一者，从而艾之。君始者艾若一者，从乎杀。与于杀若，一者从者艾若一者，从于杀。与于杀若，一者从无封始，王者上事，霸者生功，言重本。是为十禺，分免而不争，言先人而自后也。

94

官礼之司，昭穆之离先后功器事之治，尊鬼而守故；战事之任，高功而下死；本事，食功而省利；劝臣，上义而不能与小利。五官者，人争其职，然后君闻。

祭之，时上贤者也，故君臣掌。君臣掌则上下均，此以知上贤无益也，其亡兹适。上贤者亡，而役贤者昌。上义以禁暴，尊祖以敬祖，聚宗以朝杀，示不轻为主也。载祭明置，高子闻之，以告中寝诸子，中寝诸子告寡人，舍朝不鼎馈，中寝诸子告宫中女子曰：公将有行，故不送公，公言无行，女安闻之，曰：闻之中寝诸子，索中寝诸子而问之，寡人无行，女安闻之，吾闻之先人，诸侯舍于朝不鼎馈者，非有外事，必有内忧。公曰：吾不欲与汝及若。女言至焉，不得毋与女及若言，吾欲致诸侯，诸侯不至若何哉？女子不辩于致诸侯，自吾不为污杀之事人，布织不可得而衣，故虽有圣人恶用之？

能摩故道新道，定国家，然后化时乎？国贫而鄙富，苴美于朝市国；国富而鄙贫，莫尽如市。市也者，劝也。劝者，所以起。本善，而末事起。不侈，本事不得立。

贤举能不可得，恶得伐不服？用百夫无长，不可临也；千乘有道，不可修也。夫纣在上，恶得伐不得？钧则战，守则攻，百盖无筑，千聚无社，谓之陋，一举而取。天下有一事之时也，万诸侯钧，万民无听，上位不能为功更制，其能王乎？

缘故修法，以政治道，则约杀子吾君，故取夷吾谓替。公曰：何若？对曰：以同。其日久临，可立而待。鬼神不明，囊橐之食无报，明厚德也。沈浮，示轻财也。先立象而定期，则民从之。故：为祷朝缕绵，明轻财而重名。公曰：同临？所谓同者，其以先后智逾者也。钧同财争，依则说，十则从服，万则化。成功而不能识，而民期，然后成形而更名，则临矣。

请问为边若何？对曰：夫边日变，不可以常知观也。民未始变而是变，是为自乱。请问诸边而参其乱，任之以事，因其谋。方百里之地，

95

树表相望者，丈夫走祸，妇人备食，内外相备。春秋一日，败曰千金，称本而动。候人不可重也，唯交于上，能必于边之辞。行人可有私，不有私，所以为内因也。使能者有主，矣而内事。

万世之国，必有万世之实。必因天地之道，无使其内使其外，使其小毋使其大。弃其国宝使其大，贵一与而圣；称其宝使其小，可以为道。能则专，专则佚。橡能逾，则橡于逾。能宫，则不守而不散。众能，伯；不然，将见对。

君子者，勉于纠人者也，非见纠者也。故：轻者轻，重者重，前后不慈。凡轻者操实也，以轻则可使；重不可起轻，轻重有齐。重以为国，轻以为死。毋全禄，贫国而用不足；毋全赏，好德恶亡使常。

请问先合于天下而无私怨，犯强而无私害，为之若何？对曰：国虽强，令必忠以义；国虽弱，令必敬以哀。强弱不犯，则人欲听矣。先人而自后而无以为仁也，加功于人而勿得，所橐者远矣，所争者外矣。明无私交，则无内怨；与大则胜，私交众则怨杀。

夷吾也，如以予人财者，不如毋夺时；如以予人食者，不如毋夺其事。此谓无外内之患。事故也，君臣之际也；礼义者，人君之神也。且君臣之属，义也；亲戚之爱，性也；使君亲之察同索，属故也；使人君不安者，属际也。不可不谨也。

贤不可威，能不可留，杜事之于前，易也。水鼎之汨也，人聚之；壤地之美也，人死之。若江湖之大也，求珠贝者，不令也。逐神而远热，交觯者不处，兄遗利夫！事左中国之人，观危国过君而弋其能者，岂不几于危社主哉！

利不可法，故民流；神不可法，故事之。天地不可留，故动，化故从新。是故得天者高而不崩，得人者卑而不可胜。是故：圣人重之，人君重之。故至贞生至信，至言往至绞。生至自有道，不务以文胜情，不务以多胜少，不动则望有膚，旬身行。

法制度量，王者典器也；执故义道，畏变也。天地若夫神之动，化变者也，天地之极也。能与化起而王用，则不可以道止也。仁者善用，智者善用，非其人则与神往矣。

衣食之于人也，不可以一日违也，亲戚可以时大也。是故圣人万民艰处而立焉。人死则易云，生则难合也。故一为赏，再为常，三为固然。其小行之则俗也，久之则礼义。故无使下当上必行之，然后移商人于国，非用人也，不择乡而处，不择君而使，出则从利，入则不守。国之山林也，则而利之。市尘之所及，二依其本。故上侈而下靡，而君臣相上下相亲，则君臣之财不私藏。然则贪动枳而得食矣。徙邑移市，亦为数一。

问曰：多贤可云？对曰：鱼鳖之不食呼者，不出其渊；树木之胜霜雪者，不听于天；士能自治者，不从圣人，岂云哉？夷吾之闻之也，不欲，强能不服，智而不牧。若旬虚期于月，津若出于一，明然，则可以虚矣。故陁其道而薄其所予，则士云矣。不择人而予之，谓之好人；不择人而取之，谓之好利。审此两者，以为处行，则云矣。

不方之政，不可以为国；曲静之言，不可以为道。节时于政，与时往矣。不动以为道，齐以为行；避世之道，不可以进取。

阳者进谋，几者应感，再杀则齐，然后运可请也。对曰：夫运谋者，天地之虚满也，合离也，春秋冬夏之胜也，然有知强弱之所尤，然后应诸侯取交，故知安危国之所存。以时事天，以天事神，以神事鬼。故国无罪而君寿，而民不杀智运谋而杂橐刃焉。

其满为感，其虚为亡，满虚之合，有时而为实，时而为动。地阳时贷，其冬厚则夏热，其阳厚则阴寒。是故王者谨于日至，故知虚满之所在，以为政令。已杀生，其合而未散，可以决事。将合，可以禺其随行以为兵，分其多少以为曲政。

请问形有时而变乎？对曰：阴阳之分定，则甘苦之草生也。从其宜，则酸咸和焉，而形色定焉，以为声乐。夫阴阳进退，满虚亡时，其散合可以视岁。唯圣人不为岁，能知满虚，夺余满，补不足，以通政事，以赡民常。地之变气，应其所出；水之变气，应之以精，受之以豫；天之变气，应之以正。且夫天地精气有五，不必为沮，其巫而反，其重陵动毁之进退，即此数之难得者也，此形之时变也。

沮平气之阳，若如辞静。余气之潜然而动，爱气之潜然而衰，胡得而治动？对曰：得之衰时，位而观之，怡美然后有辉。修之心，其杀以相待，故有满虚哀乐之气也。故书之帝八，神农不与存，为其无位，不能相用。

问：运之合满安臧？二十岁而可广，十二岁而聂广，百岁伤神。周郑之礼移矣，则周律之废矣，则中国之草木有移于不通之野者。然则人君声服变矣，则臣有依驷之禄，妇人为政，铁之重反旅金。而声好下曲，食好咸苦，则人君日退。巫则溪陵山谷之神之祭更，应国之称号亦更矣。

视之示变，观之风气。古之祭，有时而星，有时而星熺，有时而熰，有时而朐。鼠应广之实，阴阳之数也。华若落之名，祭之号也。是故天子之为国，图具其树物也。

【生态文明启示】

"问曰：古之时与今之时同乎？曰：同。其人同乎，不同乎？曰：不同。可与？政其诛。倍尧之时，混吾之美在下，其道非独出人也。山不童而用赡，泽不弊而养足。耕以自养，以其余应良天子，故平。牛马之牧不相及，人民之俗不相知，不出百里而来足，故卿而不理，静也。其狱一踦腓一踦屦而当死。今周公断指满稽，断首满稽，断足满稽，而死民不服，非人性也，敝也。地重人载，毁敝而养不足，事末作而民兴之，是以下名而上实也。圣人者，省诸本而游诸乐，大昏也，博夜也"① 的生态文明启示是：随着人类社会的发展，人类需求、生产方式不断演进，国家治理方式也因此在不断变化，经济活动方式也随之变化，对于自然资源和生态环境的影响也必然随之深化。恢复到原始状态的生产方式是不可能的，所以，因自然资源的损耗和生态环境的破坏，只能在现今经济发展背景下去寻求与之相适应的切实方式。

"问曰：兴时化若何？莫善于侈靡：贱有实，敬无用，则人可刑也。故贱粟米而如敬珠玉，好礼乐而如贱事业"② 的生态文明启示是：随着时代的变化，发展经济的政策随之变化，而生态环境治理政策也应随之变化。在基本需求可以得到保障的前提下，应当促使民众将对物质品的过度追求转向对非物质品的追求，这样一来，既可使经济活动繁荣、多样化民众需求得以满足，也可减少过度追求物质品带来的自然资源消耗和生态环境损耗。

"夫政教相似而殊方，若夫教者，标然若秋云之远，动人心之悲。……人所生往，教之始也，身必备之。……今夫政则少则，若夫成形之

---

① 《侈靡篇》，主要论述的是经济活动各环节的相互关系与作用。原为第三十五篇，本书略去了第三十篇《君臣上》、第三十一篇《君臣下》，此两篇主要论述国家治理中的君臣定位以及君道、臣道等内容；略去了第三十二篇《小称篇》，该篇主要论述的是执政者如何真正地为公；略去了第三十三篇《四称篇》，该篇主要论述的是有道无道之君、有道无道之臣的行为表现；第三十四篇《正言篇》已佚。"政其诛"，此处可理解为"管理与刑罚两个方面"；"佸尧之时"，即"帝喾、帝尧时代"；"混吾"，即"昆吾山"；"其狱一踦腓一踦屦而当死"，可理解为"其时的刑罚，使犯罪者一脚穿草鞋一脚穿常屦就相当于后来的死刑"；"满稽"，即"堆满台阶"；"敝"，此处可理解为"生活破败贫困"；"事末作而民兴之，是以下名而上实也"，可理解为"发展了工商末业，民众生活才好转，这是不重虚名而注重实效的措施"；"省诸本而游诸乐"，可理解为"重视农业本业的同时发展游乐之业"。

② "兴时化"，可理解为"根据时代不同而改变政策"；"贱有实，敬无用，则人可刑也"，可理解为"不过度追求粮食，而去追求粮食之外的东西，那样人们的生活有序而可有效管理"。

征者也，去则少可使人乎"① 的生态文明启示是：生态文明理念的树立过程，有两种方式，一是教育感化方式，二是政令推行方式。两者有相同的作用但路径不同。教育感化，是激发人们内心对于自然生态环境的关怀，通过先行者的示范教育引导人们普遍形成自然关怀之心；政令推行方式，则有所不同，以强化人们的行为方式为措施，是使用法规和刑罚等手段的强制性方式。

"请问诸侯之化弊，弊也者，家也。家也者，以因人之所重而行之。吾君长来猎君长虎豹之皮用。功力之君上金玉币，好战之君上甲兵。甲兵之本，必先于田宅。今吾君战，则请行民之所重"② 的生态文明启示是：如同古代各国重视什么就以什么作为货币，现今我们重视生态环境，就应当重视生态环境的价值，应当提高自然资源使用和生态环境损耗的价格。我们要构建生态文明社会，就应当让人们把生态环境作为重要的财富来珍视。

"饮食者也，侈乐者也，民之所愿也。足其所欲，赡其所愿，则能用之耳。今使衣皮而冠角，食野草，饮野水，孰能用之？伤心者不可以致功。故尝至味而，罢至乐而。雕卵然后瀹之，雕橑然后爨之。……"③的生态文明启示是：即使以生态文明建设为目标，也应充分考虑民众的需求。不仅是基本的物质需求，也应包括精神需求。生态文明建设，不是要恢复到原始的生活状态，而应充分考虑维护生态环境目标与满足民生目标之间的协调。

---

① "若夫教者，标然若秋云之远，动人心之悲"，可理解为"教化，如同秋日云彩之高远，能够激发人们的悲悯之心"；此处"形"，通"刑"；"去则少可使人乎"，可理解为"执行规则即可驱使民众按照规定行事"。

② "弊"，通"币"；"家"，即"诸侯"之义；"今吾君战，则请行民之所重"，可理解为"当今君主意图战事，那就请行民众所看重之事"。

③ "故尝至味，而罢至乐。而雕卵然后瀹之，雕橑然后爨之"，可理解为"提倡（各种附加精神满足的消费）吃最好的饮食，听最美的音乐，把禽蛋雕画后煮食，把木柴雕刻后烧用"。

"百姓无宝，以利为首。一上一下，唯利所处。利然后能通，通然后成国。利静而不化，观其所出，从而移之"的生态文明启示是：决定民众行为的无非是利益，所以任何目标的实现都应以利益诱导民众的行为。生态文明建设也如此，只有生态环境要素能够通过交易形成价格进行流通，能够给民众带来利益的诱导。如果无法流通交易的话，那么民众的经济活动就要考虑转移到其他方面去，有关维护生态环境的相关活动，也就被搁置了。

"今也利散而民察，必放之身然后行。……巨瘗培，所以使贫民也；美垄墓，所以使文明也；巨棺椁，所以起木工也；多衣衾，所以起女工也。犹不尽，故有次浮也，有差樊，有瘗藏。作此相食，然后民相利，守战之备合矣"① 的生态文明启示是：生态文明建设过程中，应与失业治理、贫困治理结合起来，精神需求、生态需求的满足，可以为贫困阶层提供相应的就业岗位，使得贫困者通过就业来获得收入。所以生态公益岗位是生态环境保护与贫困治理相结合的有效手段。

"能摩故道新道，定国家，然后化时乎？国贫而鄙富，苴美于朝市；国富而鄙贫，莫尽如市。市也者，劝也。劝者所以起，本善而末事起。不侈，本事不得立"② 的生态文明启示是：政策能够推陈出新，才是切合现实的有效治理。有限制的市场交易，必然导致需求得不到完全满足、供给得不到完全销售；只有实现需求完全满足、供给完全出尽的市场，才是真正的有效市场。所谓"市场交易"，就是一种激励机制。

① "巨瘗培，所以使贫民也；美垄墓，所以使文明也；巨棺椁，所以起木工也；多衣衾，所以起女工也。犹不尽，故有次浮也，有差樊，有瘗藏"，可理解为"挖掘巨大墓室，使穷人有工做；装饰堂皇墓地，使雕画工匠有工做；制造巨大棺停，使木工有工做；多用随葬衣被，使女红有工做。此外，还有各种祭奠包裹、仪仗、殉葬品，也可带动相关的生产活动"。

② "摩故道新"，犹言"推陈出新"；"国贫而鄙富"，可理解为"城市需求得不到完全满足，而农村供给得不到完全售出"；"朝市"，可理解为"如同早市的有限度市场"；"莫尽市"，可理解为"如同从早到晚的经常性市场"，"莫"通"暮"；"劝"，《说文解字》释为"勉也"，此处可理解为"激励"。

有了有效的激励机制，满足基本需求的产业能够得以发展，满足其他需求的产业也能够得以发展。没有其他产业，满足基本需求的产业也难以得到有效发展。同理，生态环境维护问题，也应由完善的市场机制及其激励机制来解决。

"……所谓同者，其以先后智渝者也。钧同财争，依则说，十则从服，万则化。……"① 的生态文明启示是：经济活动也好，生态文明建设也好，最终都将形成一定的范式。这一过程是通过先进方式引导落后方式的改进，如果两种不同方式的效率差距不大，那么就会形成直接竞争，由竞争结果决定发展方式的抉择；如果一种方式的效率明显高于另一种方式，那么就会引致技术的跟随；如果一种方式的效率显著高于另一种方式，那么就会引致其技术路线的遵循；如果一种方式的效率远远高于另一种方式，那么就会引致其发展并纳入同一系统之中。

"请问先合于天下而无私怨，犯强而无私害，为之若何？对曰：国虽强，令必忠以义；国虽弱，令必敬以哀。……明无私交，则无内怨；与大则胜，私交众则怨杀"② 的生态文明启示是：形成区域性或全球性协同关系，最重要的在于正义性和共同利益。对待强国，要以区域利益或全球利益的正义性去争取；对待弱国，则要维护其尊严和利益。总之，要明确在共同体中只追求共同利益和公平利益而不偏袒特定成员的局部利益。只有共同体的规模足够大，参与主体足够多，才能真正起到维护共同利益的作用；如果过度强调共同体成员的局部利益，那么这样的共同体很难起到切实的作用。

"……如以予人财者，不如毋夺时；如以予人食者，不如毋夺其

---

① "先后智渝"，犹言"先进对后进的超越"。"渝"，通"逾"；"钧"，通"均"；"依"，《说文解字》释为"倚也"，此处可理解为"相差不多略有可借鉴之处"；"说"，通"悦"；

② "胜"，为"胜任"之义；"杀"，此处可理解为"失去作用"。

事，此谓无外内之患"① 的生态文明启示是：追求经济公平也好、生态环境公平也好，与其给弱势者直接提供财富，还不如给他们提供有效的机会；与其给弱势者直接提供基本需求，还不如给他们提供就业岗位。提供机会、提供就业，是维护社会公平稳定的根本方式。

"水鼎之汩也，人聚之；壤地之美也，人死之。若江湖之大也，求珠贝者，不令也。……"② 的生态文明启示是：一个社会发展得好坏，人员聚集与否是一个很重要的表征。生态宜居环境的好坏，也是决定人员聚集的重要因素。这不是可以强制规定的，而是人们自然而然的选择。

"利不可法，故民流；神不可法，故事之。天地不可留，故动，化故从新。……"③ 的生态文明启示是：经济活动也好，生态维护活动也好，"利益驱动"是自然而然的，无论你承认不承认，都无法改变这一点。所以，要想推动相关事业的发展，就不得不依靠"利益驱动"；"社会发展变化"是永恒的，无论你承认不承认，都无法改变这一点。所以，适应社会背景不断地推陈出新、调整政策，也是势在必行的。

"法制度量，王者典器也；执故义道，畏变也。天地若夫神之动，化变者也，天地之极也。能与化起而王用，则不可以道止也。仁者善用，智者善用，非其人，则与神往矣"的生态文明启示是：经济社会发展制度也好，生态文明建设制度也好，都是国家治理的准则和工具。但是，任何制度必须因应发展情势而不断变革。只有因应时势，善于因应时势而变革，其发展目标才能够达成。因循既有制度而不变革，则非顺应民心、注重策略者之所宜，发展目标也难以达成。

"故一为赏，再为常，三为固然。其小行之则俗也，久之则礼义。

---

① "时"，此处为"农时"之义；"患"，此处可理解为"社会不稳定之隐患"。
② "人死之"，此处可理解为"人们不离开"；"不令"，此处可理解为"不是因为命令（而是因为条件决定）"。
③ "法"，此处可理解为"强制废止"；"留"，此处可理解为"静止不变"。

故无使下当上必行之，然后移商人于国，非用人也，不择乡而处，不择君而使，出则从利，入则不守。……"① 的生态文明启示是：经济社会发展、生态文明建设之中，推动某一事物发展，不能依靠一次性的奖励措施，也不应使之成为常态化的奖励，一旦奖励不再，其事也就难以推进了。所以，要形成利益机制，通过利益机制去激励事物的持续推进。有了利益机制，也就形成了谋求相关利益的群体，他们的行为都是围绕利益来进行的。

"阳者进谋，几者应感，再杀则齐，然后运可请也。对曰：夫运谋者，天地之虚满也，合离也，春秋冬夏之胜也，然有知强弱之所尤，……"② 的生态文明启示是：在经济社会发展、生态文明建设中，对于显明的事物，应着力解决；对于变化微妙、影响未知的事物，则应观察其在相关方面的反应。通过一定范围的试验，观察试验效果，如果效果明显，则可以按照一定策略推广。推广策略，要考虑到事物的虚实关系、离合关系、时序的更替关系，这样才能认识到推广策略实施的有利条件和薄弱环节之所在。

---

① "固然"，此处可理解为"被认为是理所当然的"；"故无使下当上必行之，然后移商人于国"，可理解为"不让下面的人认为上面必然会奖赏，就可引入商人进行经营"，亦即"只要利益不是来自政府规定，就能够使利益出自市场交易"；"非用人也"，可理解为"商人并非是听从于政令，而是听从于利益"。
② "阳"，此处可理解为"显性表露"；"几"，此处可理解为"微妙变化"；"杀"，此处可理解为"试探"；"运可请"，可理解为"运谋之事可以实施"。

第十七章

白　心

【原文】

建当立有，以靖为宗，以时为宝，以政为仪，和则能久。非吾仪虽利不为，非吾当虽利不行，非吾道虽利不取。上之随天，其次随人。人不倡不和，天不始不随。故其言也不废，其事也不随。

原始计实，本其所生。知其象则索其形，缘其理则知其情，索其端则知其名。故苞物众者，莫大于天地；化物多者，莫多于日月；民之所急，莫急于水火。然而，天不为一物在其时，明君圣人亦不为一人枉其法。天行其所行而万物被其利，圣人亦行其所行而百姓被其利。是故万物均，既夸众百姓平矣。是以圣人之治也，静身以待之，物至而名自治之。正名自治之，奇身名废。名正法备，则圣人无事。不可常居也，不可废舍也。随变断事也，知时以为度。大者宽，小者局，物有所余有所不足。

兵之出，出于人；其人入，入于身。兵之胜，从于适；德之来，从于身。故曰：祥于鬼者义于人，兵不义不可，强而骄者损其强，弱而骄者亟死亡；强而卑义信其强，弱而卑义免于罪。是故骄之余卑，卑之余骄。

道者，一人用之不闻有余，天下行之不闻不足，此谓道矣。小取焉则小得福，大取焉则大得福，尽行之而天下服，殊无取焉则民反，其身不免于贼。左者，出者也；右者，人者也。出者而不伤人，入者自伤也。不日不月，而事以从；不卜不筮，而谨知吉凶。是谓宽乎形，徒居而致名。去善之言，为善之事，事成而顾反无名。能者无名，从事无事。审量出入，而观物所载。

孰能法无法乎？始无始乎？终无终乎？弱无弱乎？故曰：美哉弟弟。故曰：有中有中，孰能得夫中之衷乎？故曰：功成者隳，名成者亏。故曰：孰能弃名与功，而还与众人同？孰能弃功与名，而还反无成？无成有贵其成也，有成贵其无成也。日极则仄，月满则亏。极之徒仄，满之徒亏，巨之徒灭。孰能已无乎？效夫天地之纪。

人言善亦勿听，人言恶亦勿听，持而待之，空然勿两之，淑然自清。无以旁言为事成，察而征之，无听辩，万物归之，美恶乃自见。

天或维之，地或载之。天莫之维，则天以坠矣；地莫之载，则地以沉矣。夫天不坠，地不沉，夫或维而载之也夫！又况于人？人有治之，辟之若夫雷鼓之动也。夫不能自摇者，夫或摇之。夫或者何？若然者也。视则不见，听则不闻；洒乎天下满，不见其塞。集于颜色，知于肌肤，责其往来，莫知其时。薄乎其方也，韩乎其圆也，韩韩乎莫得其门。故口为声也，耳为听也，目有视也，手有指也，足有履也，事物有所比也。

"当生者生，当死者死"，言有西有东、各死其乡。置常立仪，能守贞乎？常事通道，能官人乎？故书其恶者，言其薄者。上圣之人，口无虚习也，手无虚指也，物至而命之耳。发于名声，凝于体色，此其可谕者也。不发于名声，不凝于体色，此其不可谕者也。及至于至者，教存可也，教亡可也。故曰：济于舟者和于水矣，义于人者祥其神矣。

事有适，而无适，若有适；觿解，不可解，而后解。故善举事者，国人莫知其解。为善乎，毋提提；为不善乎，将陷于刑。善不善，取信而止矣。若左若右，正中而已矣。县乎日月无已也。愕愕者不以天下为忧，刺刺者不以万物为策，孰能弃刺刺而为愕愕乎？

难言宪术，须同而出。无益言，无损言，近可以免。故曰：知何知乎？谋何谋乎？审而出者彼自来。自知曰稽，知人曰济。知苟适，可为天下周；内固之，一可为长久；论而用之，可以为天下王。

天之视而精，四璧而知请，壤土而与生。能若夫风与波乎？唯其所欲适。故子而代其父，曰义也；臣而代其君，曰篡也。篡何能歌？武王是也。故曰：孰能去辩与巧，而还与众人同道？故曰：思索精者明益衰，德行修者王道狭，卧名利者写生危，知周于六合之内者，吾知生之有为阻也。持而满之，乃其殆也。名满于天下，不若其已也。名进而身退，天之道也。满盛之国，不可以仕任；满盛之家，不可以嫁子；骄倨傲暴之人，不可与交。

道之大如天，其广如地，其重如石，其轻如羽。民之所以知者寡。故曰：何道之近而莫之与能服也，弃近而就远何以费力也。故曰：欲爱吾身，先知吾情。君亲六合，以考内身。以此知象，乃知行情。既知行情，乃知养生。左右前后，周而复所。执仪服象，敬迎来者。今夫来者，必道其道，无迁无衍，命乃长久。和以反中，形性相葆。一以无贰，是谓知道。将欲服之，必一其端，而固其所守。责其往来，莫知其时；索之于天，与之为期。不失其期，乃能得之。故曰：吾语若大明之极，大明之明非爱人不予也。同则相从，反则相距也。吾察反相距，吾以故知古从之同也。

【生态文明启示】

"建当立有，以靖为宗，以时为宝，以政为仪，和则能久。非吾仪，虽利不为；非吾当，虽利不行；非吾道，虽利不取。上之随天，其次随人。人不倡不和，天不始不随。故其言也不废，其事也不随"① 的生态文明启示是：经济社会发展、生态文明建设过程中，建立法规制度和行动规划应秉持三方面的准则：一以贯之准则以避免来来回回的折腾，合于时宜准则以避免不切实际，公平准则以避免责权利不匹配，三个方面相互协调，则其制度能够持久有效。如果不符合上述准则，即使短时期有利的事物，也不去推行。最根本的原则就是，首先要符合客观规律，其次要适应民心。亦即，不符合客观规律的事物，不去开创；不适应民心的事物，不作考虑。

"道者，一人用之，不闻有余；天下行之，不闻不足。此谓道矣。小取焉则小得福，大取焉则大得福，尽行之而天下服，殊无取焉则民反，其身不免于贼。……" 的生态文明启示是：经济社会发展、生态文明建设过程中，遵循经济社会发展规律和自然规律，应当体现在各个层级。在局部遵循规律，就只能在局部获得发展利益；在全部遵循规律，就能在全部获得发展利益。如果完全不遵循规律，必然无法获得各主体及民众的支持，不仅不能获得其发展利益，甚至其既有利益也将丧失殆尽。

"人言善亦勿听，人言恶亦勿听，持而待之，空然勿两之，淑然自清。无以旁言为事成，察而征之，无听辩，万物归之，美恶乃自见"② 的生态文明启示是：对于经济社会发展、生态文明建设的政策成效，如

---

① 《白心篇》，主要论述在国家治理过程中遵循自然规律的重要性。原为第三十八篇，本书略去了第三十六篇《心术上篇》、第三十七篇《心术下篇》，该两篇主要论述的是国家治理所应秉持的心性。"建当立有，以靖为宗，以时为宝，以政为仪，和则能久"的大意是：建立行为准则和行动规划，应秉持三方面的准则：避免反反复复、合于时宜、公平，三方面相互协调，则其制度能够持久有效。

② "人言善亦勿听，人言恶亦勿听，持而待之，空然勿两之，淑然自清。无以旁言为事成，察而征之，无听辩，万物归之，美恶乃自见"的大意是：一面之词的善言或恶言，都不要轻易相信，等待时间并进一步获得可信的信息，不作预设判断，最终可以获得正确的认知。不要把道听途说当成事实，要观察与考证，不要听信任何巧辩，将相关事物进行归纳综合比较，事物的性质是好是坏就会自然而然地显现。

何准确判断？一时性的正面评价、一时性的负面评价，都不能简单地作为评价政策、调整政策的依据，而应等待观察较长时间实施后的成效，实施过程中不要瞻前顾后。对于成效的评判，不必把那些就事论事的正面评论作为依据，也不要把那些强辩理由作为依据，只要把可比事物对照分析，其政策成效如何，高下立判。

"天或维之，地或载之。天莫之维，则天以坠矣；地莫之载，则地以沉矣。夫天不坠，地不沉，夫或维而载之也夫！又况于人"的生态文明启示是：经济社会发展过程中，自然生态系统的生态功能在其中起着重要的作用。无论人们对自然生态系统是否有所认识，它都在无时无刻地起着关键性的作用。如果没有自然生态系统，经济社会根本无法稳定运行和发展，人类也根本无法生存和传承。所以，人类在推动经济社会发展的过程中，必须自觉维护自然生态系统的可持续性，只有自然生态系统的生态功能完好，人类赖以生存的环境才能得以持续。

"事有适，而无适，若有适；觿解，不可解而后解"① 的生态文明启示是：经济社会发展、生态文明建设过程中，面对矛盾与问题，总是能够找到其解决方法。但是，往往是在问题困扰持久之后，才能找到切实有效的解决方法。生态环境问题就是如此。当人类经济活动不断累积生态环境影响导致生态危机，人们才意识到要以"可持续发展"理念来应对不断强化的生态环境问题。

"难言宪术，须同而出。无益言，无损言，近可以免。故曰：知何知乎？谋何谋乎？审而出者彼自来。自知曰稽，知人曰济。知苟适，可

---

① "事有适，而无适，若有适；觿解，不可解而后解"的大意是：解决问题，必定有其恰当的方法，然而在无法解决之时，人们才会着力去寻求解决方法；犹如用工具去解开绳结，就是在绳结无法解开时才想到的方法。此处，"觿"为一种用于解结的锥子，用骨或玉制成。

为天下周。内固之，一可为长久。论而用之，可以为天下王"① 的生态文明启示是：经济社会发展、生态文明建设过程中，制度政策制定的根本原则就是适应民众的认同和各主体的利益，既不能有所增益，也不能有所减损，切合民意就是最恰当的制度政策。制度政策推行的策略，无非是明确政策意图的目标，认识政策施行的可行性。要想在更广范围内推行，就要适应更广泛主体的认知与意愿。

"道之大如天，其广如地，其重如石，其轻如羽。民之所以知者寡，故曰：何道之近，而莫之与能服也。弃近而就远，何以费力也！故曰：欲爱吾身，先知吾情。……"② 的生态文明启示是：经济社会发展、生态文明建设过程中，自然规律无处不在，无时无刻不在起着关键性的作用。自然规律并没有那么深不可测，而是实实在在地体现在常识之中。凡是偏离常识的认识和做法，都是违背自然规律的，其结果也必然是负面的。所以，要想推行有益于经济社会和生态的有效政策，首先要客观认识当前阶段的实际条件，而不要被一些花里胡哨的概念所误导。

---

① "难言宪术，须同而出。无益言，无损言，近可以免。故曰：知何知乎？谋何谋乎？审而出者彼自来。自知曰稽，知人曰济。知苟适，可为天下周"的大意是：发布一项法令不可轻易而为，必须符合众人意愿。不要在共同认知上增加或删减，既有法令接近众人意愿就不要轻易变更。什么是智慧，什么是谋略，只要符合民众意愿而制定的法令，就会得到更多人的认同。认识自己意愿并依此行事叫作"稽"，了解他人意愿并依此行事叫作"济"，了解天下众人意愿并依此行事叫作"周"。其中，"宪术"，此处可理解为"治理之策"；"稽"，为"对照意图以核查"之义；"济"，此处为"达成意愿"之义；"周"，《说文解字》释为"密也"，此处可理解为"与天下各方面意愿相切合"。

② "道之大如天，其广如地，其重如石，其轻如羽。民之所以知者寡，故曰：何道之近，而莫之与能服也。弃近而就远，何以费力也"的大意是：最基本的规律，是无处不在的、无处不起作用的，但是人们与之共处却对它并不认知。所以说，人们合理的行为就是遵从基本常识，可现实中人们却总是放着常识不去遵从，而舍近求远地谋求特殊渠道，其结果必然是费力而成效低。

第十八章

水　地

【原文】

地者，万物之本原，诸生之根菀也。美恶，贤不官，愚俊之所生也。水者，地之血气，如筋脉之通流者也。故曰：水，具材也。

何以知其然也？曰：夫水淖弱以清，而好洒人之恶，仁也；视之黑而白，精也；量之不可使概，至满而止，正也；唯无不流，至平而止，义也；人皆赴高，己独赴下，卑也。卑也者，道之室，王者之器也，而水以为都居。

准也者，五量之宗也；素也者，五色之质也；淡也者，五味之中也。是以水者，万物之准也，诸生之淡也，违非得失之质也。是以无不满，无不居也。集于天地而藏于万物，产于金石，集于诸生，故曰：水神。集于草木，根得其度，华得其数，实得其量。鸟兽得之，形体肥大，羽毛丰茂，文理明著。万物莫不尽其几、反其常者，水之内度适也。

夫玉之所贵者，九德出焉。夫玉温润以泽，仁也；邻以理者，知也；坚而不蹙，义也；廉而不刿，行也；鲜而不垢，洁也；折而不挠，勇也；瑕适皆见，精也；茂华光泽，并通而不相陵，容也；叩之，其音清搏彻远，纯而不杀，辞也；是以人主贵之，藏以为室，剖以为符瑞，九德出焉。

人，水也。男女精气合，而水流形。三月如咀。咀者何？曰五味。五味者何？曰五藏。酸主脾，咸主肺，辛主肾，苦主肝，甘主心。五藏已具，而后生肉。脾生隔，肺生骨，肾生脑，肝生革，心生肉。五内已具，而后发为九窍。脾发为鼻，肝发为目，肾发为耳，肺发为窍。五月而成，十月而生。生而目视，耳听，心虑。目之所以视，非特山陵之见也，察于荒忽；耳之所听，非特雷鼓之闻也，察于淑湫；心之所虑，非特知于粗粗也，察于微眇，故修要之精。

是以水集于玉而九德出焉，凝蹇而为人而九窍五虑出焉。此乃其精也，精粗浊蹇能存而不能亡者也。

伏暗能存而能亡者，蓍龟与龙是也。龟生于水，发之于火，于是为万物先，为祸福正。龙生于水，被五色而游，故神。欲小则化如蚕蠋，欲大则藏于天下，欲尚则凌于云气，欲下则入于深泉。变化无日，上下无时，谓之神。龟与龙，伏暗能存而能亡者也。

或世见，或世不见者，生蟡与庆忌。故涸泽数百岁，谷之不徙，水之不绝者，生庆忌。庆忌者，其状若人，其长四寸，衣黄衣，冠黄冠，戴黄盖，乘小马，好疾驰，以其名呼之，可使千里外一日反报，此涸泽之精也。涸川之精者，生于蟡。蟡者，一头而两身，其形若蛇，其长八尺，以其名呼之，可以取鱼鳖。此涸川水之精也。

是以水之精粗浊蹇，能存而不能亡者，生人与玉；伏暗能存而亡者，蓍龟与龙；或世见或不见者、蟡与庆忌。故人皆服之，而管子则之。人皆有之，而管子以之。

是故具者何也？水是也。万物莫不以生，唯知其托者能为之正。具者，水是也，故曰：水者何也？万物之本原也，诸生之宗室也，美恶、贤不肖、愚俊之所产也。何以知其然也？夫齐之水，道躁而复，故其民贪粗而好勇；楚之水，淖弱而清，故其民轻果而贼；越之水，浊重而洎，故其民愚疾而垢；秦之水，泔冣而稽，淤滞而杂，故其民贪戾罔而好事；齐晋之水，枯旱而运，淤滞而杂，故其民谄谀葆诈，巧佞而好利；燕之水，萃下而弱，沉滞而杂，故其民愚戆而好贞，轻疾而易死；宋之水，轻劲而清，故其民闲易而好正。是以：圣人之化世也，其解在水。故水一则人心正，水清则民心易；一则欲不污，民心易则行无邪。是以：圣人之治于世也，不人告也，不户说也，其枢在水。

【生态文明启示】

"地者，万物之本原，诸生之根菀也，美恶、贤不肖、愚俊之所生也。水者，地之血气，如筋脉之通流者也。故曰：水，具材也。……"①的生态文明启示是：如果以"土地"为表征来代表经济活动的话，那么就可以用"水"来表征自然生态系统的生态功能。各种产出，包括满足人们需求的产品，也包括对生态环境造成影响的污染物，都是经济活动导致的。而生态功能，既是经济活动过程中不可或缺的要素，同时也通过其净化能力消解污染物，使得人类经济活动在自然生态系统的容纳范围内得以可持续发展。

"准也者，五量之宗也；素也者，五色之质也；淡也者，五味之中也。是以水者，万物之准也，诸生之淡也，违非得失之质也。……万物莫不尽其几、反其常者，水之内度适也"②的生态文明启示是：如果以"水"来表征自然生态系统的生态功能的话，那么生态承载力（自然生态系统的生态功能能够承载的经济活动规模），就是衡定可实现经济规模的基准，也是依据关联关系衡定各种产品可实现规模的基准，是经济与生态关系和谐与否的基础。人类以及各种物种，之所以能够持续生存传承，自然生态系统的生态功能及其生态承载力起着重要的调适作用。换言之，只有人类经济活动维持在生态承载力的容许范围之内，人类赖以生存传承的生态环境才能永续完好。

---

① 《水地篇》，原为第三十九篇，主要论述的是借鉴水的特性来认识治理的根本准则。

② "准也者，五量之宗也；素也者，五色之质也；淡也者，五味之中也。是以水者，万物之准也，诸生之淡也，违非得失之质也"的大意是："准"是衡定五种量器的"标准器"，"素"是判定五种颜色的基础色调，"淡"是辨别五种味道的味觉基准。同理，"水"便是区别万物的基准，区分一切生命的基准，判别其性质差别的基础。

第十九章

四 时

【原文】

管子曰：令有时。无时则必视，顺天之所以来，五漫漫，六惛惛，孰知之哉？唯圣人知四时。不知四时，乃失国之基。不知五谷之故，国家乃路。故天曰信明，地曰信圣，四时曰正。其王信明圣，其臣乃正。何以知其王之信明信圣也？曰：慎使能而善听信之。使能之谓明，听信之谓圣。信明圣者，皆受天赏。使不能为惛，惛而忘也者，皆受天祸。是故上见成事而贵功，则民事接劳而不谋。上见功而贱，则为人下者直，为人上者骄。是故阴阳者，天地之大理也；四时者，阴阳之大经也；刑德者，四时之合也。刑德合于时则生福，诡则生祸。

然则春夏秋冬将何行？东方曰星，其时曰春，其气曰风，风生木与骨。其德喜嬴，而发出节时。其事：号令修除神位，谨祷弊梗，宗正阳，治堤防，耕芸树艺，正津梁，修沟渎，甃屋行水，解怨赦罪，通四方。然则柔风甘雨乃至，百姓乃寿，百虫乃蕃，此谓星德。星者掌发，为风。是故春行冬政则雕，行秋政则霜，行夏政则欲。是故春三月以甲乙之日发五政。一政曰：论幼孤，舍有罪；二政曰：赋爵列，授禄位；三政曰：冻解修沟渎，复亡人；四政曰：端险阻，修封疆，正千伯；五政曰：无杀麑夭，毋蹇华绝芋。五政苟时，春雨乃来。

南方曰日，其时曰夏，其气曰阳，阳生火与气。其德施舍修乐。其事：号令赏赐赋爵，受禄顺乡，谨修神祀，量功赏贤，以动阳气。九暑乃至，时雨乃降，五谷百果乃登，此谓日德。日掌赏，赏为暑，夏行春政则风，行秋政则水，行冬政则落。是故夏三月以丙丁之日发五政。一政曰：求有功发劳力者而举之；二政曰：开久坟，发故屋，辟故卯以假贷；三政曰：令禁扇去笠，毋扱免，除急漏田庐；四政曰：求有德赐布施于民者而赏之；五政曰：令禁置设禽兽，毋杀飞鸟。五政苟时，夏雨乃至也。

中央曰土，土德实辅四时入出，以风雨节，土益力，土生皮肌肤。其德和平用均，中正无私，实辅四时：春赢育，夏养长，秋聚收，冬闭藏。大寒乃极，国家乃昌，四方乃服，此谓岁德。岁掌和，和为雨。

西方曰辰，其时曰秋，其气曰阴，阴生金与甲。其德忧哀、静正、严顺，居不敢淫佚。其事：号令毋使民淫暴，顺旅聚收，量民资以畜聚。赏彼群干，聚彼群材，百物乃收，使民毋怠。所恶其察，所欲必得，我信则克。此谓辰德。辰掌收，收为阴。秋行春政则荣，行夏政则水，行冬政则耗。是故秋三月以庚辛之日发五政。一政曰：禁博塞，圉小辩，斗译訆；二政曰：毋见五兵之刃；三政曰：慎旅农，趣聚收；四政曰：补缺塞圻；五政曰：修墙垣，周门闾。五政苟时，五谷皆入。

北方曰月，其时曰冬，其气曰寒，寒生水与血。其德淳越、温怒、周密。其事：号令修禁徙民，令静止，地乃不泄，断刑致罚，无赦有罪，以符阴气。大寒乃至，甲兵乃强，五谷乃熟，国家乃昌，四方乃备，此谓月德。月掌罚，罚为寒。冬行春政则泄，行夏政则雷，行秋政则旱。是故冬三月以壬癸之日发五政。一政曰：论孤独，恤长老；二政曰：善顺阴，修神祀，赋爵禄，授备位；三政曰：效胲计，毋发山川之藏；四政曰：捕奸遁，得盗贼者有赏；五政曰：禁迁徙，止流民，圉分异。五政苟时，冬事不过，所求必得，所恶必伏。

是故春凋，秋荣，冬雷，夏有霜雪，此皆气之贼也。刑德易节失次，则贼气速至；贼气速至，则国多灾殃。是故圣王务时而寄政焉，作教而寄武，作祀而寄德焉。此三者圣王所以合于天地之行也。日掌阳，月掌阴，星掌和，阳为德，阴为刑，和为事。是故：日食，则失德之国恶之；月食，则失刑之国恶之；彗星见，则失和之国恶之；风与日争明，则失生之国恶之。是故，圣王日食则修德，月食则修刑，彗星见则修和，风与日争明则修生。此四者，圣王所以免于天地之诛也。信能行之，五谷蕃息，六畜殖，而甲兵强。治积则昌，暴虐积则亡。

道生天地，德出贤人。道生德，德生正，正生事。是以：圣王治天下，穷则反，终则始。德始于春，长于夏；刑始于秋，流于冬。刑德不失，四时如一。刑德离乡，时乃逆行。作事不成，必有大殃。月有三政，王事必理，以为久长。不中者死，失理者亡。国有四时，固执王事，四守有所，三政执辅。

【生态文明启示】

"令有时。……不知四时，乃失国之基。不知五谷之故，国家乃路。……刑德者，四时之合也。刑德合于时则生福，诡则生祸"① 的生态文明启示是：经济社会发展的政策和规划，必须符合自然生态系统的生态规律。不懂得、不遵循生态规律，其经济社会事业也就失去了可持续发展的基础。经济社会发展的相关制度法规，也同样要适应生态规律。适应生态规律则有利于可持续发展；违背生态规律，则导致发展不可持续。

"……是故春行冬政则雕，行秋政则霜，行夏政则欲""夏行春政则风，行秋政则水，行冬政则落""秋行春政则荣，行夏政则水，行冬

---

① 《四时篇》，原为第四十篇，主要论述治理过程中因应季节变化而采取不同的政策措施。"刑德者，四时之合也。刑德合于时则生福，诡则生祸"的大意是：执行法律、推行德政，都应当考虑与四季的气候特征相符合。如果与四季特征相符合，则有利于社会稳定，反之则对社会稳定造成负面影响。

政则耗""冬行春政则泄，行夏政则雷，行秋政则旱"① 的生态文明启示是：经济社会发展的政策和规划，必须符合自然生态规律，很重要的一个方面就是要契合时令特征。遵从大自然的时令特征，一可降低各种不必要的风险，二可降低各种不必要的成本而提高效率，三可减少各种不必要的需求满足。

"无杀麑夭，毋蹇华绝芋""令禁罝设禽兽，毋杀飞鸟"② 的生态文明启示是：遵从生态规律的时令特征，很重要的一个方面是保障可再生自然资源和生态资源的可持续性。应对自然生态系统中繁育阶段的动植物实施禁止采用法令；应对耗竭性采用自然资源的行为实施禁止性法令。

---

① "春行冬政则雕，行秋政则霜，行夏政则欲"的大意是：如果春天去推行只适合冬天的政策，那么春天的繁育就会导致冬天的凋敝；如果施行只适合秋天的政策，那么春天的繁育就会受到秋霜般的肃杀；如果施行只适合夏天的政策，那么春天的繁育就会导致欲速则不达的后果；"夏行春政则风，行秋政则水，行冬政则落"的大意是：如果夏天施行只适合春天的政策，那么夏天的繁盛就会受到春风般的过度保护；如果施行只适合秋天的政策，那么夏天的繁盛就会如秋水般缺乏温度的助长；如果施行只适合冬天的政策，那么夏天的繁盛就会提前如冬天般凋落；"秋行春政则荣，行夏政则水，行冬政则耗"的大意是：如果秋天施行只适合春天的政策，那么秋天的收获就会变成春天般的生发；如果施行只适合夏天的政策，那么秋天的收获就会承受夏水般的高温而腐败；如果施行只适合冬天的政策，则秋天的收获将提前消耗殆尽；"冬行春政则泄，行夏政则雷，行秋政则旱"的大意是：如果冬天施行只适合春天的政策，那么冬天的收藏就会提前生发而影响其生机；如果施行只适合夏天的政策，则冬天的收藏会承受被提前惊蛰的虫害；如果施行只适合秋天的政策，那么冬天的收藏就会承受秋旱般的干燥而使其种子因缺乏水分而影响生机。其中，"雕"，通"凋"，即"凋零"之义；"霜"，为"肃杀"之义；"欲"，此处为"过当"之义；"落"，此处可理解为"尚未发育成长就衰败了"；"荣"，此处可理解为"不具备发芽生育的条件就发育了"；"水"，此处可理解为"在并不需要的情形给予某种支持，反而起到了损害作用"；"耗"，此处可理解为"本当用于储备的却被提前耗用了"；"泄"，此处可理解为"在不具备发育条件下强行发育而失去了其发育动力"；"雷"，此处可理解为"本应是震慑外来影响的却震慑了内部"；"旱"，此处可理解为"错失了恰适的时机，可能影响未来的生机"。

② "无杀麑夭，毋蹇华绝芋"，可理解为"春季应禁止捕杀幼鹿等幼小动物，禁止折花断枝影响草木繁殖"；"令禁罝设禽兽，毋杀飞鸟"，可理解为"夏季应禁止设网捕捉成长和迁徙中的动物"。

"道生德，德生正，正生事。……"① 的生态文明启示是：人类的经济社会发展过程中，自然生态规律应当成为我们行为准则的决定依据；由生态规律决定的行为准则，应当成为我们发展思路的决定依据；在生态规律决定的发展思路下，去推进我们的事业和规划。

---

① "道生德，德生正，正生事"的大意是：自然规律决定社会的行为准则，社会行为准则决定国家治理思路，治理思路决定具体事项。"正"，此处通"政"。

第二十章

势

【原文】

战而惧水，此谓澹灭。小事不从，大事不吉。战而惧险，此谓迷中。分其师众，人既迷芒，必其将亡之道。

动静者，比于死；动作者，比于丑；动信者，比于距；动诎者，比于避。夫静与作，时以为主人，时以为客，贵得度。知静之修，居而自利；知作之从，每动有功。故曰：无为者帝，其此之谓矣。

逆节萌生，天地未形，先为之政，其事乃不成，缪受其刑。天因人，圣人因天。天时不作勿为客，人事不起勿为始。慕和其众，以修天地之从。人先生之，天地刑之，圣人成之，则与天同极。正静不争，动作不贰，素质不留，与地同极。未得天极，则隐于德；已得天极，则致其力。既成其功，顺守其从，人不能代。

成功之道，赢缩为宝。毋亡天极，究数而止。事若未成，毋改其形，毋失其始，静民观时，待令而起。故曰，修阴阳之从，而道天地之常。赢赢缩缩，因而为当；死死生生，因天地之形。天地之形，圣人成之。小取者，小利；大取者，大利；尽行之者，有天下。

故贤者诚信以仁之，慈惠以爱之，端政象不敢以先人，中静不留，裕德无求，形于女色。其所处者，柔安静乐，行德而不争，以待天下之滒作也。故贤者安徐正静，柔节先定，行于不敢，而立于不能，守弱节而坚处之。故不犯天时，不乱民功，秉时养人，先德后刑，顺于天，微度人。

善周者，明不能见也；善明者，周不能蔽也。大明胜大周，则民无大周也；大周胜大明，则民无大明也。大周之先，可以奋信；大明之祖，可以代天。下索而不得，求之招摇之下。

兽厌走，而有伏网罟。一偃一侧，不然不得。大文三曾，而贵义与德；大武三曾，而偃武与力。

【生态文明启示】

"战而惧水，此谓澹灭。小事不从，大事不吉。战而惧险，此谓迷中。分其师众，人既迷芒，必其将亡之道"① 的生态文明启示是：对于生态环境问题的治理，如果总是担心治理难以取得立竿见影的效果，这就是没有治理的坚定决心，那么，局部的生态环境问题得不到有效治理，全局性的生态系统功能也难以好转；对于生态环境问题的治理，如果总是担心治理的艰难，这就是缺乏治理的坚定信念，那么，各主体和民众或进或退无所适从，生态环境治理目标也将不了了之。

"逆节萌生，天地未形，先为之政，其事乃不成，缪受其刑。天因人，圣人因天。……"② 的生态文明启示是：生态环境问题，只有在生

---

① 《势篇》，主要论述的是战事和政事应顺势而为。原为第四十二篇，本书略去了第四十一篇《五行篇》，该篇主要论述不同的时令可按木火土金水的五行特性安排适宜的政事。"战而惧水，此谓澹灭。小事不从，大事不吉。战而惧险，此谓迷中。分其师众，人既迷芒，必其将亡之道"的大意是：作战过程中就必须一往无前，如果总是担心会不会遭受暴雨之类的意外，这就是过于瞻前顾后，那样的话，原本很简单的问题被弄得复杂无序，原本有可能解决的大问题则完全被动；如果总是担心会不会陷入险境，这实际上就是心中无数，那样的话，只会造成队伍混乱，上下陷入迷茫，注定要打败仗。

② "逆节萌生，天地未形，先为之政，其事乃不成，缪受其刑。天因人，圣人因天"的大意是：某诸侯国的悖逆之事刚刚萌生，上天对其尚没有什么表示的情形下，就提早对其征讨的话，因缺乏正当性所以不可能成功，反而将因此受到惩罚。上天是根据人的行为善恶做出反应，贤明君主则根据上天征象对悖逆之国进行征伐。

态系统功能受到影响而出现明显变化的情形下，才成为问题，才需要进行治理。对于没有超过生态承载力的经济活动，不必进行人为的治理。否则，不仅于生态文明建设没有任何价值，也会使民众承受无谓的民生影响。自然生态系统是根据人类经济活动超过了生态承载力的情形来"反馈"其生态环境问题，所以，决策者只能根据自然生态系统的"反馈"来决定治理，而不能依据自身的主观意愿来决定治理。

"成功之道，赢缩为宝。毋亡天极，究数而止。……天地之形，圣人成之。小取者小利，大取者大利，尽行之者有天下"的生态文明启示是：经济社会发展与生态文明建设得以共同推进的关键在于，根据生态承载力合理确定经济社会发展的规模与速度，不可无视生态承载力的约束，一旦接近生态承载的极限就不可继续强化经济活动。在经济活动规模低于生态承载力的情形下，也不应无谓地制约经济活动。要实现经济社会发展的可持续性，最根本的就是遵从生态承载力的约束准则，在局部区域内遵从生态承载力的约束，就可获得局部区域的可持续发展；在全局范围内遵从生态承载力的约束，就可实现全局的可持续发展。

"善周者，明不能见也；善明者，周不能蔽也。……下索而不得，求之招摇之下"① 的生态文明启示是：生态环境问题，可能以隐秘的方式存在，直观观察难以认识到。但是，只要善于从自然生态系统生态功能的完好性和稳定性的角度去认识，即使是隐秘的生态环境问题也不难及时发现并进行有效治理。

"兽厌走，而有伏网罟。一偃一侧，不然不得。大文三曾，而贵义

① "善周者，明不能见也；善明者，周不能蔽也。……下索而不得，求之招摇之下"的大意是：隐秘方式周全的话，明察也难以发现；明察锐利的话，即使隐秘周全也难以不被发现。……在下面搜寻不到线索的话，那就在可能范围内最大限度搜寻线索。

与德；大武三曾，而偃武与力"① 的生态文明启示是：经济社会发展也好，生态文明建设也好，其推进过程都应秉持张弛有致的原则，否则难以顺利达成目标。一味地强化，必然遭遇无法突破的障碍。就生态文明建设而言，在一定情境下、一定时期内，应着力推行生态文明理念的教育，使之成为民众自觉的行为准则；在一定情境下、一定时期内，则应强化制度法规，使民众生态环境不友好的生产生活行为受到有效制约。

---

① "兽厌走，而有伏网罟。一偃一侧，不然不得。大文三曾，而贵义与德；大武三曾，而偃武与力"的大意是：野兽一味地奔跑，必然遭遇暗伏的罗网；所以，为政也不能一味地推行某一政策，必须有起有伏，否则难以达成治理目标。仁政推行若干年，民众偏重义与德，此时，则应当适当强化法治；同理，严刑峻法推行若干年后，民间刀兵与暴力得以平息，此时则应适当强化仁政。

第二十一章

正

【原文】

制断五刑，各当其名，罪人不怨，善人不惊，曰刑；正之、服之、胜之、饰之，必严其令，而民则之，曰政；如四时之不贷，如星辰之不变，如宵如昼，如阴如阳，如日月之明，曰法；爱之、生之、养之、成之，利民不德，天下亲之，曰德；无德无怨，无好无恶，万物崇一，阴阳同度，曰道。刑以弊之，政以命之，法以遏之，德以养之，道以明之。刑以弊之，毋失民命；令之以终其欲，明之毋径；遏之以绝其志意，毋使民幸；养之以化其恶，必自身始；明之以察其生，必修其理。致刑，其民庸心以蔽；致政，其民服信以听；致德，其民和平以静；致道，其民付而不争。罪人当名曰刑，出令时当曰政，当故不改曰法，爱民无私曰德，会民所聚曰道。

立常行政，能服信乎？中和慎敬，能日新乎？正衡一静，能守慎乎？废私立公，能举人乎？临政官民，能后其身乎？能服信政，此谓正纪。能服日新，此谓行理。守慎正名，伪诈自止。举人无私，臣德咸道。能后其身，上佐天子。

【生态文明启示】

"制断五刑，各当其名，罪人不怨，善人不惊，曰刑；正之、服之、胜之、饰之，必严其令，而民则之，曰政；如四时之不貣，如垦辰之不变，如宵如昼，如阴如阳，如日月之明，曰法；爱之、生之、养之、成之，利民不德，天下亲之，曰德；无德无怨，无好无恶，万物崇一，阴阳同度，曰道。刑以弊之，政以命之，法以遏之，德以养之，道以明之。……"① 的生态文明启示是：生态文明建设，归结起来有五种机制，一是禁止性的规定和处罚机制，所起到的是震慑与制裁作用；二是政府部门推行的具体行为，所起到的是规范与引导作用；三是法律明文规定的责权利，所起到的是可行不可行的事前约束作用；四是生态文明理念的社会风气，所起到的是社会参与与社会监督作用；五是尊重自然、敬畏自然、顺应自然的思想，所起到的作用是，从根本上认识到生态环境之于人类的重要价值。

---

① 《正篇》，原为第四十三篇，主要论述刑罚在治理中的目标。"制断五刑，各当其名，罪人不怨，善人不惊，曰刑；正之、服之、胜之、饰之，必严其令，而民则之，曰政；如四时之不貣，如垦辰之不变，如宵如昼，如阴如阳，如日月之明，曰法；爱之、生之、养之、成之，利民不德，天下亲之，曰德；无德无怨，无好无恶，万物崇一，阴阳同度，曰道。刑以弊之，政以命之，法以遏之，德以养之，道以明之"的大意是：制定五种刑罚，每一种都应罪罚相当，使违法者无所抱屈，守法者不生恐惧，这就是"刑罚"。使人们行为规正、使人们遵守规范、使人们承担责任、使人们受到应有的约束，号令严格而使人遵守，这就是"政令"；如同四季一样有规律地运行，四时变换如同天上星辰一样准确，如同昼与夜、阴与阳、太阳与月亮一样判别分明，这就是"法律"；护佑生命、孕育生命、养育生命、成就生命，但并不自认为有德于大众，万物都与之同等亲近，这就是"自然之德"；无所谓恩德、无所谓偏向，万物都遵从，阴阳自然交合，这就是"自然规律"。刑罚用于惩治弊恶，政令用于号令，法律用于约束，仁德用于教化，规律用于明理。其中，"貣"，《说文解字》释为"从人求物也"，或通"贷"；"垦"，《说文解字》释为"耕也"。"垦辰"，可理解为"时令节气"。

第二十二章

九 变

【原文】

凡民之所以守战至死而不德其上者，有数以至焉。曰：大者亲戚坟墓之所在也，田宅富厚足居也。不然，则州县乡党与宗族足怀乐也；不然，则上之教训、习俗，慈爱之于民也厚，无所往而得之；不然，则山林泽谷之利足生也；不然，则地形险阻，易守而难攻也。不然，则罚严而可畏也；不然，则赏明而足劝也；不然，则有深怨于敌人也；不然，则有厚功于上也。此民之所以守战至死而不德其上者也。

今恃不信之人，而求以智；用不守之民，而欲以固；将不战之卒，而幸以胜。此兵之三暗也。

【生态文明启示】

"凡民之所以守战至死而不德其上者，有数以至焉。……"① 的生态文明启示是：生态文明建设能否推进，在于民众能否将生态文明理念转化为自觉自愿的行为。民众之所以能够自愿地将生态文明理念、抵制经济至上的理念转化为自觉行为，有若干方面的驱动力，如人类世代传

---

① 《九变篇》，原为第四十四章，主要论述治国过程中民心坚定的成因。"凡民之所以守战至死而不德其上者，有数以至焉"的大意是：民众不为邀功而为自觉自愿的行为，有其内在的成因，而不是依靠外在的技巧手腕可以促成的。

承的内在意愿使然；普遍认同并遵从的社会风气使然；社会和谐与自然和谐关系使然；自然资源的可持续性之于人类生产生活的可持续性的认知使然；重视生态环境与保障民生相辅相成的认知使然；承受以往破坏生态环境后果的教训使然；获得注重维护生态环境实际成效的经验使然；敬畏自然的观念使然。

第二十三章

明 法

【原文】

所谓治国者，主道明也；所谓乱国者，臣术胜也。夫尊君卑臣，非计亲也，以势胜也；百官识，非惠也，刑罚必也。故君臣共道则乱，专授则失。夫国有四亡：令求不出谓之灭，出而道留谓之拥，下情求不上通谓之塞，下情上而道止谓之侵。故夫灭、侵、塞、拥之所生，从法之不立也。是故先王之治国也，不淫意于法之外，不为惠于法之内也。动无非法者，所以禁过而外私也。威不两错，政不二门。以法治国则举错而已。是故有法度之制者，不可巧以诈伪；有权衡之称者，不可欺以轻重；有寻丈之数者，不可差以长短。今主释法以誉进能，则臣离上而下比周矣；以党举官，则民务交而不求用矣。是故官之失其治也，是主以誉为赏，以毁为罚也。然则喜赏恶罚之人，离公道而行私木矣。比周以相为愿，是忘主私佼，以进其誉。故交众者誉多，外内朋党，虽有大奸，其蔽主多矣。是以忠臣死于非罪，而邪臣起于非功。所死者非罪，所起者非功也，然则为人臣者重私而轻公矣。十至私人之门，不一至于庭；百虑其家，不一图国。属数虽众，非以尊君也；百官虽具，非以任国也；此之谓国无人。国无人者，非朝臣之衰也，家与家务于相益，不务尊君也；大臣务相贵，而不任国；小臣持禄养交，不以官为事，故官失其能。是故先王之治国也，使法择人，不自举也；使法量功，不自度

127

也。故能匿而不可蔽，败而不可饰也；誉者不能进，而诽者不能退也。然则君臣之间明别，明别则易治也，主虽不身下为，而守法为之可也。

【生态文明启示】

"夫国有四亡：令求不出谓之灭，出而道留谓之拥，下情求不上通谓之塞，下情上而道止谓之侵。故夫灭、侵、塞、拥之所生，从法之不立也。是故先王之治国也，不淫意于法之外，不为惠于法之内也。动无非法者，所以禁过而外私也"① 的生态文明启示是：在生态文明建设法规制度的推行过程中，应当形成政策能够层层落实、下情能够层层上达的有效机制，否则，上层制定的生态文明建设政策和规划难以落实推进，下层在落实中发现的问题与矛盾也难以及时解决和改进。最重要的是要确立生态文明法规制度的权威性和各层级的责权清晰，而各级决策层、管理层必须严格遵守相关法规制度，不可"自由裁量"。

---

① 《明法篇》，主要论述的是各层级严格依法执政的重要性。原为第四十六篇，本书略去了第四十五篇《任法篇》，该篇主要讨论的是国家治理中应严格遵守成法。"夫国有四亡：令求不出谓之灭，出而道留谓之拥，下情求不上通谓之塞，下情上而道止谓之侵。故夫灭、侵、塞、拥之所生，从法之不立也。是故先王之治国也，不淫意于法之外，不为惠于法之内也。动无非法者，所以禁过而外私也"的大意是：有四种现象表明国家治理存在危机：急要的法令却无法下达，叫作"灭"；法令下达停留在中层而无法下达基层，叫作"雍"；急要的下情无法上传，叫作"塞"；下情上传停留在中层而无法上传到决策层，叫作"侵"。灭、侵、塞、雍现象的产生，都是由于法规制度没有确立其权威性和责任性造成的。所以先王治国，不在法规制度之外行事，也不以私行小惠去干预法规制度的执行。

第二十四章

正　世

【原文】

古之欲正世调天下者，必先观国政、料事务、察民俗。本治乱之所生，知得失之所在，然后从事。故法可立而治可行。

夫万民不和，国家不安，失非在上，则过在下。今使人君行逆不修道，诛杀不以理，重赋敛，竭民财，急使令，罢民力，财竭则不能毋侵夺，力罢则不能毋堕倪。民已侵夺、堕倪，因以法随而诛之，则是诛罚重而乱愈起。夫民劳苦困不足，则简禁而轻罪，如此则失在上，失在上而上不变，则万民无所托其命；今人主轻刑政，宽百姓，薄赋敛，缓使令，然民淫躁行私而不从制，饰智任诈，负力而争，则是过在下。过在下，人君不廉而变，则暴人不胜，邪乱不止。暴人不胜，邪乱不止，则君人者势伤而威日衰矣。

故为人君者，莫贵于胜。所谓胜者，法立令行之谓胜。法立令行，故群臣奉法守职，百官有常。法不繁匿。万民敦悫，反本而俭力。故赏必足以使，威必足以胜，然后下从。

故古之所谓明君者，非一君也。其设赏有薄有厚，其立禁有轻有重，迹行不必同，非故相反也，皆随时而变，因俗而动。夫民躁而行僻，则赏不可以不厚，禁不可以不重。故圣人设厚赏，非侈也；立重禁，非戾也。赏薄则民不利，禁轻则邪人不畏。设人之所不利，欲以使，则民不尽力；立人之所不畏，欲以禁，则邪人不止。是故陈法出令而民不从。故：赏不足劝，则士民不为用。刑罚不足畏，则暴人轻犯禁。民者，服于威杀然后从，见利然后用，被治然后正，得所安然后静者也。夫盗贼不胜，邪乱不止，强劫弱，众暴寡，此天下之所忧，万民之所患也。忧患不除，则民不安其居；民不安其居，则民望绝于上矣。

夫利莫大于治，害莫大于乱。夫五帝三王所以成功立名，显于后世者，以为天下致利除害也。事行不必同，所务一也。夫民贪行躁，而诛罚轻，罪过不发，则是长淫乱而便邪僻也，有爱人之心、而实合于伤民，此二者不可不察也。

夫盗贼不胜则良民危，法禁不立则奸邪繁。故事莫急于当务，治莫贵于得齐。制民急则民迫，民迫则窘，窘则民失其所葆；缓则纵，纵则淫，淫则行私，行私则离公，离公则难用。故治之所以不立者，齐不得也。齐不得则治难行。故治民之齐，不可不察也。圣人者，明于治乱之道，习于人事之终始者也。其治人民也，期于利民而止。故其位齐也，不慕古，不留今，与时变，与俗化。

夫君人之道，莫贵于胜。胜，故君道立；君道立，然后下从；下从，故教可立而化可成也。夫民不心服体从，则不可以礼义之文教也，君人者不可以不察也。

【生态文明启示】

"古之欲正世调天下者，必先观国政，料事务，察民俗，本治乱之所生，知得失之所在，然后从事。故法可立而治可行"① 的生态文明启示是：要想有效地推进生态文明建设，首先要在经济社会发展的过程中了解当前推行的制度、了解当前推行的政策及其成效、考察与生态文明建设相关的社会风气，进而归纳总结出有利于和不利于生态文明建设的主要因素、应当强化或废止的政策措施，在此基础上去制定和推行生态文明法规制度、制定和落实生态文明建设政策措施。

"夫万民不和，国家不安，失非在上，则过在下。……"② 的生态文明启示是：在生态文明建设过程中，如果出现社会成员阶层间不和谐、社会不稳定的趋势，那么就要从上下两方面来寻求其根源。推行的政策是不是存在没有考虑到民众的利益和承受力等方面的问题？如果推行政策适宜的话，那么，就要考察是否是不良的社会风气导致的。如果是前者，就应修正政策，以充分考虑民众利益及其承受力；如果是后者，则应着力整治社会风气以使适宜的政策措施得以有效落实。

"故为人君者，莫贵于胜。所谓胜者，法立令行之谓胜。……"③ 的生态文明启示是：生态文明建设得以有效推进表现在两个方面，一是生态文明法规制度能够顺利推行，而不会受到各主体变相地抵制；二是制定的政策措施能够有效地贯彻落实，而不会受到各主体变相地改变。

"故古之所谓明君者，非一君也。其设赏有薄有厚，其立禁有轻有

---

① 《正世篇》，原为第四十七篇，主要论述的是在制度政策适宜的情形下，对于不利于社会稳定的民风应当整治。"古之欲正世调天下者，必先观国政，料事务，察民俗，本治乱之所生，知得失之所在，然后从事。故法可立而治可行"的大意是：古代想要匡正治理天下的君主，必定先考察国家治理政情，调查国家治理事项，考察民众习俗，以查明治乱的根源与得失所在，然后着手推进其治理。这样，法规制度才能得以推行，政策措施才得以贯彻落实。

② "夫万民不和，国家不安，失非在上，则过在下"的大意是：社会各群体不和谐、社会不稳定，如果不是制度政策不当的话，那么就是不良社会风气造成的。

③ "故为人君者，莫贵于胜。所谓胜者，法立令行之谓胜"的大意是：君主治理国家，最为重要的在于一个"胜"字，所谓"胜"，就是制定的法规制度得以顺利推行，制定的政策措施得以有效贯彻落实。

重，迹行不必同，非故相反也，皆随时而变，因俗而动。……"① 的生态文明启示是：生态文明建设制度政策，无论是激励政策，还是处罚政策，都没有一定之规，都应依据经济社会发展状况、社会成员的行为特征和社会风气来确定其具有有效性的政策措施。

"……夫民贪行躁，而诛罚轻，罪过不发，则是长淫乱而便邪僻也，有爱人之心、而实合于伤民，此二者不可不察也"② 的生态文明启示是：推进生态文明建设过程中，如果社会成员较为普遍地存在追求短期经济利益而不顾生态环境利益的行为倾向的话，对于损害生态环境利益行为的处罚就不能过轻，否则就无法对这一行为倾向起到震慑效用，那么损害生态环境以获取短期经济利益的违法行为就得不到遏止。处罚不严，表面上是考虑民众利益，而实质上是在损害广大民众和后代人的长远利益。

"……故事莫急于当务，治莫贵于得齐。制民急则民迫，民迫则窘，窘则民失其所葆；缓则纵，纵则淫，淫则行私，行私则离公，离公则难用。……"③ 的生态文明启示是：生态文明建设的政策实施过程中，必然涉及民众生产生活方式的改变、利益获取方式的改变。在

---

① "故古之所谓明君者，非一君也。其设赏有薄有厚，其立禁有轻有重，迹行不必同，非故相反也，皆随时而变，因俗而动"的大意是：古代的贤明君主对社会风气的治理并非千篇一律。激励有薄厚之分，禁令有宽严之分，之所以不同，是因应时势发展变化、因应社会风气不同而采取不同的举措。

② "夫民贪行躁，而诛罚轻，罪过不发，则是长淫乱而便邪僻也，有爱人之心、而实合于伤民，此二者不可不察也"的大意是：如果民众普遍贪利且急功近利，刑罚过宽的话，其违法势头就得不到遏制，就会助长民众不择手段牟利的行为。宽刑，似乎是爱民，实质上是害民，"爱民"与"害民"的关系必须深刻认识。

③ "故事莫急于当务，治莫贵于得齐。制民急则民迫，民迫则窘，窘则民失其所葆；缓则纵，纵则淫，淫则行私，行私则离公，离公则难用"的大意是：政事最要紧的是解决当前急要问题，治理最重要的是把握好政策的缓急适中。如果政策过于严厉，则民众被迫行事而难以适从，其长期形成的稳定生活方式也失去了保障；如果政策过于宽缓，则民众不在意政策举措的推行，依旧以自己利益为考量行事，则必然偏离公共政策的目标。

这一改变过程中，既不能过于急迫，也不可过于宽缓。过于急迫，会导致民众利益严重受损且难以适应；过于宽缓，则民众生产生活不会因之而做出适应性改变，长此以往，生态文明建设目标无法有效推进。

第二十五章

治 国

【原文】

凡治国之道，必先富民。民富则易治也，民贫则难治也。奚以知其然也？民富则安乡重家，安乡重家则敬上畏罪，敬上畏罪则易治也。民贫则危乡轻家，危乡轻家则敢凌上犯禁，凌上犯禁则难治也。故治国常富，而乱国常贫。是以善为国者，必先富民，然后治之。

昔者，七十九代之君，法制不一，号令不同，然俱王天下者，何也？必国富而粟多也。夫富国多粟生于农，故先王贵之。凡为国之急者，必先禁末作文巧，末作文巧禁则民无所游食，民无所游食则必农。民事农则田垦，田垦则粟多，粟多则国富。国富者兵强，兵强者战胜，战胜者地广。是以先王知众民、强兵、广地、富国之必生于粟也，故禁末作，止奇巧，而利农事。今为末作奇巧者，一日作而五日食；农夫终岁之作，不足以自食也。然则民舍本事而事末作，舍本事而事末作，则田荒而国贫矣。

凡农者月不足而岁有余者也，而上征暴急无时，则民倍贷以给上之征矣。耕耨者有时，而泽不必足，则民倍贷以取庸矣。秋籴以五，春粜以束，是又倍贷也。故以上之证而倍取于民者四，关市之租，府库之征粟十一，厮舆之事，此四时亦当一倍贷矣。夫以一民养四主，故逃徙者刑而上不能止者，粟少而民无积也。

134

嵩山之东，河汝之间，蚤生而晚杀，五谷之所蕃孰也，四种而五获。中年亩二石，一夫为粟二百石。今也仓廪虚而民无积，农夫以粥子者，上无术以均之也。故先王使农、士、商、工四民交能易作，终岁之利无道相过也。是以：民作一而得均。民作一则田垦，奸巧不生；田垦则粟多，粟多则国富，奸巧不生则民治。富而治，此王之道也。

不生粟之国亡，粟生而死者霸，粟生而不死者王。粟也者，民之所归也；粟也者，财之所归也；粟也者，地之所归也。粟多，则天下之物尽至矣。故舜一徙成邑，二徙成都，参徙成国。舜非严刑罚重禁令，而民归之矣，去者必害，从者必利也。先王者善为民除害兴利，故天下之民归之。所谓兴利者，利农事也；所谓除害者，禁害农事也。农事胜则入粟多，入粟多则国富，国富则安乡重家，安乡重家则虽变俗易习、驱众移民，至于杀之，而民不恶也。此务粟之功也。上不利农则粟少，粟少则人贫，人贫则轻家，轻家则易去，易去则上令不能必行，上令不能必行则禁不能必止，禁不能必止则战不必胜、守不必固矣。夫令不必行，禁不必止，战不必胜，守不必固，命之曰寄生之君。此由不利农少粟之害也。粟者，王之本事也，人主之大务，有人之涂，治国之道也。

【生态文明启示】

"凡治国之道，必先富民。民富则易治也，民贫则难治也。奚以知其然也？民富则安乡重家，安乡重家则敬上畏罪，敬上畏罪则易治也。民贫则危乡轻家，危乡轻家则敢凌上犯禁，凌上犯禁则难治也。故治国常富，而乱国常贫。是以善为国者，必先富民，然后治之"① 的生态文

---

① 《治国篇》，原为第四十八篇，主要论述的是富国强兵必须崇本抑末。"民富则安乡重家，安乡重家则敬上畏罪，敬上畏罪则易治也。民贫则危乡轻家，危乡轻家则敢凌上犯禁，凌上犯禁则难治也"的大意是：民众富裕的话就会安居惜家，安居惜家就会恭顺君主而畏惧刑罪，这样就容易治理了。反之，民众贫穷的话则不安居、不惜家，不安居惜家就敢于对抗君上而违禁违法，这样就难以治理了。

明启示是：要实现经济社会发展和生态文明建设，首先要使民众的基本民生需求和生态需求得以保障。在基本需求得到满足的稳定生活条件下，民众就会愿意遵从经济社会发展与生态维护之间的协调关系。反之，如果民众的民生需求得不到满足，那么就不可能去维护生态环境；如果生态环境不宜居，民众也不会自愿在这样的环境中去发展经济。经济社会秩序和生态环境维护秩序必然混乱，并难以得到有效治理。

"……是以先王知众民、强兵、广地、富国之必生于粟也，故禁末作，止奇巧，而利农事。今为末作奇巧者，一日作而五日食。农夫终岁之作，不足以自食也。然则民舍本事而事末作。舍本事而事末作，则田荒而国贫矣"① 的生态文明启示是：要实现经济社会发展和生态文明建设，最重要的是使保障基本民生的产业、维护生态环境的事业得到价值层面上的重视。如果那些满足非必要消费、奢侈性消费的产业享有更高的价值，那么不仅会造成利益的不公平，更会形成鼓励无谓耗费资源、耗损生态环境产业的价值观，促使人们更多地进入到耗费资源、耗损生态环境的生产生活行列。这样的社会结构是畸形的、利益关系是不公平的，其发展必然缺乏可持续性。

"凡农者月不足而岁有余者也，而上征暴急无时，则民倍贷以给上之征矣。……"② 的生态文明启示是：对经济活动征收税赋、对经济活动的生态环境影响征收税赋，有其合理性，但是征收方式要考虑到对生产活动的影响。在总体税收一定的前提下，应以对民众生产生活影响最

---

① "今为末作奇巧者，一日作而五日食。农夫终岁之作，不足以自食也。然则民舍本事而事末作。舍本事而事末作，则田荒而国贫矣"的大意是：手工业者工作一天的收入足以维持其五天的生活，而农民每日劳作都难以维持其正常生活，这样的话，农民必然放弃农业而去从事手工业，如此一来，必然导致农田荒芜而国家陷入贫穷。"故禁末作，止奇巧"，可理解为"限制、禁止商业和手工业"。

② "凡农者月不足而岁有余者也，而上征暴急无时，则民倍贷以给上之征矣"，可理解为"农业，其收入支出不是稳定的，许多月份没有收入，只有按年度计算才具备缴纳税收的能力。然而，官府征税却不考虑农民收入的时间特点，在没有收入的时间点不得不借高利贷来完税"。

小的方式征收（应在对民众生产影响最小的环节和时点征收），对于相关的金融信贷也应进行合理有效的监管。如果相关税收、信贷不适当，那么就会整体性地影响经济社会发展和生态文明建设。

"……故先王使农、士、商、工四民交能易作，终岁之利无道相过也。是以民作一而得均。民作一则田垦，奸巧不生。田垦则粟多，粟多则国富。奸巧不生则民治。富而治，此王之道也"① 的生态文明启示是：民众无论从事农业、工业、商业等各类经济活动，还是从事生态环境维护活动，土地无论用于农业、工业、商业，还是用于生态环境维护，都应当通过市场交易使得各自的收入水平大致相当，这样才能使基本需求产业和生态环境维护活动得到保障，不至于使民众都不愿意从事基本需求产业和生态环境维护活动，不至于使土地都流向其他产业方向。

"……先王者善为民除害兴利，故天下之民归之。所谓兴利者，利农事也；所谓除害者，禁害农事也。……"② 的生态文明启示是：要想使经济社会得以可持续发展，生态环境得以可持续维护，最根本的还在于保障基本需求产业从业者和要素投入的利益、保障生态环境维护活动从业者和要素投入的利益，对于其他产业不正常的超高利益予以有效制约。否则，其他产业的不正常超高利益必然损害基本需求产业、生态环境维护活动，最终影响经济社会和生态环境的可持续发展。

---

① "使农、士、商、工四民交能易作，终岁之利无道相过也"，可理解为"促使从事四种职业的民众交换产品、互通有无，使他们的年收入相差不悬殊"；"民作一而得均"，可理解为"民众无论从事哪一行业，其收入差距都不大"；"民作一则田垦，奸巧不生"，可理解为"民众稳定从事各行各业（而不是趋向某一高收入行业），农业就能够得到稳定的发展"。

② "害"，此处可理解为"妨害"之义。

第二十六章

禁　藏

【原文】

禁藏于胸胁之内，而祸避于万里之外。能以此制彼者，唯能以己知人者也。夫冬日之不溢，非爱冰也；夏日之不炀，非爱火也，为不适于身便于体也。夫明王不美宫室，非喜小也；不听钟鼓，非恶乐也，为其伤于本事，而妨于教也。故先慎于己而后彼，官亦慎内而后外，民亦务本而去末。

居民于其所乐，事之于其所利，赏之于其所善，罚之于其所恶，信之于其所余财，功之于其所无诛。于下无诛者，必诛者也；有诛者，不必诛者也。以有刑至无刑者，其法易而民全；以无刑至有刑者，其刑烦而奸多。夫先易者后难，先难而后易，万物尽然。明王知其然。故必诛而不赦，必赏而不迁者，非喜予而乐其杀也，所以为人致利除害也。于以养老长弱，完活万民，莫明焉。

夫不法法则治。法者天下之仪也，所以决疑而明是非也，百姓所县命也。故明王慎之，不为亲戚故贵易其法，吏不敢以长官威严危其命，民不以珠玉重宝犯其禁。故主上视法严于亲戚，吏之举令敬于师长，民之承教重于神宝。故法立而不用，刑设而不行也。夫施功而不钧，位虽高为用者少；赦罪而不一，德虽厚不誉者多；举事而不时，力虽尽其功不成；刑赏不当，断斩虽多，其暴不禁。夫公之所加，罪虽重下无怨气；私之所加，赏虽多士不为欢。行法不道，众民不能顺；举错不当，众民不能成；不攻不备，当今为愚人。

故圣人之制事也，能节宫室、通车舆以实藏，则国必富、位必尊；能适衣服、去玩好以奉本，而用必赡、身必安矣；能移无益之事、无补之费，通币行礼，而党必多、交必亲矣。夫众人者，多营于物，而苦其力、劳其心，故困而不赡，大者以失其国，小者以危其身。凡人之情：得所欲则乐，逢所恶则忧，此贵贱之所同有也。近之不能勿欲，远之不能勿忘，人情皆然，而好恶不同，各行所欲，而安危异焉，然后贤不肖之形见也。夫物有多寡，而情不能等；事有成败，而意不能同；行有进退，而力不能两也。故：立身于中养有节，宫室足以避燥湿，食饮足以和血气，衣服足以适寒温，礼仪足以别贵贱，游虞足以发欢欣，棺椁足以朽骨，衣衾足以朽肉，坟墓足以道记。不作无补之功，不为无益之事，故意定而不营气情。气情不营则耳目毂、衣食足；耳目毂、衣食足，则侵争不生，怨怒无有，上下相亲，兵刃不用矣。故适身行义，俭约恭敬，其唯无福，祸亦不来矣；骄傲侈泰，离度绝理，其唯无祸，福亦不至矣。是故君于上观绝理者以自恐也，下观不及者以自隐也。故曰：誉不虚出，而患不独生，福不择家，祸不索人，此之谓也。能以所闻瞻察，则事必明矣。

故凡治乱之情，皆道上始。故善者围之以害，牵之以利。能利害者，财多而过寡矣。夫凡人之情，见利莫能勿就，见害莫能勿避。其商人通贾，倍道兼行，夜以续日，千里而不远者，利在前也。渔人之入海，海深万仞，就波逆流乘危百里，宿夜不出者，利在水也。故利之所在，虽千仞之山无所不上，深源之下，无所不入焉。故善者势利之在，而民自美安，不推而往，不引而来，不烦不扰，而民自富。如鸟之覆卵，无形无声，而唯见其成。

夫为国之本，得天之时而为经，得人之心而为纪，法令为维纲，吏为网罟，什伍以为行列，赏诛为文武。缮农具当器械，耕农当攻战，推引铫耨以当剑戟，被蓑以当铠鑐，菹笠以当盾橹。故耕器具则战器备，农事习则功战巧矣。当春三月，萩室熯造，钻隧易火，杼井易水，所以去兹毒也；举春祭，塞久祷，以鱼为牲，以蘖为酒，相召，所以属亲戚也；毋杀畜生，毋拊卵，毋伐木，毋夭英，毋拊竿，所以息百长也；赐鳏寡，振孤独，贷无种，与无赋，所以劝弱民；发五正，赦薄罪，出拘民，解仇雠，所以建时功施生谷也。夏赏五德，满爵禄，迁官位，礼孝弟，复贤力，所以劝功也；秋行五刑，诛大罪，所以禁淫邪，止盗贼；冬收五藏，最万物，所以内作民也。四时事备，而民功百倍矣。故春仁、夏忠、秋急、冬闭，顺天之时，约地之宜，忠人之和。故风雨时，五谷实，草木美多，六畜蕃息，国富兵强，民材而令行，内无烦扰之政，外无强敌之患也。

夫动静顺然后和也，不夫其时然后富，不失其法然后治。故国不虚富，民不虚治。不治而昌，不乱而亡者，自古至今未尝有也。故国多私勇者其兵弱，吏多私智者其法乱，民多私利者其国贫。故德莫若博厚，使民死之；赏罚莫若必成，使民信之。

夫善牧民者，非以城郭也，辅之以什，司之以伍。伍无非其人，人无非其里，里无非其家。故奔亡者无所匿，迁徙者无所容，不求而约，不召而来。故民无流亡之意，吏无备追之忧。故主政可往于民，民心可系于主。夫法之制民也，犹陶之于埴，冶之于金也。故审利害之所在。民之去就，如火之于燥湿，水之于高下。夫民之所生，衣与食也；食之所生，水与土也。所以富民有要，食民有率，率三十亩而足于卒岁。岁兼美恶，亩取一石，则人有三十石，果蓏素食当十石，糠秕六畜当十石，则人有五十石，布帛麻丝，旁入奇利，未在其中也。故国有余藏，民有余食。夫叙钧者，所以多寡也；权衡者，所以视重轻也；户籍田结者，所以知贫富之不訾也。故善者必先知其田，乃知其人，田备然后民可足也。

凡有天下者，以情伐者帝，以事伐者王，以政伐者霸。而谋有功者五：一曰视其所爱，以分其威，一人两心，其内必衰也。臣不用，其国可危。二曰视其阴所憎，厚其货赂，得情可深。身内情外，其国可知；三曰听其淫乐，以广其心，遗以竽瑟美人，以塞其内，遗以谄臣文马，以蔽其外。外内蔽塞，可以成败。四曰必深亲之，如典之同生。阴内辩士，使图其计；内勇士，使高其气。内人他国，使倍其约，绝其使，拂其意，是必士斗。两国相敌，必承其弊。五曰深察其谋，谨其忠臣，揆其所使，令内不信，使有离意。离气不能令，必内自贼。忠臣已死，故政可夺。此五者，谋功之道也。

【生态文明启示】

"禁藏于胸胁之内，而祸避于万里之外。能以此制彼者，唯能以己知人者也。……故先慎于己而后彼，官亦慎内而后外，民亦务本而去末"① 的生态文明启示是：在生态文明建设过程中，领导者必须把生态文明的制度准则（特别是禁止性的行为准则）牢记在心，这样才能有效避免加剧生态环境问题的治理后果。要想真正有效推行生态文明制度以遏止生态环境破坏行为，领导者必须通过剖析自身的行为动因来认识普通民众的行为意愿。因此，领导者必须严格要求自身执行生态文明制度，然后再向民众推行；各层级政府部门必须严格要求部门内部执行生态文明制度，然后再向部门之外推行，民众才能在生态文明制度下进行

---

① 《禁藏篇》，主要讨论治国过程中严格执行法律制度的重要性。原为第五十三篇，本书略去了第四十九篇《内业篇》，该篇主要论述的是治理者如何通过体悟"道"以完善其修养；略去了第五十篇《封禅篇》，主要论述的是古代国家举行封禅大典的必要条件；略去了第五十一篇《小问篇》，该篇主要论述治国称霸过程中的具体对策；略去了第五十二篇《七臣七主篇》，该篇主要讨论各种类型君主的为君之道以及各种类型的大臣。"禁藏"，可理解为"内心谨记禁令"。"禁藏于胸胁之内，而祸避于万里之外。能以此制彼者，唯能以己知人者也"的大意是：把"禁止性规定"牢记在心，则可以避免各种关联的风险。要做到以"禁"防范"风险"，就必须使禁止性规定切实关乎民众的内在关切。

生产生活活动。

"居民于其所乐，事之于其所利，赏之于其所善，罚之于其所恶，信之于其所余财，功之于其所无诛。于下无诛者，必诛者也；有诛者，不必诛者也。……故必诛而不赦，必赏而不迁者，非喜予而乐其杀也，所以为人致利除害也"① 的生态文明启示是：在生态文明建设过程中，使民众满足其幸福意愿、符合其利益追求、表彰其所赞赏的共益行为、惩处其所憎恶的不法行为，使民众坚信正当财富不会被剥夺、正当行为不会受到非法追究，是生态文明制度的根本目标。要实现这些目标，就要严格执行相关的法律制度，只有严格执法才能减少违法。查处的违法现象越多，就表明执法的严格性不够。所以，严格执法就是该处罚的必须依法处罚而不宽贷，该奖励的必须依法奖励而不迁延。并不是要让执法者喜欢奖励或喜欢处罚，而是要向民众昭示可行的、不可行的行为方向。

"夫不法法则治。法者天下之仪也，所以决疑而明是非也，百姓所县命也。……"② 的生态文明启示是：生态文明建设过程中，生态文明法规制度得以坚定地推行，是其重要保障。法规制度，就是各主体生产生活行为的根本规范，是判断各主体行为、各主体之间行为关系是非曲直的依据，是决定各主体和民众各方面利益的法理基础。

"故凡治乱之情，皆道上始。故善者围之以害，牵之以利。能利害者，财多而过寡矣。夫凡人之情，见利莫能勿就，见害莫能勿避。

---

① "无诛者，必诛者也"，可理解为"要实现没有不遵守法律而被法律惩处的目标，就必须明确并确保哪些行为必然会被追究惩处"；"有诛者，不必诛者也"，可理解为"之所以有大量不遵守法律而未被惩处的现象，就是因为没有确保非法行为受到应有的追究惩处"；"为人致利除害"，可理解为"有利于民众谋求正当利益、避免不法障碍"。

② "不法"，此处为"法律不被弃用"之义；"县"，《说文解字》释为"县，系也"，即"悬"。

……"① 的生态文明启示是：经济社会建设也好，生态文明建设也好，能否得以稳定有序地推进，主要在于决策者的治理思路和自上而下的引导机制。合理的治理思路应当是，以"风险成本"来约束人们的负面行为，以"预期利益"来引导人们的正当行为。以成本—收益来引导社会行为，就能够增加社会财富、减少社会损益。因为，人们的行为理性都是趋利避害的。

"夫为国之本，得天之时而为经，得人之心而为纪，法令为维纲，吏为网罟，……"② 的生态文明启示是：生态文明法制的根本原则有两个方面，一是遵循自然生态系统的生态规律，二是尊重民众的内在需求与意愿。遵循生态规律与尊重民意相互交织，就构成了生态文明制度的网络架构，生态文明法规是整个制度的支撑，而各级政府相关部门则是制度路径、制度节点的管理者。

"夫动静顺然后和，不失其时然后富，不失其法然后治。……"的生态文明启示是：在生态文明建设过程中，生态环境政策、生态环境治理，一要注重经济—民生—生态的协调关系，二要注重不损害经济—民生的财富和效率，三要注重法规政策的有效性和可行性。

"夫善牧民者，非以城郭也，辅之以什，司之以伍。……"③ 的生态文明启示是：生态文明建设，在法理制度的基础上，还应形成有效的组织结构，通过组织结构约束和引导人们的行为。

---

① "治乱之情"，可理解为"治乱的根源"；"圉"，《说文解字》释为"囹圄，所以拘罪人"，此处可理解为"约束"；"凡人之情"，可理解为"人的行为本性"。

② "纲"，《说文解字》释为"维纮绳也"，即"控网的大绳"。

③ "什""伍"，为管仲管理齐国居民的组织形式。

第二十七章

桓公问

【原文】

齐桓公问管子曰："吾念有而勿失，得而勿忘，为之有道乎？"对曰："勿创勿作，时至而随。毋以私好恶害公正，察民所恶，以自为戒。黄帝立明台之议者，上观于贤也；尧有衢室之问者，下听于人也；舜有告善之旌，而主不蔽也；禹立谏鼓于朝，而备讯唉；汤有总街之庭，以观人诽也；武王有灵台之复，而贤者进也。此古圣帝明王所以有而勿失，得而勿忘者也。"桓公曰："吾欲效而为之，其名云何？"对曰："名曰啧室之议。曰：法简而易行，刑审而不犯，事约而易从，求寡而易足。人有非上之所过，谓之正士，内于啧室之议。有司执事者咸以厥事奉职，而不忘为。此啧室之事也，请以东郭牙为之。此人能以正事争于君前者也。"桓公曰："善。"

【生态文明启示】

"勿创勿作，时至而随。毋以私好恶害公正，察民所恶，以自为戒"① 的生态文明启示是：在生态文明制度构建过程中，需要创新制度，但不可为了创新而不断创设新的制度。只有在具备成熟条件的情形下才可去创立和实施新的制度。管理层不能根据自身的好恶而损害制度的公正性，要深入了解民众的非期望意愿，尽可能地在管理过程中减少可能给民众带来非期望影响的行为。

"名曰啧室之议。曰：法简而易行，刑审而不犯，事约而易从，求寡而易足"② 的生态文明启示是：在生态文明制度构建过程中，需要推行广泛征求意见建议的咨议制度，其目的就是通过征求民意，以使拟出台的制度政策简而易实施，处罚制度审慎而有震慑力，政令简而易推行，成本分担合理而易于征收。

---

① 《桓公问篇》，主要论述治理中的咨议制度。原为第五十六篇，本书略去了第五十四篇《入国篇》，该篇主要论述的是国家治理中的各种社会保障措施；略去了第五十五篇《九守篇》，该篇主要论述的是君主执政过程中的思维及行为方式。"勿创勿作，时至而随。毋以私好恶害公正，察民所恶，以自为戒"的大意是：统治者，不应为创新而创始作新，只有在条件成熟的条件下才实施创新。不以个人好恶损害公正原则，要体察民众不喜欢什么，并引以为戒。

② "名曰啧室之议。曰：法简而易行，刑审而不犯，事约而易从，求寡而易足"的大意是：实施一种称为"啧室"的咨议制度，其目的就是使得国家法度简而易行，刑罚审慎而有震慑力，政事简而易从，税收少而易征。

第二十八章

版法解

【原文】

版法者，法天地之位，象四时之行，以治天下。四时之行，有寒有暑，圣人法之，故有文有武。天地之位，有前有后，有左有右，圣人法之，以建经纪。春生于左，秋杀于右；夏长于前，冬藏于后。生长之事，文也；收藏之事，武也。是故文事在左，武事在右，圣人法之，以行法令，以治事理。凡法事者，操持不可以不正，操持不正则听治不公；听治不公则治不尽理，事不尽应。治不尽理，则疏远微贱者无所告；事不尽应，则功利不尽举。功利不尽举则国贫，疏远微贱者无所告诉则下饶。故曰：凡将立事，正彼天植。

天植者，心也。天棺正，则不私近亲，不尊疏远；不私近亲，不尊疏远，则无遗利，无隐治；无遗利，无隐治，则事无不举，物无遗者。欲见天心，明以风雨。故曰："风雨无违，远近高下，各得其嗣。"

万物尊天而贵风雨。所以尊天者，为其莫不受命焉也；所以贵风雨者，为其莫不待风而动待雨而濡也。若使万物释天而更有所受命，释风而更有所仰动，释雨而更有所仰濡，则无为尊天而贵风雨矣。今人君之所尊安者，为其威立而令行也。其所以能立威行令者，为其威利之操莫不在君也。若使威利之操不专在君，而有所分散，则君日益轻而威利日衰，侵暴之道也。故曰："三经既饬，君乃有国。"

　　乘夏方长，审治刑赏，必明经纪，陈义设法。断事以理，虚气平心，乃去怒喜。若倍法弃令而行怒喜，祸乱乃生，上位乃殆。故曰："喜无以赏，怒无以杀。喜以赏，怒以杀，怨乃起，令乃废。骤令而不行，民心乃外，外之有徒，祸乃始牙。众之所忿，寡不能图。"

　　冬既闭藏，百事尽止，往事毕登，来事未起。方冬无事，慎观终始，审察事理。事有先易而后难者，有始不足见而终不可及者，此常利之所以不举，事之所以困者也。事之先易者，人轻行之，人轻行之，则必困难成之事；始不足见者，人轻弃之，人轻弃之，则必失不可及之功。夫数困难成之事，而时失不可及之功，衰耗之道也。是故明君审察事理，慎观终始，为必知其所成，成必知其所用，用必知其所利害。为而不知所成，成而不知所用，用而不知所利害，谓之妄举。妄举者，其事不成，其功不立。故曰："举所美必观其所终，废所恶必计其所穷。"

　　凡人君者，欲民之有礼义也。夫民无礼义，则上下乱而贵贱争。故曰："庆勉敦敬以显之，富禄有功以劝之，爵贵有名以休之。"

　　凡人君者，欲众之亲上乡意也，欲其从事之胜任也。而众者，不爱则不亲，不亲则不明，不教顺则不乡意。是故明君兼爱以亲之，明教顺以道之，便其势，利其备，爱其力，而勿夺其时以利之。如此则众亲上乡意，从事胜任矣。故曰："兼爱无遗，是谓君心。必先顺教，万民乡风；旦暮利之，众乃胜任。"

　　治之本二：一曰人，二曰事。人欲必用，事欲必工；人有逆顺，事有称量。人心逆则人不用，事失称量则事不工。事不工则伤，人不用则怨。故曰："取人以己，成事以质。"

　　成事以质者，用称量也。取人以己者，度恕而行也。度恕者，度之于己也，己之所不安，勿施于人。故曰："审用财，慎施报，察称量。故用财不可以啬，用力不可以苦。用财啬则费，用力苦则劳矣。"

　　奚以知其然也？用力苦则事不工，事不工而数复之，故曰劳矣。用财啬则不当人心，不当人心则怨起。用财而生怨，故曰费。怨起而不复反，众劳而不得息，则必有崩阤堵坏之心。故曰："民不足，令乃辱；民苦殃，令不行。施报不得，祸乃始昌；祸昌而不悟，民乃自图。"

凡国无法则众不知所为，无度则事无机，有法不正，有度不直，则治辟，治辟则国乱。故曰："正法直度，罪杀不赦；杀戮必信，民畏而惧；武威既明，令不再行。"

凡民者，莫不恶罚而畏罪。是以人君严教以示之，明刑罚以致之。故曰："顿卒怠倦以辱之，罚罪有过以惩之，杀戮犯禁以振之。"

治国有三器，乱国有六攻。明君能胜六攻而立三器，则国治；不肖之君不能胜六攻而立三器，故国不治。三器者何也？曰：号令也、斧钺也、禄赏也。六攻者何也？亲也、贵也、货也、色也、巧佞也、玩好也。三器之用何也？曰：非号令无以使下，非斧钺无以畏众，非禄赏无以劝民。六攻之败何也？曰：虽不听而可以得存，虽犯禁而可以得免，虽无功而可以得富。夫国有不听而可以得存者，则号令不足以使下；有犯禁而可以得免者，则斧钺不足以畏众；有无功而可以得富者，则禄赏不足以劝民。号令不足以使下，斧钺不足以畏众，禄赏不足以劝民，则人君无以自守也。然则明君奈何？明君不为六者变更号令，不为六者疑错斧钺，不为六者益损禄赏。故曰："植固而不动，奇邪乃恐；奇革邪化，令往民移。"

凡人君者，覆载万民而兼有之，烛临万族而事使之。是故以天地、日月、四时为主、为质，以治天下。天覆而无外也，其德无所不在；地载而无弃也，安固而不动，故莫不生殖。圣人法之以覆载万民，故莫不得其职姓，得其职姓，则莫不为用。故曰："法天合德，象地无亲。"

日月之明无私，故莫不得光。圣人法之，以烛万民。故能审察，则无遗善，无隐奸；无遗善，无隐奸，则刑赏信必；刑赏信必，则善劝而奸止。故曰："参于日月。"

四时之行，信必而著明。圣人法之，以事万民。故不失时功。故曰："伍于四时。"

凡众者，爱之则亲，利之则至。是故明君设利以致之，明爱以亲之。徒利而不爱，则众至而不亲；徒爱而不利，则众亲而不至；爱施俱行，则说君臣、说朋友、说兄弟、说父子。爱施所设，四固不能守。故曰："说在爱施。"

凡君所以有众者，爱施之德也。爱有所移，利有所并，则不能尽有。故曰："有众在废私。"

爱施之德虽行而无私，内行不修则不能朝远方之君。是故正君臣上下之义，饰父子兄弟夫妻之义，饰男女之别，别疏数之差，使君德臣忠，父慈子孝，兄爱弟敬，礼义章明。如此则近者亲之，远者归之。故曰："召远在修近。"

闭祸在除怨，非有怨乃除之，所事之地常无怨也。凡祸乱之所生，生于怨咎；怨咎所生，生于非理。是以明君之事众也必经，使之必道，施报必当，出言必得，刑罚必理。如此则众无郁怨之心，无憾恨之意。如此则祸乱不生，上位不殆。故曰："闭祸在除怨也。"

凡人君所以尊安者，贤佐也。佐贤则君尊、国安、民治，无佐则君卑、国危、民乱。故曰："备长存乎任贤。"凡人者，莫不欲利而恶害。是故与天下同利者，天下持之；擅天下之利者，天下谋之。天下所谋，虽立必隳；天下所持，虽高不危。故曰："安高在乎同利。"

凡所谓能以所不利利人者，舜是也。舜耕历山，陶河滨，渔雷泽，不取其利，以教百姓，百姓举利之，此所谓能以所不利利人者也。所谓能以所不有予人者，武王是也。武王伐纣，士卒往者，人有书社，入殷之日，决钜桥之粟，散鹿台之钱，殷民大说，此所谓能以所不有予人者也。

桓公谓管子曰："今子教寡人法天合德，合德长久，合德而兼覆之，则万物受命。象地无亲，无亲安固，无亲而兼载之，则诸生皆殖。参于日月，无私葆光。无私而兼照之则美恶不隐，然则君子之为身，无好无恶然已乎？"管子对曰："不然，夫学者所以自化，所以自抚，故君子恶称人之恶，恶不忠而怨妒，恶不公议而名当称，恶不位下而位上，恶不亲外而内放。此五者，君子之所恐行，而小人之所以亡，况人君乎？"

【生态文明启示】

"版法者，法天地之位，象四时之行，以治天下。四时之行，有寒有暑，圣人法之，……"① 的生态文明启示是：在生态文明建设过程中，可以从天地运行、四季更替等自然规律中得到启发，以形成与之机制机理类似的制度。如借鉴温暖寒暑的气候特性，可以形成强制性的规制、制度，同时也应有柔性管理的制度。再如，根据春天发育、夏天生长、秋天肃杀、冬天闭藏的特性，设计与其机制类似的制度。

"天植者，心也。天棺正，则不私近亲，不孽疏远。……风雨无违，远近高下，各得其嗣"② 的生态文明启示是：在生态文明制度的实施过程中，执法者管理者不偏私地进行规制。那样的话，无论在什么情形下，各主体、各阶层、各群体的生态利益和生态公平，都能够得到生态文明制度的保障。

---

① 《版法解篇》，主要论述的是如何效法借鉴天地、季节的运行机制以进行有效的治理。原为第六十六篇，本书略去了第五十七篇《度地篇》，该篇主要讨论防治自然灾害的管理制度；略去了第五十八篇《地员篇》，该篇主要论述的是合理利用土地种植的方法；略去了第五十九篇《弟子职篇》，该篇主要论述的是教育学习过程中的师生礼仪；第六十篇《言昭篇》、第六十一篇《修身篇》、第六十二篇《问霸篇》、第六十三篇《牧民解篇》已佚；本书略去了第六十四篇《形势解篇》，该篇主要论述治理者的合理行为理念与准则；略去了第六十五篇《立政九败解篇》，该篇主要论述的是统治者偏听某些主张的不良后果。"版法者，法天地之位，象四时之行，以治天下。四时之行，有寒有暑，圣人法之，……"的大意是：版法，就是效法天地的方位，参照四时的运行，来治理天下的。四时季节运行，有寒有暑，圣人可以效法之，而形成强制性的和柔性管理的治理制度。

② "天植者，心也。天棺正，则不私近亲，不孽疏远。……风雨无违，远近高下，各得其嗣"的大意是：统治者的天然心性，应当是无偏私的、对任何人都是一视同仁的。在任何情形下，这样的统治使得人们无论地位高低、关系远近，都能够得到同等程度的护佑。

"万物尊天而贵风雨。所以尊天者，为其莫不受命焉也；所以贵风雨者，为其莫不待风而动待雨而濡也"① 的生态文明启示是：自然生态系统的生态功能，是万物生存传承的基础。所以，生态文明建设和生态文明制度的根本要求，就是维护自然生态系统及其生态功能得以永续完好。

"事有先易而后难者，有始不足见而终不可及者；此常利之所以不举，事之所以困者也。事之先易者，人轻行之，人轻行之，则必困难成之事；始不足见者，人轻弃之，人轻弃之，则必失不可及之功"② 的生态文明启示是：对于生态文明建设的重要事项，一定要寻求其有效的推进路径，而不可随意地推进。对于那些开头容易的事项，不可轻易对待，否则将陷入越来越艰难最终无路可走的境地；对于那些可能产生长远影响的事项，应当及早重视应对，否则早期不重视解决的话将导致积重难返而无法补救的结果。

"用力苦则事不工，事不工而数复之，故曰劳矣。用财啬则不当人心，不当人心则怨起。用财而生怨，故曰费"③ 的生态文明启示是：在

---

① "万物尊天而贵风雨。所以尊天者，为其莫不受命焉也；所以贵风雨者，为其莫不待风而动待雨而濡也"的大意是：万物都是尊崇天而珍重风雨的。尊崇天，是因为万物无不接受天候所决定的命运；珍重风雨，是因为万物无不依靠风的吹拂、雨的滋润来维系其生命。

② "事有先易而后难者，有始不足见而终不可及者。此常利之所以不举，事之所以困者也。事之先易者，人轻行之，人轻行之，则必困难成之事；始不足见者，人轻弃之，人轻弃之，则必失不可及之功"的大意是：有些事项，开头轻易而后则转向艰难；有些事项，开头不加重视而后则难以补救。这就是有效的路径未能寻求到，而导致越来越难以推进的结果。开头容易的事项，人们往往轻易对待，轻易对待就很难顺利成事；开头不加关注的事项，人们往往轻易放弃，轻易放弃就会导致丧失良机而难以补救的结果。

③ "用力苦则事不工，事不工而数复之，故曰劳矣。用财啬则不当人心，不当人心则怨起。用财而生怨，故曰费"的大意是：任何事务一旦过当就必然导致事倍功半的结果。使用民力过当的话，其事就不会做得完善，不完善就要不断返工，这叫作"劳"；君主用财过于吝啬，就不得人心，不得人心则会形成怨恨的社会氛围，这叫作"费"。

生态文明建设过程中，对于一些政策目标的设立、对于各主体的规制要求，都不可过度过当。一旦过度或过当，只会导致事与愿违的结果，不仅目标难以完整地实现，而且其效率也会受到很大的影响。

"闭祸在除怨，非有怨乃除之，所事之地常无怨也。凡祸乱之所生，生于怨咎；怨咎所生，生于非理"①的生态文明启示是：在生态文明建设过程中，无论哪一层级，其政令、其规制、其管理，都应当是与民众意愿相符合的理性政策。如果出现一厢情愿的非理性政策，必然会引发各主体民众的不满情绪，民众不满情绪的累积必然带来相应的危机，那样的话，政策的预期目标必定无法实现，并且还会导致难以承受的后果。

"凡人者，莫不欲利而恶害，是故与天下同利者，天下持之；擅天下之利者，天下谋之。天下所谋，虽立必隳；天下所持，虽高不危。故曰：'安高在乎同利'"②的生态文明启示是：趋利避害是绝大多数民众的行为理性，因此，生态文明建设过程中的一切政策，都应充分考虑到这一"行为理性"对于政策的反应。也就是说，政策目标所带来的物质利益、生态利益，应当是民众共享的。如果仅仅是部分群体获得利益，那么广大民众是不会支持这一政策的。这一政策目标无法实现，社会稳定局面也难以维持。所以，共同分担责任、共同分享利益，才是生态文明建设得以稳定推进的根本动力。

---

① "闭祸在除怨，非有怨乃除之，所事之地常无怨也。凡祸乱之所生，生于怨咎；怨咎所生，生于非理"的大意是：要避免祸患的生成，根本在于减少民众怨恨之情。不是说民众有了怨恨之情才去消除，而应当在一般情形下不出现引发民众怨恨情绪之事。凡是祸患的出现，其根源都在于民众怨恨情绪的不断积累；引发民众怨恨情绪的，都是非理性的政策、非理性的管理导致的。

② "凡人者，莫不欲利而恶害，是故与天下同利者，天下持之；擅天下之利者，天下谋之。天下所谋，虽立必隳；天下所持，虽高不危。故曰：安高在乎同利"的大意是：人，没有不是趋利避害的。因此，与天下人共享利益的，天下人就会拥护他；独占利益的，天下人就会图谋他。天下人所图谋的，地位虽然确立也必然倒台；天下人拥护的，则能够保障其地位尊贵而不危险。所以说：地位稳固要靠利益共享。

第二十九章

臣乘马

【原文】

桓公问管子曰:"请问乘马?"管子对曰:"国无储在令。"桓公曰:"何谓国无储在令?"管子对曰:"一农之量壤百亩也,春事二十五日之内。"桓公曰:"何谓春事二十五日之内?"管子对曰:"日至六十日而阳冻释,七十五日而阴冻释。阴冻释而秔稑,百日不秔稑,故春事二十五日之内耳也。今君立扶台、五衢之众皆作。君过春而不止,民失其二十五日,则五衢之内阻弃之地也。起一人之繇,百亩不举;起十人之繇,千亩不举;起百人之繇,万亩不举;起千人之繇,十万亩不举。春已失二十五日,而尚有起夏作,是春失其地,夏失其苗,秋起繇而无止,此之谓谷地数亡。谷失于时,君之衡籍而无止,民食什伍之谷,则君已籍九矣,有衡求币焉,此盗暴之所以起,刑罚之所以众也。随之以暴,谓之内战。"桓公曰:"善哉!"

管子曰:"策乘马之数求尽也,彼王者不夺民时,故五谷兴丰。五谷兴丰,则士轻禄,民简赏。彼善为国者,使农夫寒耕暑耘,力归于上,女勤于纤微而织归于府者,非怨民心伤民意,高下之策,不得不然之理也。"

桓公曰:"为之奈何?"管子曰:"虞国得策乘马之数矣。"桓公曰:"何谓策乘马之数?"管子曰:"百亩之夫,予之策:'率二十五日为子之春事，资子之币。'泰秋，子谷大登，国谷之重去分。谓农夫曰：'币之在子者以为谷而廪之州里。'国谷之分在上，国谷之重再十倍。谓远近之县，里、邑百官，皆当奉器械备，曰：'国无币，以谷准币。'国谷之櫎，一切什九。还谷而应谷，国器皆资，无籍于民。此有虞之策乘马也。"

【生态文明启示】

"今君立扶台，五衢之众皆作。君过春而不止，民失其二十五日，则五衢之内阻弃之地也。起一人之繇，百亩不举。……谷失于时，君之衡籍而无止，民食什伍之谷，则君已籍九矣，有衡求币焉，此盗暴之所以起，刑罚之所以众也。随之以暴，谓之内战"[1] 的生态文明启示是：不合理的政绩工程等会影响正常的经济建设和生态文明建设。因为，劳动力和各种要素是有限的，用于政绩工程的多了，必然直接影响经济建设和生态文明建设的有效投入。

"百亩之夫，予之策：'率二十五日为子之春事，资子之币。'泰秋，子谷大登，国谷之重去分。谓农夫曰：'币之在子者以为谷而廪之州里。'国谷之分在上，国谷之重再十倍。谓远近之县，里、邑百官，皆当奉器械备，曰：'国无币，以谷准币。'国谷之櫎，一切什九。还

---

① 《臣乘马篇》，主要论述的是不应以强征方式而应通过机制获取国家治理的所需物资。原为第六十八篇，本书略去了第六十七篇《明法解篇》，主要论述的是治国过程中不偏私执法的作用。"二十五日"，是指对于农业生产最为重要的一个春耕时段；"扶台"，可理解为"国君修建的某一项大工程"；"繇"，通"徭"，即"徭役"之义；"籍"，即"按照户籍人口征收赋税"之义。"衡籍"，可理解为"相机决定的赋税，而非正常的税收"。

谷而应谷，国器皆资，无籍于民。此有虞之策乘马也"① 的生态文明启
示是：生态文明建设过程，必然需要大量的投入。但是，对于这些必要
的投入，不应向经济主体和民众直接征收。而应当通过合理的经济政
策、金融政策，通过有效的利益机制来实现，促使在经济主体、民众的
利益追求过程中得以实现。

---

① "横"，《说文解字》释为"所以几器"，即"放置物品的器具"，此处可理解为"粮
库"；"百亩之夫，予之策：'率二十五日为子之春事，资子之币。'泰秋，子谷大
登，国谷之重去分。谓农夫曰：'币之在子者以为谷而廪之州里。'国谷之分在上，
国谷之重再十倍。谓远近之县，里、邑百官，皆当奉器械备，曰：'国无币，以谷
准币。'国谷之横，一切什九。还谷而应谷，国器皆资，无籍于民。此有虞之策乘
马也"的大意是：对种百亩田的农民，下达一个通告：春耕时期的二十五天，国家
不派徭役，你们搞好春耕，国家给你们贷款。到了秋收，粮食丰收，粮价必然下降
许多。这时又通告农民：春耕时的贷款，要折成粮食偿还，送交官府库存。这样，
大量粮食掌握在国家府库，就可掌控粮食价格的上涨。此时可通告各级官府，要求
他们缴纳兵器用具。同时通告：国库缺少货币，可用粮食折成货币交纳。由此，国
家便可在粮食价格的涨落过程中，获得财政收入，使得国家的粮食和器物都得到有
效供应，而不必向百姓直接征收。这就是虞国谋划国家财政的做法。

第三十章

乘马数

【原文】

桓公问管子曰："有虞策乘马已行矣，吾欲立策乘马，为之奈何？"管子对曰："战国修其城池之功，故其国常失其地用。王国则以时行也。"桓公曰："何谓以时行？"管子对曰："出准之令，守地用人策，故开阖皆在上，无求于民。"

"霸国守分，上分下游于分之间而用足。王国守始，国用一不足则加一焉，国用二不足则加二焉，国用三不足则加三焉，国用四不足则加四焉，国用五不足则加五焉，国用六不足则加六焉，国用七不足则加七焉，国用八不足则加八焉，国用九不足则加九焉，国用十不足则加十焉。人君之守高下，岁藏三分，十年则必有五年之余。若岁凶旱水泆，民失本，则修宫室台榭，以前无狗后无彘者为庸。故修宫室台榭，非丽其乐也，以平国策也。今至于其亡策乘马之君，春秋冬夏，不知时终始，作功起众，立宫室台榭。民失其本事，君不知其失诸春策，又失诸夏秋之策数也。民无馈卖子数矣。猛毅之人淫暴，贫病之民乞请，君行律度焉，则民被刑戮而不从于主上。此策乘马之数亡也。"

"乘马之准，与天下齐准。彼物轻则见泄，重则见射。此斗国相泄，轻重之家相夺也。至于王国，则持流而止矣。"桓公曰："何谓持流？"管子对曰："有一人耕而五人食者，有一人耕而四人食者，有一人耕而三人食者，有一人耕而二人食者。此齐力而功地。田策相圆，此国策之时守也。君不守以策，则民且守于下，此国策流已。"

桓公曰："乘马之数尽于此乎？"管子对曰："布织财物，皆立其赏。财物之货与币高下，谷独贵独贱。"桓公曰："何谓独贵独贱？"管子对曰："谷重而万物轻，谷轻而万物重。"

公曰："贱策乘马之数奈何？"管子对曰："郡县上臾之壤守之若干，间壤守之若干，下壤守之若干。故相壤定籍而民不移，振贫补不足，下乐上。故以上壤之满补下壤之众，章四时，守诸开阖，民之不移也，如废方于地。此之谓策乘马之数也。"

【生态文明启示】

"霸国守分，上分下游于分之间而用足。……人君之守高下，岁藏三分，十年则必有五年之余。若岁凶旱水泆，民失本，则修宫室台榭，以前无狗后无彘者为庸。故修宫室台榭，非丽其乐也，以平国策也"①的生态文明启示是：生态文明建设过程中，一些维护生态环境的基础设施建设，可以为贫困群体特别是生态贫困群体提供就业岗位，使之获得收入来源和生活保障。所以，生态环境的基础设施建设不应是政绩工程，而应纳入生态公平政策和生态环境领域的社会保障政策的总体考量之中。

"乘马之准，与天下齐准。彼物轻则见泄，重则见射。此斗国相

---

① 《乘马数篇》，原为第六十九篇，主要论述经济运筹中一些具体方式。"霸国守分，上分下游于分之间而用足。……人君之守高下，岁藏三分，十年则必有五年之余。若岁凶旱水泆，民失本，则修宫室台榭，以前无狗后无彘者为庸。故修宫室台榭，非丽其乐也，以平国策也"的大意是：成就霸业的国家只掌握财富的一半左右，国家与民间的财富游动在半数之间以保证国用充足。国君通过调控粮食价格，可以做到每年贮备粮食十分之三，十年必有三年的积蓄。如果遇上旱涝灾年，民众无法生活，则可以通过修建宫室台榭，雇用那些身无长物的穷人以做工。所以，修建宫室台榭，不是为观赏之乐，而是国家的经济调控政策。

泄，轻重之家相夺也。至于王国，则持流而止矣。……君不守以策，则民且守于下，此国策流已"①的生态文明启示是：在生态文明建设过程中，生态环境要素的价格应确立在合理水平，各国、各区域应保持基本一致水平，否则投机牟利者就会操控生态环境要素市场，使得价格偏离实际水平，导致生态环境要素价格的市场信号错乱，最终损害生态环境建设事业的推进。

"郡县上臾之壤守之若干，间壤守之若干，下壤守之若干。故相壤定籍而民不移，振贫补不足，下乐上。故以上壤之满补下壤之众，章四时，守诸开阖，民之不移也，如废方于地。此之谓策乘马之数也"②的生态文明启示是：在生态文明建设过程中，对于各区域的生态承载力的差异、生态功能的差异、生态脆弱程度的差异、承受生态环境影响的差异、直接承担生态环境维护的差异，应当采取差异化的政策，以使各区域各主体得以在共享生态环境利益、共同承受生态环境影响、共同使用生态环境要素、共同分担生态环境维护责任等方面实现公平。只有生态公平，社会才能稳定，生态文明建设事业才能得以顺利推进。

---

① "乘马之准，与天下齐准。彼物轻则见泄，重则见射。此斗国相泄，轻重之家相夺也。至于王国，则持流而止矣。……君不守以策，则民且守于下，此国策流已"的大意是：经过综合核算的价格水平，应当与各诸侯国的价格水平保持一致。各类商品，价格偏低则产品外流，价格偏高则他国倾销取利。这便是对立国家相互倾销商品、投机者相互争利的源头。力图成就王业的国家，应有效掌控国内市场流通态势，否则就会被投机者所操控，那样的话，国家的财政经济政策就会被打乱而目标落空。

② "郡县上臾之壤守之若干，间壤守之若干，下壤守之若干。故相壤定籍而民不移，振贫补不足，下乐上。故以上壤之满补下壤之众，章四时，守诸开阖，民之不移也，如废方于地。此之谓策乘马之数也"的大意是：对郡县上等土地掌握它相当数量的粮食，中等土地掌握它相当数量的粮食，下等土地掌握它相当数量的粮食。由此，按土地好坏确定征收，则民心安定，赈济贫困而补助不足，民众也对君主满意。所以，国家要用上等土地提供的盈余，补足下等土地的短缺，控制四季物价变化，掌控市场收放权力，则民心安定，如同把方形物体放在平地上一样平稳。这就是综合筹划的财政理财方法。

第三十一章

事　语

【原文】

桓公问管子曰："事之至数可闻乎？"管子对曰："何谓至数？"桓公曰："泰奢教我曰：'帷盖不修，衣服不众，则女事不泰。俎豆之礼不致牲，诸侯太牢，大夫少牢，不若此，则六畜不育。非高其台榭，美其宫室，则群材不散。'此言何如？"管子曰："非数也。"桓公曰："何谓非数？"管子对曰："此定壤之数也。彼天子之制，壤方千里，齐诸侯方百里，负海子七十里，男五十里，若胸臂之相使也。故准徐疾、赢不足，虽在下也，不为君忧。彼壤狭而欲举与大国争者，农夫寒耕暑耘，力归于上，女勤于缉绩徽织，功归于府者，非怨民心伤民意也，非有积蓄不可以用人，非有积财无以劝下。泰奢之数，不可用于危隘之国。"桓公曰："善。"

桓公又问管子曰："佚田谓寡人曰：'善者用非其有，使非其人，何不因诸侯权以制天下？'"管子对曰："佚田之言非也，彼善为国者，壤辟举则民留处，仓廪实则知礼节。且无委致围，城脆致冲。夫不定内，不可以持天下。佚田之言非也。"管子曰："岁藏一，十年而十也。岁藏二，五年而十也。谷十而守五，绨素满之，五在上。故视岁而藏，县时积岁，国有十年之蓄，富胜贫，勇胜怯，智胜愚，微胜不微，有义胜无义，练士胜驱众。凡十胜者尽有之，故发如风雨，动如雷霆，独出独入，莫之能禁止，不待权舆。故佚田之言非也。"桓公曰："善。"

【生态文明启示】

"桓公曰：泰奢教我曰：'帷盖不修，衣服不众，则女事不泰。俎豆之礼不致牲，诸侯太牢，大夫少牢，不若此，则六畜不育。非高其台榭，美其宫室，则群材不散'，此言何如？管子曰：非数也。……非有积蓄不可以用人，非有积财无以劝下。泰奢之数，不可用于危隘之国"① 的生态文明启示是：公共工程的建设，固然是扩大经济活动的推动力，但是也要考虑耗尽公共资源对于国家持续发展的影响。如果并没有相应的财力而依靠债务的方式去建设公共工程，其实是无法引导各主体和民众的行为方向的。同理，生态环境治理工程，对于促进经济和民生有其作用，但也不能超过国力的承受能力。

"佚田谓寡人曰：'善者用非其有，使非其人，何不因诸侯权以制天下？'管子对曰：'佚田之言非也，彼善为国者，壤辟举则民留处，仓廪实则知礼节。且无委致围，城脆致冲。夫不定内，不可以持天下。……'"② 的生态文明启示是：在经济发展过程中，外部资源是一种可用的经济政策。但是，要保障国家经济社会的稳定，不能依赖外部资源，完全依赖外部资源的经济体系，其经济社会都缺乏稳定的基础。同

---

① 《事语篇》，主要论述的是必要储备对于国家治理的重要性。原为第七十一篇，第七十篇《问乘马篇》已佚。"帷盖不修，衣服不众，则女事不泰。俎豆之礼不致牲，诸侯太牢，大夫少牢，不若此，则六畜不育。非高其台榭，美其宫室，则群材不散"的大意是：君主的生活过于简朴，相关经济活动就得不到发展。如果，君主不修饰车帷车盖，不大量添置衣服，织纺业就得不到发展，祭祀之礼不用牲，畜养业就得不到发展，不建楼台亭榭、华丽宫室，各种木材就得不到采用。

② "善者用非其有，使非其人，何不因诸侯权以制天下"的大意是：善于理财治国的人，能够运用不归他所有的资财，使用不归他所有的人力，因此应该用好各诸侯国的财力、人力来管控天下。

理，一国的生态安全，也不能依赖外部的生态功能和外部的生态环境治理，如果本国的生态环境过度依赖外部条件，那么其经济社会也缺乏稳定的基础。所以，即使自身条件不足，也应年复一年地稳步集聚自身的力量，以构建自身经济社会的稳定基础。

第三十二章

海 王

【原文】

桓公问于管子曰："吾欲藉于台雉何如？"管子对曰："此毁成也。"

"吾欲藉于树木？"管子对曰："此伐生也。"

"吾欲藉于六畜？"管子对曰："此杀生也。"

"吾欲藉于人，何如？"管子对曰："此隐情也。"

桓公曰："然则吾何以为国？"管子对曰："唯官山海为可耳。"

桓公曰："何谓官山海？"管子对曰："海王之国，谨正盐策。"桓公曰："何谓正盐策？"管子对曰："十口之家十人食盐，百口之家百人食盐。终月，大男食盐五升少半，大女食盐三升少半，吾子食盐二升少半，此其大历也。盐百升而釜。令盐之重升加分强，釜五十也；升加一强，釜百也；升加二强，釜二百也。钟二千，十钟二万，百钟二十万，千钟二百万。万乘之国，人数开口千万也，禺策之，商日二百万，十日二千万，一月六千万。万乘之国，正九百万也。月人三十钱之籍，为钱三千万。今吾非籍之诸君吾子，而有二国之籍者六千万。使君施令曰：吾将籍于诸君吾子，则必嚣号。今夫给之盐策，则百倍归于上，人无以避此者，数也。"

"今铁官之数曰：一女必有一针一刀，若其事立；耕者必有一耒一耜一铫，若其事立；行服连轺辇者必有一斤一锯一锥一凿，若其事立。

162

不尔而成事者天下无有。令针之重加一也，三十针一人之籍；刀之重加六，五六三十，五刀一人之籍也；耜铁之重加七，三耜铁一人之籍也。其余轻重皆准此而行。然则举臂胜事，无不服籍者。"

桓公曰："然则国无山海不王乎？"管子曰："因人之山海假之。名有海之国雠盐于吾国，釜十五，吾受而官出之以百。我未与其本事也，受人之事，以重相推。此人用之数也。"

【生态文明启示】

"桓公曰：'何谓官山海？'管子对曰：'海王之国，谨正盐策。十口之家十人食盐，百口之家百人食盐。……使君施令曰：吾将籍于诸君吾子，则必嚣号。今夫给之盐策，则百倍归于上，人无以避此者，数也'"① 的生态文明启示是：对自然资源、生态环境的使用征取、使用税收或治理费用，针对人口直接征收不是有效的方式，而较为合理的方式是针对民众普遍消费的必要消费品从量征税。这样的方式既起到了普遍承担生态环境治理费用的作用，又不会引起民众较为强烈的反应。

"今铁官之数曰：一女必有一针一刀，若其事立；耕者必有一耒一耜一铫，若其事立。令针之重加一也，……其余轻重皆准此而行。然则举臂胜事，无不服籍者"② 的生态文明启示是：对自然资源、生态环境的使用征取、使用税收或治理费用，除了从消费者角度征收之外，还可从生产者角度征收。那就是针对生产过程中普遍使用的生产资料从量征收。这样的方式也能够起到普遍承担生态环境治理费用的作用。

---

① 《海王篇》，原为第七十二篇，主要论述通过对盐铁征税或专营方式获取国家收入的可行性。"吾将籍于诸君吾子，则必嚣号"的大意是：如果对全国民众直接征收人口税，那么一定会引起所有民众强烈的反应。

② "令针之重加一也，……其余轻重皆准此而行。然则举臂胜事，无不服籍者"的大意是：对针的价格每根加一钱，……其他铁器的价格，均可依此而行。那么，只要人们动手干活，则无须负担此税。

　　"因人之山海假之。名有海之国雠盐于吾国，釜十五，吾受而官出之以百。我未与其本事也，受人之事，以重相推。此人用之数也"① 的生态文明启示是：对自然资源、生态环境的使用征取、使用税收或治理费用，普遍使用的消费品、普遍使用的生产资料，如果是通过国际贸易方式获得的，则可通过关税方式来实现。

---

　　① "雠"，此处可理解为"售出"；"名有海之国雠盐于吾国，釜十五，吾受而官出之以百"的大意是：让有海国家把盐卖给本国，以每釜十五钱的价格买进，而官府专卖的价格增加至一百钱。

第三十三章

国 蓄

【原文】

国有十年之蓄,而民不足于食,皆以其技能望君之禄也;君有山海之金,而民不足于用,是皆以其事业交接于君上也。故人君挟其食,守其用,据有余而制不足。故民无不累于上也。五谷食米,民之司命也;黄金刀币,民之通施也。故善者执其通施以御其司命,故民力可得而尽也。

夫民者亲信而死利,海内皆然。民予则喜,夺则怒,民情皆然。先王知其然,故见予之形,不见夺之理。故民爱可洽于上也。租籍者,所以强求也;租税者,所虑而请也。王霸之君去其所以强求,废其所虑而请,故天下乐从也。

利出于一孔者,其国无敌;出二孔者,其兵不诎;出三孔者,不可以举兵;出四孔者,其国必亡。先王知其然,故塞民之养,隘其利途。故予之在君,夺之在君,贫之在君,富之在君。故民之戴上如日月,亲君若父母。

凡将为国,不通于轻重,不可为笼以守民;不能调通民利,不可以语制为大治。是故万乘之国有万金之贾,千乘之国有千金之贾,然者何也?国多失利,则臣不尽其忠,士不尽其死矣。岁有凶穰,故谷有贵贱;令有缓急,故物有轻重。然而人君不能治,故使蓄贾游市,乘民之不给，百倍其本。分地若一，强者能守；分财若一，智者能收。智者有什倍人之功，愚者有不赓本之事。然而人君不能调，故民有相百倍之生也。夫民富则不可以禄使也，贫则不可以罚威也。法令之不行，万民之不治，贫富之不齐也。且君引錣量用，耕田发草，上得其数矣。民人所食，人有若干步亩之数矣，计本量委则足矣。然而民有饥饿不食者何也？谷有所藏也。人君铸钱立币，民庶之通施也，人有若干百千之数矣。然而人事不及、用不足者何也？利有所并藏也。然则人君非能散积聚，钧羡不足，分并财利而调民事也，则君虽强本趣耕，而自为铸币而无已，乃今使民下相役耳，恶能以为治乎？

岁适美，则市粜无予，而狗彘食人食。岁适凶，则市籴釜十缫，而道有饿民。然则岂壤力固不足而食固不赡也哉？夫往岁之粜贱，狗彘食人食，故来岁之民不足也。物适贱，则半力而无予，民事不偿其本；物适贵，则什倍而不可得，民失其用。然则岂财物固寡而本委不足也哉？夫民利之时失，而物利之不平也。故善者委施于民之所不足，操事于民之所有余。夫民有余则轻之，故人君敛之以轻；民不足则重之，故人君散之以重。敛积之以轻，散行之以重。故君必有十倍之利，而财之櫎可得而平也。

凡轻重之大利，以重射轻，以贱泄平。万物之满虚随财，准平而不变，衡绝则重见。人君知其然，故守之以准平，使万室之都必有万钟之藏，藏繦千万；使千室之都必有千钟之藏，藏繦百万。春以奉耕，夏以奉芸。耒耜械器，种镶粮食，毕取赡于君。故大贾蓄家不得豪夺吾民矣。然则何？君养其本谨也。春赋以敛缯帛，夏贷以收秋实，是故民无废事而国无失利也。

凡五谷者，万物之主也。谷贵则万物必贱，谷贱则万物必贵。两者为敌，则不俱平。故人君御谷物之秩相胜，而操事于其不平之间。故万民无籍而国利归于君也。夫以室庑籍，谓之毁成；以六畜籍，谓之止生；以田亩籍，谓之禁耕；以正人籍，谓之离情；以正户籍，谓之养赢。五者不可毕用，故王者遍行而不尽也。故天子籍于币，诸侯籍于食。中岁之谷，粜石十钱。大男食四石，月有四十之籍；大女食三石，月有三十之籍；吾子食二石，月有二十之籍。岁凶谷贵，粜石二十钱，则大男有八十之籍，大女有六十之籍，吾子有四十之籍。是人君非发号令收啬而户籍也，彼人君守其本委谨，而男女诸君吾子无不服籍者也。一人廪食，十人得余；十人廪食，百人得余；百人廪食，千人得余。夫物多则贱，寡则贵，散则轻，聚则重。人君知其然，故视国之羡不足而御其财物。谷贱则以币予食，布帛贱则以币予衣。视物之轻重而御之以准，故贵贱可调而君得其利。

前有万乘之国，而后有千乘之国，谓之抵国；前有千乘之国，而后有万乘之国，谓之距国；壤正方，四面受敌，谓之衢国。以百乘衢处，谓之托食之君。千乘衢处，壤削少半。万乘衢处，壤削太半。何谓百乘衢处托食之君也？夫以百乘衢处，危慑围阻千乘万乘之间，夫国之君不相中，举兵而相攻，必以为捍格蔽围之用。有功利不得乡。大臣死于外，分壤而功；列陈系累获虏，分赏而禄。是壤地尽于功赏，而税臧殚于继孤也。是特名罗于为君耳，无壤之有；号有百乘之守，而实无尺壤之用，故谓托食之君。然则大国内款，小国用尽，何以及此？曰：百乘之国，官赋轨符，乘四时之朝夕，御之以轻重之准，然后百乘可及也；千乘之国，封天财之所殖，诫器之所出，财物之所生，视岁之满虚而轻重其禄，然后千乘可足也；万乘之国，守岁之满虚，乘民之缓急，正其号令而御其大准，然后万乘可资也。

玉起于禺氏，金起于汝汉，珠起于赤野，东西南北距周七千八百里。水绝壤断，舟车不能通。先王为其途之远，其至之难，故托用于其重，以珠玉为上币，以黄金为中币，以刀布为下币。三币握之则非有补于暖也，食之则非有补于饱也，先王以守财物，以御民事，而平天下也。今人君籍求于民，令曰十日而具，则财物之贾什去一；令曰八日而具，则财物之贾什去二；令曰五日而具，则财物之贾什去半；朝令而夕具，则财物之贾什去九。先王知其然，故不求于万民而籍于号令也。

【生态文明启示】

"……五谷食米，民之司命也；黄金刀币，民之通施也。故善者执其通施以御其司命，故民力可得而尽也"① 的生态文明启示是：要想促使民众普遍地参与到生态文明建设之中，就必须通过民众的基本需求、流通交易的通货来引入国家可控的生态环境因素，比如"碳票"就可将消费者的消费倾向普遍地引导到生态友好型方向。

"夫民者亲信而死利，海内皆然。民予则喜，夺则怒，民情皆然。先王知其然，故见予之形，不见夺之理。故民爱可洽于上也"② 的生态文明启示是：通过利益机制来引导民众的生态文明行为，要考虑人们对于"获得利益""付出利益"的不同偏好。鉴于民众普遍偏好"获得"、厌恶"付出"的特性，在相关机制中，对于激励性的行为应促使民众获得利益，对于制约性的行为则应促使民众避免付出利益，这样的政策机制才更具有效性。

"利出于一孔者，其国无敌。……先王知其然，故塞民之养，隘其利途"③ 的生态文明启示是：要想生态文明建设得以有效推进，就应当设计这样的政策，即民众获利途径都与生态环境要素的有效使用挂钩。否则，民众可以通过耗损生态环境来获取更高利益的话，生态文明建设

---

① 《国蓄篇》，原为第七十三篇，主要论述的是通过调节市场供需以确保国家对经济的掌控。"五谷食米，民之司命也；黄金刀币，民之通施也。故善者执其通施以御其司命，故民力可得而尽也"的大意是：粮食，是民众的基本需求；货币，是民众交易的通货。所以，善治者，通过掌握流通手段来控制其必要需求，即可最大限度使用民力。

② "民予则喜，夺则怒，民情皆然"的大意是：从他者中获得利益则快乐、被他者夺去利益则愤怒，这是人们普遍的心理。

③ "利出于一孔者，其国无敌。……先王知其然，故塞民之养，隘其利途"的大意是：民众获利只能通过国家控制的唯一途径，这样的国家才能强盛。先王懂得这个道理，所以杜绝民众谋取不正当的高利，限制其获利途径。

168

目标是难以有效实现的。所以，凡是不以生态环境要素有效使用为手段的经济增长方式都应当受到制约。

"凡将为国，不通于轻重，不可为笼以守民；不能调通民利，不可以语制为大治。……"① 的生态文明启示是：要想实现生态文明建设的目标，就应当设计构建有效的调节机制，以引导民众的行为朝着这一目标方向转变。在推进过程中，必须形成能够有效调节各主体之间、各群体之间利益关系的政策机制。

"……故善者委施于民之所不足，操事于民之所有余。夫民有余则轻之，故人君敛之以轻；民不足则重之，故人君散之以重。敛积之以轻，散行之以重，故君必有十倍之利，而财之橛可得而平也"② 的生态文明启示是：要想生态文明建设得以顺利推进，政府部门对于生态环境要素也应有必要的调节手段。生态环境要素的使用额度价格偏低时，应适当收购使用额度；价格偏高时，应适当释放存量，以使其价格得以稳定，而不影响经济社会的稳定。

"凡五谷者，万物之主也。谷贵则万物必贱，谷贱则万物必贵。两者为敌，则不俱平。故人君御谷物之秩相胜，而操事于其不平之间"③ 的生态文明启示是：生态环境要素的价格与一般商品的价格之间，应当保持合理的平衡。一旦相互比价不合理地偏高或偏低，既使生态环境要素供需失衡，又使一般商品的供需失衡。所以，适当地调控生态环境要素的价格，以实现生态环境维护与经济社会发展的稳定和协调。

---

① "凡将为国，不通于轻重，不可为笼以守民；不能调通民利，不可以语制为大治"的大意是：不懂得调节掌控之术，就不能形成无形的"经济之笼"来控制引导民间的经济活动；不能够调整各阶层民众的利益关系，也就谈不上实现了"大治"。

② "故善者委施于民之所不足，操事于民之所有余"的大意是：善治国者，总是在民间物资不足时，把库存供应出去，在民间物资过剩时，将之收购；"橛"，《说文解字》释为"所以几器"，即"放置物品的器具"，此处可理解为"国库"。

③ "凡五谷者，万物之主也。谷贵则万物必贱，谷贱则万物必贵。两者为敌，则不俱平"的大意是：粮食价格是主导其他商品价格的基础。粮价高则一般商品必贱，粮价低则一般商品必贵。粮价与物价不能保持在合理水平，那么两方面都将供需失衡。

第三十四章

山国轨

【原文】

桓公问管子曰："请问官国轨。"管子对曰："田有轨，人有轨，用有轨，乡有轨，人事有轨，币有轨，县有轨，国有轨。不通于轨数而欲为国，不可。"

桓公曰："行轨数奈何？"对曰："某乡田若干？人事之准若干？谷重若干？曰：某县之人若干？田若干？币若干而中用？谷重若干而中币？终岁度人食，其余若干？曰：某乡女胜事者终岁绩，其功业若干？以功业直时而櫎之，终岁，人已衣被之后，余衣若干？别群轨，相壤宜。"

桓公曰："何谓别群轨，相壤宜？"管子对曰："有莞蒲之壤，有竹箭檀柘之壤，有氾下渐泽之壤，有水潦鱼鳖之壤。今四壤之数，君皆善官而守之，则籍于财物，不籍于人。亩十鼓之壤，君不以轨守，则民且守之。民有过移长力，不以本为得，此君失也。"

桓公曰："轨意安出？"管子对曰："不阴据其轨，皆下制其上。"

桓公曰："此若言何谓也？"管子对曰："某乡田若干？食者若干？某乡之女事若干？余衣若干？谨行州里，曰：'田若干，人若干，人众田不度食若干？'曰：'田若干，余食若干。'必得轨程，此谓之泰轨也。然后调立环乘之币。田轨之有余于其人食者，谨置公币焉。大家众，小家寡。山田、间田，曰终岁其食不足于其人若干，则置公币焉，以满其准。重岁，丰年，五谷登，谓高田之萌曰：'吾所寄币于子者若干，乡谷之櫎若干，请为子什减三。'谷为上，币为下。高田抚间田山不被，谷十倍。山田以君寄币，振其不赡，未淫失也。高田以时抚于主上，坐长加十也。女贡织帛，苟合于国奉者，皆置而券之。以乡櫎市准曰：'上无币，有谷。以谷准币。'环谷而应策，国奉决。谷反准，赋轨币，谷廪重有加十。谓大家委赀家曰：'上且修游，人出若干币。'谓邻县曰：'有实者皆勿左右。不赡，则且为人马假其食民。'邻县四面皆櫎，谷坐长而十倍。上下令曰：'赀家假币，皆以谷准币，直币而庚之。'谷为下，币为上。百都百县轨据，谷坐长十倍。环谷而应假币。国币之九在上，一在下，币重而万物轻。敛万物，应之以币。币在下，万物皆在上，万物重十倍。府官以市櫎出万物，隆而止。国轨，布于未形，据其已成，乘令而进退，无求于民。谓之国轨。"

桓公间于管子曰："不籍而赡国，为之有道乎？"管子对曰："轨守其时，有官天财，何求于民。"

桓公曰："何谓官天财？"管子对曰："泰春民之功繇；泰夏民之令之所止，令之所发；泰秋民令之所止，令之所发；泰冬民令之所止，令之所发。此皆民所以时守也，此物之高下之时也，此民之所以相并兼之时也。君守诸四务。"

桓公曰："何谓四务？"管子对曰："泰春，民之且所用者，君已廪之矣；泰夏，民之且所用者，君已廪之矣；泰秋，民之且所用者，君已廪之矣；泰冬，民之且所用者，君已廪之矣。泰春功布日，春缣衣、夏单衣、捍、宠、累箕、胜、籈、屑、糭，若干日之功，用人若干，无赀之家皆假之械器，胜、籈、筲、糭、公衣，功已而归公衣，折券。故力出于民，而用出于上。春十日不害耕事，夏十日不害芸事，秋十日不害敛实，冬二十日不害除田。此之谓时作。"

桓公曰："善。吾欲立轨官，为之奈何？"管子对曰："盐铁之策，足以立轨官。"

桓公曰："奈何?"管子对曰："龙夏之地，布黄金九千，以币赍金，巨家以金，小家以币。周岐山至于峥丘之西塞丘者，山邑之田也，布币称贫富而调之。周寿陵而东至少沙者，中田也，据之以币、巨家以金、小家以币。三壤已抚，而国谷再什倍。梁渭、阳琐之牛马满齐衍，请驱之颠齿，量其高壮，曰：'国为师旅，战车驱就敛子之牛马，上无币，请以谷视市檽而庚子。'牛马在上，粟二家。二家散其粟，反准。牛马归于上。"

管子曰："请立赀于民，有田倍之。内毋有，其外外皆为赀壤。被鞍之马千乘，齐之战车之具，具于此，无求于民。此去丘邑之籍也。""国谷之朝夕在上，山林鹿械器之高下在上，春秋冬夏之轻重在上。行田畴，田中有木者，谓之谷贼。宫中四荣，树其余曰害女功。宫室械器非山无所仰。然后君立三等之租于山，曰：握以下者为柴楂，把以上者为室奉，三围以上为棺椁之奉；柴楂之租若干，室奉之租若干，棺椁之租若干。"

管子曰："盐铁抚轨，谷一廪十，君常操九，民衣食而繇，下安无怨咎。去其田赋，以租其山：巨家重葬其亲者服重租，小家菲葬其亲者服小租；巨家美修其宫室者服重租，小家为室庐者服小租。上立轨于国，民之贫富如加之以绳，谓之国轨。"

【生态文明启示】

"田有轨，人有轨，用有轨，乡有轨，人事有轨，币有轨，县有轨，国有轨。不通于轨数而欲为国，不可"① 的生态文明启示是：要有

---

① 《山国轨篇》，原为第七十四篇，主要论述的是国家对于各项经济事物的具体管理。此处"山"，为衍文，无义。此处"轨"，可理解为"管理规则"；"乡"，此处可理解为"社会风气"；"人事"，此处可理解为"官吏任用及其职责"。

效推进生态文明建设，就必须在经济社会的各领域都形成相关的管理制度。对于土地的利用、人力资源的利用、财政支出，都应当形成与生态文明理念相适应的管理制度和社会风气、对于官吏任用及其职责划定，也应形成与生态文明相关的管理制度；对于市场交易流通和价格，也应形成与之相适应的管理制度；地方政府和中央政府，也应形成与之权责相适应的管理制度。在某些方面，如果不能形成有效管理制度，那么生态文明建设就将难以有效推进。

"盐铁之策，足以立轨官。……"的生态文明启示是：从消费者角度，从生产者角度，对自然资源、生态环境的使用征取、使用税收的思路，可以推而广之，借鉴用于生态环境其他方面的管理。

"盐铁抚轨，谷一廪十，君常操九，民衣食而繇，下安无怨咎。去其田赋，以租其山：巨家重葬其亲者服重租，小家菲葬其亲者服小租；巨家美修其宫室者服重租，小家为室庐者服小租。上立轨于国，民之贫富如加之以绳，谓之国轨"① 的生态文明启示是：从消费者角度及生产者角度来看，对自然资源、生态环境的使用征取、使用税收的管理方式可以增加国家收入。国家可将这些收入用于解决经济社会发展、生态文明建设过程中的生态环境不平等问题。在征收相关税收的过程中，也要考虑对于低收入群体的基本需求实行低税率，而对于高收入群体的奢侈性消费则应实行高税率。

---

① "盐铁抚轨，谷一廪十，君常操九，民衣食而繇，下安无怨咎"的大意是：用盐铁税收方法来管理，可以使粮食大幅增加，且主要为国家掌控。民众生活生产正常、稳定而无怨。

第三十五章

山权数

【原文】

桓公问管子曰："请问权数。"管子对曰："天以时为权，地以财为权，人以力为权，君以令为权。失天之权，则人地之权亡。"

桓公曰："何为失天之权则人地之权亡？"管子对曰："汤七年旱，禹五年水，民之无糧卖子者。汤以庄山之金铸币，而赎民之无糧卖子者；禹以历山之金铸币，而赎民之无糧卖子者。故天权失，人地之权皆失也。故王者岁守十分之参，三年与少半成岁，三十一年而藏十一年与少半。藏三之一不足以伤民，而农夫敬事力作。故天毁埊，凶旱水泆，民无入于沟壑乞请者也。此守时以待天权之道也。"

桓公曰："善。吾欲行三权之数，为之奈何？"管子对曰："梁山之阳綪茜、夜石之币，天下无有。"管子曰："以守国谷，岁守一分，以行五年，国谷之重什倍异日。"管子曰："请立币，国铜以二年之粟顾之，立黔落。力重与天下调。彼重则见射，轻则见泄，故与天下调。泄者，失权也；见射者，失策也。不备天权，下相求备，准下阴相隶。此刑罚之所起而乱之之本也。故平则不平，民富则不如贫，委积则虚矣。此三权之失也已。"

桓公曰："守三权之数奈何？"管子对曰："大丰则藏分，阨亦藏分。"

桓公曰："阸者，所以益也。何以藏分？"管子对曰："隘则易益也，一可以为十，十可以为百。以阸守丰，阸之准数一上十，丰之策数十去九，则吾九为余。于数策丰，则三权皆在君，此之谓国权。"

桓公问于管子曰："请问国制。"管子对曰："国无制，地有量。"

桓公曰："何谓国无制，地有量？"管子对曰："高田十石，间田五石，庸田三石，其余皆属诸荒田。地量百亩，一夫之力也。粟贾一，粟贾十，粟贾三十，粟贾百。其在流策者，百亩从中千亩之策也。然则百乘从千乘也，千乘从万乘也。故地有量，国无策。"桓公曰："善。今欲为大国，大国欲为天下，不通权策，其无能者矣。"

桓公曰："今行权奈何？"管子对曰："君通于广狭之数，不以狭畏广；通于轻重之数，不以少畏多。此国策之大者也。"

桓公曰："善。盖天下，视海内，长誉而无止，为之有道乎？"管子对曰："有。曰：轨守其数，准平其流，动于未形，而守事已成。物一也而十，是九为用。徐疾之数，轻重之策也，一可以为十，十可以为百。引十之半而藏四，以五操事，在君之决塞。"

桓公曰："何谓决塞？"管子曰："君不高仁，则国不相被；君不高慈孝，则民简其亲而轻过。此乱之至也。则君请以国策十分之一者树表置高，乡之孝子聘之币，孝子兄弟众寡不与师旅之事。树表置高而高仁慈孝，财散而轻。乘轻而守之以策，则十之五有在上。运五如行事，如日月之终复。此长有天下之道，谓之准道。"

桓公问于管子曰："请问教数。"管子对曰："民之能明于农事者，置之黄金一斤，直食八石。民之能蓄育六畜者，置之黄金一斤，直食八石。民之能树艺者，置之黄金一斤，直食八石。民之能树瓜瓠荤菜百果使蕃衮者，置之黄金一斤，直食八石。民之能已民疾病者，置之黄金一斤，直食八石。民之知时：曰'岁旦阸'，曰'某谷不登'，曰'某谷丰者'，置之黄金一斤，直食八石。民之通于蚕桑，使蚕不疾病者，皆置之黄金一斤，直食八石。谨听其言而藏之官，使师旅之事无所与，此国策之者也。国用相靡而足，相困揲而赡，然后置四限高下，令之徐疾，驱屏万物，守之以策，有五官技。"

桓公曰："何谓五官技？"管子曰："诗者所以记物也，时者所以记岁也，春秋者所以记成败也，行者道民之利害也，易者所以守凶吉成败也，卜者卜凶吉利害也。民之能此者皆一马之田，一金之衣。此使君不迷妄之数也。六家者，即见：其时，使豫先蚤闲之日受之，故君无失时，无失策，万物兴丰；无失利，远占得失，以为末教；诗，记人无失辞；行，殚道无失义；易，守祸福凶吉不相乱。此谓君棟。"

桓公问于管子曰："权棟之数吾已得闻之矣，守国之固奈何？"曰："能皆已官，时皆已官，得失之数，万物之终始，君皆已官之矣。其余皆以数行。"

桓公曰："何谓以数行？"管子对曰："谷者民之司命也，智者民之辅也。民智而君愚，下富而君贫，下贫而君富，此之谓事名二。国机，徐疾而已矣。君道，度法而已矣。人心，禁缪而已矣。"

桓公曰："何谓度法？何谓禁缪？"管子对曰："度法者，量人力而举功；禁缪者，非往而戒来。故祸不萌通而民无患咎。"

桓公曰："请闻心禁。"管子对曰："晋有臣不忠于其君，虑杀其主，谓之公过。诸公过之家毋使得事君。此晋之过失也。齐之公过，坐立长差。恶恶乎来刑，善善乎来荣，戒也。此之谓国戒。"

桓公问管子曰："轻重准施之矣，策尽于此乎？"管子曰："未也，将御神用宝。"桓公曰："何谓御神用宝？"管子对曰："北郭有掘阙而得龟者，此检数百里之地也。"

桓公曰："何谓得龟百里之地？"管子对曰："北郭之得龟者，令过之平盘之中。君请起十乘之使，百金之提，命北郭得龟之家曰：'赐若服中大夫。'曰：'东海之子类于龟，托舍于若。赐若大夫之服以终而身，劳若以百金。'之龟为无赀，而藏诸泰台，一日而衅之以四牛，立宝曰无赀。还四年，伐孤竹。丁氏之家粟可食三军之师行五月，召丁氏

176

而命之曰；'吾有无赀之宝于此。吾今将有大事，请以宝为质于子，以假子之邑粟。'丁氏北乡再拜，入粟，不敢受宝质。桓公命丁氏曰：'寡人老矣，为子者不知此数。终受吾质！'丁氏归，革筑室，赋籍藏龟。还四年，伐孤竹，谓丁氏之粟中食三军五月之食。桓公立贡数：文行中七，年龟中四千金，黑白之子当千金。凡贡制，中二齐之壤策也，用贡：国危出宝，国安行流。"

桓公曰："何谓流？"管子对曰："物有豫，则君失策而民失生矣。故善为天下者，操于二豫之外。"桓公曰："何谓二豫之外？"管子对曰："万乘之国，不可以无万金之蓄饰；千乘之国，不可以无千金之蓄饰；百乘之国，不可以无百金之蓄饰。以此与令进退，此之谓乘时。"

【生态文明启示】

"……故天权失，人地之权皆失也。故王者岁守十分之参，三年与少半成岁，三十一年而藏十一年与少半。藏三之一不足以伤民，而农夫敬事力作。故天毁埊，凶旱水泆，民无入于沟壑乞请者也。此守时以待天权之道也"[1] 的生态文明启示是：对于自然生态系统的灾害及其对民众生产生活的影响，无从控制，但应当在常态化管理过程中进行有效的预备以便及时应对。对于基本需求品的储备，是应对生态环境灾害的必要手段，也是保障经济社会发展和生态文明建设能够一如既往顺利推进的必要手段。

---

[1] 《山权数篇》，原为第七十五篇，主要论述的是国家治理过程中对预期风险的预防与应对。此处"山"，为衍文，无义；"故王者岁守十分之参，三年与少半成岁，三十一年而藏十一年与少半。藏三之一不足以伤民，而农夫敬事力作。故天毁埊，凶旱水泆，民无入于沟壑乞请者也"的大意是：君主每年将粮食的十分之三用于粮食，三年多就能贮备够吃一年的粮食；三十七年就能贮备够吃十一年多的贮备。每年贮备三分之一左右不至于伤害民生，还可以促进农民更加勤劳耕作。这样一来，即使天灾毁坏土地耕种条件、出现严重的旱涝气候，百姓也不至于饿死或逃荒乞讨。

"……轨守其数，准平其流，动于未形，而守事已成。物一也而十，是九为用。徐疾之数，轻重之策也，一可以为十，十可以为百。引十之半而藏四，以五操事，在君之决塞。……"① 的生态文明启示是：生态文明建设，与经济发展一样，国家在推进过程中，遵守各项常态化的生态环境管理制度，对于生态环境要素按照其供需变化而调整其市场价格促进更有效的流通交易，在新问题尚未显现阶段及时出台因应政策，这样就能够使预期目标自然而然地实现。这样一来，有限的生态环境资源，可以得到数倍效果的使用，而其效率提升的成果大部分能够为其目标实现发挥作用。所以，在生态文明建设推进过程中，其政策的轻重缓急得当的话，生态环境效率就可得到大幅的提升，效率提升带来的收益、国家的收益也可随之增加，国家收益增加的部分分别用于对生态环境问题的治理和预防，用于生态环境方面的基础设施建设，用于生态环境方面的社会保障。

"桓公曰：何谓御神用宝？管子对曰：北郭有掘阙而得龟者，此检数百里之地也。……物有豫，则君失策而民失生矣。故善为天下者，操于二豫之外"② 的生态文明启示是：市场交易机制下，总是会出现投机炒作的现象，如果不能对投机炒作有效遏制的话，最终会导致经济危机。生态环境要素市场化交易过程中，也必然会出现投机炒

---

① "物一也而十，是九为用。徐疾之数，轻重之策也，一可以为十，十可以为百。引十之半而藏四，以五操事"的大意是：管理得当的话，商品收益由一分可以增加为十分，其中九分可为国家所掌握使用；各种政策轻重缓急得当的话，收益可以增加为十分，十分可以再增加为百分。在国家掌控的九成中，四成用于储备，五成用于发展国家公共事业。

② "北郭有掘阙而得龟者，此检数百里之地也。……"的大意是：某地有人掘地得到一只大龟，用这个大龟就可得到相当于百里土地的利益。之所以如此，一是国君以其信用为其巨大价值背书，二是其巨大价值得到了社会普遍认同，三是存在价值兑现的具体情形。所以，此类能够赋予巨大价值的宝物，应当由国家掌控，并在必要时发挥其抑制市场过度波动的作用；"物有豫"，此处可理解为"某种重要商品被炒作到超高价格"；"二豫"，此处指粮食的炒作与宝物的炒作。

作的现象，使得其价格和收益都远远偏离合理的水平。此时，国家必须具备遏制炒作的有效政策工具。最重要的政策工具，一是国家对相关物品储备的及时释放以抑制炒作，二是将资金引向国家可掌控的其他投资领域。

第三十六章

地　数

　　桓公曰："地数可得闻乎?"管子对曰："地之东西二万八千里,南北二万六千里。其出水者八千里,受水者八千里,出铜之山四百六十七山,出铁之山三千六百九山。此之所以分壤树谷也,戈矛之所发,刀币之所起也。能者有余,拙者不足。封于泰山,禅于梁父,封禅之王七十二家,得失之数,皆在此内。是谓国用。"

　　桓公曰："何谓得失之数皆在此?"管子对曰："昔者桀霸有天下而用不足,汤有七十里之薄而用有余。天非独为汤雨菽粟,而地非独为汤出财物也。伊尹善通移、轻重、开阖、决塞,通于高下徐疾之策,坐起之费时也。黄帝问于伯高曰:'吾欲陶天下而以为一家,为之有道乎?'伯高对曰:'请刈其莞而树之,吾谨逃其蚤牙,则天下可陶而为一家。'黄帝曰:'此若言可得闻乎?'伯高对曰:'上有丹砂者下有黄金,上有慈石者下有铜金,上有陵石者下有铅、锡、赤铜,上有赭者下有铁,此山之见荣也。苟山之见其荣者,君谨封而祭之。距封十里而为一坛,是则使乘者下行,行者趋。若犯令者,罪死不赦。然则与折取之远矣。'修教十年,而葛卢之山发而出水,金从之。蚩尤受而制之,以为剑、铠、矛、戟,是岁相兼者诸侯九。雍狐之山发而出水,金从之。蚩尤受而制之,以为雍狐之戟、芮戈,是岁相兼者诸侯十二。故天下之君

180

顿戟一怒，伏尸满野。此见戈之本也。"

桓公问于管子曰："请问天财所出？地利所在？"管子对曰："山上有赭者其下有铁，上有铅者其下有银。一曰：'上有铅者其下有鉒银，上有丹砂者其下有鉒金，上有慈石者其下有铜金。'此山之见荣者也。苟山之见荣者，谨封而为禁。有动封山者，罪死而不赦。有犯令者，左足入、左足断；右足入，右足断。然则其与犯之远矣。此天财地利之所在也。"

桓公问于管子曰："以天财地利立功成名于天下者谁子也？"管子对曰："文武是也。"

桓公曰："此若言何谓也？"管子对曰："夫玉起于牛氏边山，金起于汝汉之右洿，珠起于赤野之末光。此皆距周七千八百里，其涂远而至难。故先王各用于其重，珠玉为上币，黄金为中币，刀布为下币。令疾则黄金重，令徐则黄金轻。先王权度其号令之徐疾，高下其中币而制下上之用，则文武是也。"

桓公问于管子曰："吾欲守国财而毋税于天下，而外因天下，可乎？"管子对曰："可。夫水激而流渠，令疾而物重。先王理其号令之徐疾，内守国财而外因天下矣。"

桓公问于管子曰："其行事奈何？"管子对曰："夫昔者武王有巨桥之粟贵籴之数。"

桓公曰："为之奈何？"管子对曰："武王立重泉之戍，令曰：'民自有百鼓之粟者不行。'民举所最粟以避重泉之戍，而国谷二什倍，巨桥之粟亦二什倍。武王以巨桥之粟二什倍而市缯帛，军五岁毋籍衣于民。以巨桥之粟二什倍而衡黄金百万，终身无籍于民。准衡之数也。"

桓公问于管子曰："今亦可以行此乎？"管子对曰："可。夫楚有汝汉之金，齐有渠展之盐，燕有辽东之煮。此三者亦可以当武王之数。十口之家，十人咶盐，百口之家，百人咶盐。凡食盐之数，一月丈夫五升少半，妇人三升少半，婴儿二升少半。盐之重，升加分耗而釜五十，升加一耗而釜百，升加十耗而釜千。君伐菹薪煮沸水为盐，正而积之三万钟，至阳春请籍于时。"

桓公曰："何谓籍于时？"管子曰："阳春农事方作，令民毋得筑垣墙，毋得缮冢墓；丈夫毋得治宫室，毋得立台榭；北海之众毋得聚庸而煮盐。然盐之贾必四什倍。君以四什之贾，修河、济之流，南输梁、赵、宋、卫、濮阳。恶食无盐则肿，守围之本，其用盐独重。君伐菹薪煮沸水以籍于天下，然则天下不减矣。"

桓公问于管子曰："吾欲富本而丰五谷，可乎？"管子对曰："不可。夫本富而财物众，不能守，则税干天下；五谷兴丰，巨钱而天下贵，则税于天下。然则吾民常为天下虏矣。夫善用本者，若以身济于大海，观风之所起。天下高则高，天下下则下。天下高我下，则财利税于天下矣。"

桓公问于管子曰："事尽于此乎？"管子对曰："未也。夫齐衢处之本，通达所出也，游子胜商之所道。人求本者，食吾本粟，因吾本币，骐骥黄金然后出。令有徐疾，物有轻重，然后天下之宝壹为我用。善者用非有，使非人。"

【生态文明启示】

"……此之所以分壤树谷也，戈矛之所发，刀币之所起也。能者有余，拙者不足"① 的生态文明启示是：各个区域地理条件不同，其生态条件和生态承载力也不同，其经济活动应适应其生态条件。只有充分适应并利用好其生态条件，经济才能够持续发展；如果不能适应并用好其

---

① 《地数篇》，原为第七十七篇，本书略去了第七十六篇《山至数篇》，该篇主要论述的是国内各阶层对经济相关事务的控制。"……此之所以分壤树谷也，戈矛之所发，刀币之所起也。能者有余，拙者不足"的大意是：地理与矿藏条件，是人们区分土地种植粮食的基础，也是兵器和钱币的来源。善于利用这些条件的国家，则财用有余；不善于利用的国家，则财用不足。

生态条件，则其经济难以得到持续发展。

"武王立重泉之戍，令曰：'民自有百鼓之粟者不行。'民举所最粟以避重泉之戍，而国谷二什倍，巨桥之粟亦二什倍。武王以巨桥之粟二什倍而市缯帛，军五岁毋籍衣于民。以巨桥之粟二什倍而衡黄金百万，终身无籍于民。准衡之数也"① 的生态文明启示是：生态文明建设所需的资金，应尽可能不采用向民众直接征收的方式获取，而应采取经济手段间接取得。

"夫齐衢处之本，通达所出也，游子胜商之所道。人求本者，食吾本粟，因吾本币，骐骥黄金然后出。令有徐疾，物有轻重，然后天下之宝壹为我用。善者用非有，使非人"② 的生态文明启示是：在生态文明建设过程中，市场和价格是重要调剂手段，合理运用就可以充分将非本区域的资源和人力、非生态文明建设领域的资源和人力，为本区域的生态文明建设事业服务。

---

① "武王立重泉之戍，令曰：'民自有百鼓之粟者不行。'民举所最粟以避重泉之戍，而国谷二什倍，巨桥之粟亦二什倍。武王以巨桥之粟二什倍而市缯帛，军五岁毋籍衣于民。以巨桥之粟二什倍而衡黄金百万，终身无籍于民。准衡之数也"的大意是：周武王故意设立了一种称之为"重泉"的兵役，下令说：百姓自家储粮一百鼓的，可以免除此役。民众便尽力收购粮食以逃避这个兵役，从而国内粮价上涨二十倍，官方巨桥仓的粮价也随之提升。武王用此二十倍的巨桥仓粮食收入购买丝帛，军队可以五年不向民间征收军服；用此项收入购买黄金百万斤，那就终身不必向民众收税了。这就是"准衡"方式的财政理财之法。

② "夫齐衢处之本，通达所出也，游子胜商之所道。人求本者，食吾本粟，因吾本币，骐骥黄金然后出。令有徐疾，物有轻重，然后天下之宝壹为我用。善者用非有，使非人"的大意是：齐国是一地处交通要冲的国家，其四通八达，是游客富商的必经之地。外人来到我国，吃我们的粮食，用我们的钱币，好马和黄金也就提供出来了。只要我们掌控市场信号有缓有急，物品价格有高有低，天下的宝物都可以为我所用。善治国者，可以使用不是自己所有的物品，也可以役使不是自己臣民的人力。

第三十七章

揆 度

【原文】

齐桓公问于管子曰："自燧人以来，其大会可得而闻乎？"管子对曰："燧人以来，未有不以轻重为天下也。共工之王，水处什之七，陆处什之三，乘天势以隘制天下。至于黄帝之王，谨逃其爪牙，不利其器，烧山林，破增薮，焚沛泽，逐禽兽，实以益人，然后天下可得而牧也。至于尧舜之王，所以化海内者，北用禺氏之玉，南贵江汉之珠，其胜禽兽之仇，以大夫随之。"

桓公曰："何谓也？"管子对曰："令：'诸侯之子将委质者，皆以双武之皮，卿大夫豹饰，列大夫豹幨。'大夫散其邑粟与其财物以市虎豹之皮，故山林之人刺其猛兽若从亲戚之仇，此君冕服于朝，而猛鲁胜于外；大夫已散其财物，万人得受其流。此尧舜之数也。"

桓公曰："'事名二、正名五而天下治'，何谓'事名二'？"对曰："天策阳也，壤策阴也，此谓'事名二'。""何谓'正名五'？"对曰："权也，衡也，规也，矩也，准也，此谓'正名五'。其在色者，青黄白黑赤也；其在声者，宫商羽征角也；其在味者，酸辛咸苦甘也。二五者，童山竭泽，人君以数制之人。味者所以守民口也，声者所以守民耳也，色者所以守民目也。人君失二五者亡其国，大夫失二五者亡其势，民失二五者亡其家。此国之至机也，谓之国机。"

轻重之法曰："自言能为司马不能为司马者，杀其身以衅其鼓；自言能治田土不能治田土者，杀其身以衅其社；自言能为官不能为官者，劓以为门父。"故无敢奸能诬禄至于君者矣。故相任寅为官都，重门击柝不能去，亦随之以法。

桓公问于管子曰："请问大准。"管子对曰："大准者，天下皆制我而无我焉。此谓大准。"

桓公曰："何谓也？"管子对曰："今天下起兵加我，臣之能谋厉国定名者，割壤而封；臣之能以车兵进退成功立名者，割壤而封。然则是天下尽封君之臣也，非君封之也。天下已封君之臣十里矣，天下每动，重封君之民二十里。君之民非富也，邻国富之。邻国每动，重富君之民，贫者重贫，富者重富。失准之数也。"

桓公曰："何谓也？"管子对曰："今天下起兵加我，民弃其耒耜，出持戈于外，然则国不得耕。此非天凶也，此人凶也。君朝令而夕求具，民肆其财物与其五谷为雠，厌而去。贸人受而廪之，然则国财之一分在贾人。师罢，民反其事，万物反其重。贾人出其财物，国币之少分廪于贾人。若此则币重三分，财物之轻重三分，贾人市于三分之间，国之财物尽在贾人，而君无策焉。民更相制，君无有事焉。此轻重之大准也。"

管子曰："人君操本，民不得操末；人君操始，民不得操卒。其在涂者，籍之于衢塞；其在谷者，守之春秋；其在万物者，立赀而行。故物动则应之。故豫夺其涂，则民无遵；君守其流。则民失其高。故守四方之高下，国无游贾，贵贱相当，此谓国衡；以利相守，则数归于君矣。"

管子曰："善正商任者省有肆，省有肆则市朝闲，市朝闲则田野充，田野充则民财足，民财足则君赋敛焉不穷。今则不然，民重而君重，重而不能轻；民轻而君轻，轻而不能重。天下善者不然，民重则君轻，民轻则君重，此乃财余以满不足之数也。故凡不能调民利者，不可以为大治。不察于终始，不可以为至矣。动左右以重相因，二十国之策也；盐铁二十国之策也；锡金二十国之策也。五官之数；不籍于民。"

桓公问于管子曰："轻重之数恶终？"管子对曰："若四时之更举，无所终。国有患忧，轻重五谷以调用，积余臧羡以备赏。天下宾服，有海内，以富诚信仁义之士，故民高辞让，无为奇怪者，彼轻重者，诸侯不服以出战，诸侯宾服以行仁义。"

管子曰："一岁耕，五岁食，粟贾五倍。一岁耕，六岁食，粟贾六倍。二年耕而十一年食。夫富能夺，贫能予，乃可以为天下。且天下者，处兹行兹，若此而天下可壹也。夫天下者，使之不使，用之不用。故善为天下者，毋曰使之，使不得不使；毋曰用之，用不得不用也。"

管子曰："善为国者，如金石之相举，重钧则金倾。故治权则势重，治道则势羸。今谷重于吾国，轻于天下，则诸侯之自泄，如原水之就下。故物重则至，轻则去。有以重至而轻处者，我动而错之，天下即已于我矣。物臧则重，发则轻，散则多。币重则民死利，币轻则决而不用，故轻重调于数而止。"

……

【生态文明启示】

"……至于尧舜之王，所以化海内者，北用禺氏之玉，南贵江汉之珠，其胜禽兽之仇，以大夫随之。……令：'诸侯之子将委质者，皆以双武之皮，卿大夫豹饰，列大夫豹幨。'大夫散其邑粟与其财物以市虎豹之皮，故山林之人刺其猛兽若从亲戚之仇，此君冕服于朝，而猛鲁胜于外；大夫已散其财物，万人得受其流。此尧舜之数也"① 的生态文明启示是：为达成生态文明建设的某一目标，采取强制性的手段去推行未必是有效的，更为有效的方式是以较为简单的方式去"倒逼"或"撬动"根本目标的实现，"倒逼"或"撬动"更多的主体和民众参与其中。

"事名二、正名五而天下治。天策阳也，壤策阴也，此谓'事名二'；权也，衡也，规也，矩也，准也，此谓'正名五'"② 的生态文明启示是：在生态文明建设过程中，应充分考量气象条件、地理条件，以制定适宜的制度、政策；在落实制度、政策的过程中，对于各部门之间、各区域之间、各群体之间的利益关系，则要体现因应变化的权变性、部门间的协调平衡性、政策间的平缓递进性、法规的严格性、利益关系的公平性。

"今天下起兵加我，臣之能谋厉国定名者，割壤而封；臣之能以车兵进退成功立名者，割壤而封。然则是天下尽封君之臣也，非君封之也。天下已封君之臣十里矣，天下每动，重封君之民二十里。君之民非

---

① 《揆度篇》，原为第七十八篇，主要论述在治理中如何对相对的两个方面进行权衡。"……至于尧舜之王，所以化海内者，北用禹氏之玉，南贵江汉之珠，其胜禽兽之仇，以大夫随之。……令：'诸侯之子将委质者，皆以双武之皮，卿大夫豹饰，列大夫豹幨。'大夫散其邑粟与其财物以市虎豹之皮，故山林之人刺其猛兽若从亲戚之仇，此君冕服于朝，而猛鲁胜于外；大夫已散其财物，万人得受其流。此尧舜之数也"的大意是：到了尧舜当政的时代，他们之所以能把天下治好，是因为在北方取用禹氏玉石，从南方取用江汉珍珠，还在驱捕野兽时促使大夫参与其中。他们的做法是，下令："各国诸侯之子到本朝为质的都要穿两张虎皮做成的皮裘，国内上大夫要穿豹皮袖的皮裘，列大夫要穿豹皮衣襟的皮裘。"这样一来，大夫们就都卖出他们的粮食、财物去购买虎豹皮张，因此，山林民众捕杀猛兽就像驱逐仇人那样用心用力。这就是说，国君只需端坐在堂上，猛兽就将被猎获于野外；大夫们散其财物，民众从中得利。这就是尧舜为达成治理目标所采用的手段。

② "事名二、正名五而天下治。天策阳也，壤策阴也，此谓事名二；权也，衡也，规也，矩也，准也，此谓正名五"的大意是：正确把握好事物的两个方面、五类准则，国家就可以得到大治。有关天时方面的策略、有关地利方面的策略，就是事物的两个方面；权、衡、规、矩、准，就是五类准则。

富也，邻国富之。邻国每动，重富君之民，贫者重贫，富者重富。失准之数也。……贾人市于三分之间，国之财物尽在贾人，而君无策焉。民更相制，君无有事焉。此轻重之失准也"① 的生态文明启示是：在应对生态环境问题的过程中，不可为特定利益群体从中谋取不当利益提供路径。否则，生态环境负面问题，反倒成为特定群体获利的手段，最终将对生态文明建设事业造成难以推进的结果。

"其在万物者，立赀而行。故物动则应之。故豫夺其涂，则民无遵；君守其流。则民失其高。故守四方之高下，国无游贾，贵贱相当，此谓国衡"② 的生态文明启示是：生态文明建设过程中，对于生态环境要素市场，宏观部门应当有掌控市场供求的政策工具，以有效防范投机获利者通过操控生态环境要素价格来扰乱市场稳定，只有生态环境要素市场价格反映真实的市场供需且价格稳定，才能服务于生态文明建设事业，否则只会对生态文明建设事业带来负面影响。

---

① "今天下起兵加我，臣之能谋厉国定名者，割壤而封；臣之能以车兵进退成功立名者，割壤而封。然则是天下尽封君之臣也，非君封之也。天下已封君之臣十里矣，天下每动，重封君之民二十里。君之民非富也，邻国富之。邻国每动，重富君之民，贫者重贫，富者重富。失准之数也。……贾人市于三分之间，国之财物尽在贾人，而君无策焉。民更相制，君无有事焉。此轻重之失准也"的大意是：如果天下各国起兵进攻我国，对于凡能谋划利国定民的大臣，就要割地而封；凡能作战成功立名的大臣，也要割地而封。这样，实际上是敌国在封赏大臣，而不是君主在封赏。敌国已使君主把十里土地封给大臣，随着每一次动兵，又要把二十里土地再次封给富商，富商致富不是君主使之，而是敌国使他们致富。敌国每动一次兵，都会造成富商多发一次财，弄得贫者更贫，富者更富，这就是"失准"的必然结局。……商人就在这物品价格贵贱十分之三中买来卖去，国家财物将全部落入商人之手，君主无力掌控，致使民众贫富之间不断地盘剥，国君无能为力，这些就是国家掌控能力的"失准"。
② "其在万物者，立赀而行。故物动则应之。故豫夺其涂，则民无遵；君守其流。则民失其高。故守四方之高下，国无游贾，贵贱相当，此谓国衡"的大意是：这样一来，商品供求一旦发生变化，国家就可采取相应措施。预先阻塞投机获利的途径，投机商人就无法行事。君主掌控了从生产到流通的过程，商人就无法抬高物价，也就失去了操控市场的能力。所以，有效控制好全国各地物价的涨落，国内就没有投机商人的生存空间，市场价格趋于平稳，这就是"国衡"。

"夫天下者，使之不使，用之不用。故善为天下者，毋曰使之，使不得不使；毋曰用之，用不得不用也"① 的生态文明启示是：在生态文明建设过程中，宏观管理层所推出的政策措施，不应是直接对民众的发号施令，也不应是直接要求民众承担相应责任，而应是通过利益机制促使民众自然而然地参与到生态文明建设事业之中。

"善为国者，如金石之相举，重钧则金倾。故治权则势重，治道则势赢"② 的生态文明启示是：在生态文明建设过程中，一方面要权衡好经济社会发展与生态环境维护之间的关系，另一方面要权衡好强制性法规与利益机制诱导的关系。

---

① "夫天下者，使之不使，用之不用"的大意是：善于统治的君主，驱使民众不会让民众感受到被驱使，征用民众的财物不会让民众感受到被征用。

② "善为国者，如金石之相举，重钧则金倾。故治权则势重，治道则势赢"的大意是：善于统治国家的君主，犹如拿着黄金货币和粮食放在秤上权衡，粮食贵重了，黄金就相对轻贱了。同样的道理，在国家治理中，威权与道德教化也应相互权衡，威权起作用了，某些方面也可达成道德教化的效果。

第三十八章

国　准

【原文】

桓公问于管子曰："国准可得闻乎？"管子对曰："国准者，视时而立仪。"

桓公曰："何谓视时而立仪？"对曰："黄帝之王，谨逃其爪牙。有虞之王，枯泽童山。夏后之王，烧增薮，焚沛泽，不益民之利。殷人之王，诸侯无牛马之牢，不利其器。周人之王，官能以备物。五家之数殊而用一也。"

桓公曰："然则五家之数，籍何者为善也？"管子对曰："烧山林，破增薮，焚沛泽，猛兽众也。童山竭泽者，君智不足也。烧增薮，焚沛泽，不益民利，逃械器，闭智能者，辅己者也。诸侯无牛马之牢，不利其器者，曰淫器而壹民心者也。以人御人，逃戈刃，高仁义，乘天固以安己者也。五家之数殊而用一也。"

桓公曰："今当时之王者立何而可？"管子对曰："请兼用五家而勿尽。"

桓公曰，"何谓？"管子对曰："立祈祥以固山泽，立械器以使万物，天下皆利而谨操重策。童山竭泽，益利搏流。出山金立币，存菹丘，立骈牢，以为民饶。彼菹菜之壤，非五谷之所生也，麋鹿牛马之地。春秋赋生杀老，立施以守五谷，此以无用之壤臧民之赢。五家之数

190

皆用而勿尽。"

桓公曰:"五代之王以尽天下数矣,来世之王者可得而闻乎?"管子对曰:"好讯而不乱,亟变而不变,时至则为,过则去。王数不可豫致。此五家之国准也。"

【生态文明启示】

"黄帝之王,谨逃其爪牙。有虞之王,枯泽童山。夏后之王,烧增薮,焚沛泽,不益民之利。殷人之王,诸侯无牛马之牢,不利其器。周人之王,官能以备物。五家之数殊而用一也。……立祈祥以固山泽,立械器以使万物,天下皆利而谨操重策。童山竭泽,益利搏流。出山金立币,存菹丘,立骈牢,以为民饶。彼菹菜之壤,非五谷之所生也,麋鹿牛马之地。春秋赋生杀老,立施以守五谷,此以无用之壤臧民之赢。五家之数皆用而勿尽"①的生态文明启示是:从黄帝到有虞,到夏商周,到《管子》年代的人类社会发展历程可见,随着经济社会活动的演进,人类对于自然生态环境的利用是逐步强化的,其对自然生态系统的破坏也必然是逐步强化的,且其破坏性影响是不断累积的。

"立祈祥以固山泽,立械器以使万物,天下皆利而谨操重策。童山竭泽,益利搏流。出山金立币,存菹丘,立骈牢,以为民饶。彼菹菜之壤,非五谷之所生也,麋鹿牛马之地。春秋赋生杀老,立施以守五谷,

---

① 《国准篇》,原为第七十九篇,主要论述的是历代统治思路对当今治理的借鉴。"黄帝之王,谨逃其爪牙。有虞之王,枯泽童山。夏后之王,烧增薮,焚沛泽,不益民之利。殷人之王,诸侯无牛马之牢,不利其器。周人之王,官能以备物。五家之数殊而用一也"的大意是:黄帝时代,人们只是小心翼翼地避免野兽的伤害;虞舜时代,枯竭水泽、烧光山林;夏朝时代,焚毁野兽生存的草薮和大泽,还无法为民众的猎获和耕种提供利器;殷商时代,不许诸侯畜牧牛马,还限制他们制造武器和工具;周朝则设官任能,统筹各种资源。五个时代的统治方式各不相同,而统一治理的原则是一样的。

此以无用之壤臧民之赢。五家之数皆用而勿尽"① 的生态文明启示是：各个历史时期的政策措施，是适应当时的背景条件而形成的。但有些政策措施，是可借鉴应用于当今发展目标的。各个时期推动经济发展的思路，也可以发现其适用于当今生态文明建设事业的作用机制。

---

① "立祈祥以固山泽，立械器以使万物，天下皆利而谨操重策。童山竭泽，益利搏流。出山金立币，存菹丘，立骈牢，以为民饶。彼菹菜之壤，非五谷之所生也，麋鹿牛马之地。春秋赋生杀老，立施以守五谷，此以无用之壤臧民之赢。五家之数皆用而勿尽"的大意是：祭祀山林之神则可以祈求风调雨顺，制造器械则可以利用万物，枯竭水泽、烧光山林则可以开采矿藏，畜牧则可以富民以弥补粮食的不足。这样一来，五代的做法，都可古为今用。

第三十九章

轻重甲

桓公曰："轻重有数乎？"管子对曰："轻重无数，物发而应之，闻声而乘之。故为国不能来天下之财，致天下之民，则国不可成。"

桓公曰："何谓来天下之财？"管子对曰："昔者桀之时，女乐三万人，端噪晨，乐闻于三衢，是无不服文绣衣裳者。伊尹以薄之游女工文绣篡组，一纯得粟百钟于桀之国。夫桀之国者，天子之国也，桀无天下忧，饰妇女钟鼓之乐，故伊尹得其粟而夺之流。此之谓来天下之财。"

桓公曰："何谓致天下之民？"管子对曰："请使州有一掌，里有积五窌。民无以与正籍者予之长假，死而不葬者予之长度。饥者得食，寒者得衣，死者得葬，不资者得振，则天下之归我者若流水，此之谓致天下之民。故圣人善用非其有，使非其人，动言摇辞，万民可得而亲。"桓公曰："善。"

桓公问管子曰："夫汤以七十里之薄，兼桀之天下，其故何也？"管子对曰："桀者冬不为杠，夏不束柎，以观冻溺。弛牝虎充市，以观其惊骇。至汤而不然。夷竞而积粟，饥者食之，寒者衣之，不资者振之，天下归汤若流水。此桀之所以失其天下也。"

桓公曰："桀使汤得为是，其故何也？"管子曰："女华者，桀之所爱也，汤事之以千金；曲逆者，桀之所善也，汤事之以千金。内则有女华之阴，外则有曲逆之阳，阴阳之议合，而得成其天子。此汤之阴谋也。"

桓公曰："轻重之数，国准之分，吾已得而闻之矣，请问用兵奈何?"管子对曰："五战而至于兵。"

桓公曰："此若言何谓也?"管子对曰："请战衡，战准，战流，战权，战势。此所谓五战而至于兵者也。"桓公曰："善。"

桓公欲赏死事之后，曰："吾国者，衢处之国，馈食之都，虎狼之所栖也，今每战舆死扶伤，如孤，茶首之孙，仰俸戟之宝，吾无由与之，为之奈何?"管子对曰："吾国之豪家，迁封、食邑而居者，君章之以物则物重，不章以物则物轻；守之以物则物重，不守以物则物轻。故迁封、食邑、富商、蓄贾、积余、藏美、跱蓄之家，此吾国之豪也，故君请缟素而就士室，朝功臣、世家、迁封、食邑、积余、藏美、跱蓄之家曰：'城肥致冲，无委致围。天下有虑，齐独不与其谋? 子大夫有五谷菽粟者勿敢左右，请以平贾取之子。'与之定其券契之齿。釜鏂之数，不得为侈弇焉。困穷之民闻而籴之，釜鏂无止，远通不推。国粟之贾坐长而四十倍。君出四十倍之粟以振孤寡，牧贫病，视独老穷而无子者；靡得相鬻而养之，勿使赴于沟浍之中，若此，则士争前战为颜行，不偷而为用，舆死扶伤，死者过半。此何故也? 士非好战而轻死，轻重之分使然也。"

桓公曰："皮、干、筋、角之征甚重。重籍于民而贵市之皮、干、筋、角，非为国之数也。"管子对曰："请以令高杠柴池，使东西不相睹，南北不相见。"桓公曰："诺。"行事期年，而皮、干、筋、角之征去分，民之籍去分。

桓公召管子而问曰："此何故也?"管子对曰："杠、池平之时，夫妻服辇，轻至百里，今高杠柴池，东西南北不相睹，天酸然雨，十人之力不能上；广泽遇雨，十人之力不可得而恃。夫舍牛马之力所无因。牛马绝罢，而相继死其所者相望，皮、干、筋、角徒予人而莫之取。牛马之贾必坐长而百倍。天下闻之，必离其牛马而归齐若流。故高杠柴池，所以致天下之牛马而损民之籍也，《道若秘》云：'物之所生，不若其所聚。'"

桓公曰："弓弩多匡辁者，而重籍于民，奉缮工，而使弓弩多匡辁者，其故何也？"管子对曰："鹅鹜之舍近，鸱鸡鹄鸨之通远。鹄鹂之所在，君请式璧而聘之。"桓公曰："诺。"行事期年，而上无阙者，前无赵人。三月解钧，弓弩无匡辁者。

召管子而问曰："此何故也？"管子对曰："鹄鹂之所在，君式璧而聘之。菹泽之民闻之，越平而射远，非十钧之弩不能中鸱鸡鹄鸨。彼十钧之弩，不得棐撒不能自正。故三月解医而弓弩无匡辁者，此何故也？以其家习其所也。"

桓公曰："寡人欲藉于室屋。"管子对曰："不可，是毁成也。"

"欲藉于万民。"管子曰："不可，是隐情也。"

"欲藉于六畜。"管子对曰："不可，是杀生也。"

"欲藉于树木。"管子对曰："不可，是伐生也。"

"然则寡人安藉而可？"管子对曰："君请藉于鬼神。"

桓公忽然作色曰："万民、室屋、六畜、树木且不可得藉：鬼神乃可得而藉夫？"管子对曰："厌宜乘势，事之利得也；计议因权，事之囿大也。王者乘势，圣人乘幼，与物皆宜。"

桓公曰："行事奈何？"管子对曰："昔尧之五吏五官无所食，君请立五厉之祭，祭尧之五吏，春献兰，秋敛落；原鱼以为脯，鲵以为殽。若此，则泽鱼之正，伯倍异日，则无屋粟邦布之藉。此之谓设之以祈祥，推之以礼义也。然则自足，何求于民也？"

桓公曰："天下之国，莫强于越，今寡人欲北举事孤竹、离枝，恐越人之至，为此有道乎？"管子对曰："君请遏原流，大夫立沼池，令以矩游为乐，则越人安敢至？"

桓公曰："行事奈何？"管子对曰："请以令隐三川，立员都，立大舟之都。大身之都有深渊，至十仞。令曰：'能游者赐千金。'未能用金千，齐民之游水，不避吴越。"桓公终北举事于孤竹、离枝。越人果至，隐曲蔷以水齐。管子有扶身之士五万人，以待战于曲菑，大败越人。此之谓水豫。

齐之北泽烧，火光照堂下。管子入贺桓公曰："吾田野辟，农夫必有百倍之利矣。"是岁租税九月而具，粟又美。桓公召管子而问曰："此何故也？"管子对曰："万乘之国、千乘之国，不能无薪而炊。今北泽烧，莫之续，则是农夫得居装而卖其薪荛，一束十倍。则春有以倳耜，夏有以决芸。此租税所以九月而具也。"

桓公忧北郭民之贫，召管子而问曰："北郭者，尽屦缕之甿也，以唐园为本利，为此有道乎？"管子对曰："请以令：禁百钟之家不得事鞒，千钟之家不得为唐园，去市三百步者不得树葵菜，若此，则空闲有以相给资，则北郭之甿有所雠。其手搔之功，唐园之利，故有十倍之利。"

……

管子曰："万乘之国必有万金之贾，千乘之国必有千金之贾，百乘之国必有百金之贾，非君之所赖也，君之所与。故为人君而不审其号令，则中一国而二君二王也。"

桓公曰："何谓一国而二君二王？"管子对曰："今君之籍取以正，万物之贾轻去其分，皆入于商贾，此中一国而二君二王也。故贾人乘其弊以守民之时，贫者失其财，是重贫也；农夫失其五谷，是重竭也。故为人君而不能谨守其山林、菹泽、草莱，不可以立为天下王。"

桓公曰："此若言何谓也？"管子对曰："山林、菹泽、草莱者，薪蒸之所出，牺牲之所起也。故使民求之，使民藉之，因此给之。私爱之于民，若弟之与兄，子之与父也，然后可以通财交殷也，故请取君之游财，而邑里布积之。阳春，蚕桑且至，请以给其口食筐曲之强。若此，则缲丝之籍去分而敛矣。且四方之不至，六时制之：春日倳耜，次日获麦，次日薄芋，次日树麻，次日绝菹，次日大雨且至，趣芸壅培。六时制之，臣给至于国都。善者乡因其轻重，守其委庐，故事至而不妄。然后可以立为天下王。"

……

桓公曰："四夷不服，恐其逆政游于天下而伤寡人，寡人之行为此有道乎？"管子对曰："吴越不朝，珠象而以为币乎？发、朝鲜不朝，请文皮、毤服而为币乎？禺氏不朝，请以白璧为币乎？昆仑之虚不朝，请以璆琳、琅玕为币乎？故夫握而不见于手，含而不见于口，而辟千金者，珠也；然后，八千里之吴越可得而朝也。一豹之皮，容金而金也；然后，八千里之发、朝鲜可得而朝也。怀而不见于抱，挟而不见于掖，而辟千金者，白璧也；然后，八千里之禺氏可得而朝也。簪珥而辟千金者，璆琳、琅玕也；然后，八千里之昆仑之虚可得而朝也。故物无主，事无接，远近无以相因，则四夷不得而朝矣。"

【生态文明启示】

"轻重无数，物发而应之，闻声而乘之。故为国不能来天下之财，致天下之民，则国不可成。……"① 的生态文明启示是：经济建设也好，生态文明建设也好，因应性政策的实施没有一定之规。要随着事物的发展态势而采取适宜的对策，要在事物变化出现征兆之时因势利导。对于经济建设目标或生态文明建设目标，都必须有相应的机制吸引内部外部的生产要素都进入到与之关联的事业之中，吸引内部外部的民众都积极参与到与之关联的事业之中。

"请战衡，战准，战流，战权，战势。此所谓五战而至于兵者也"

---

① 原为第八十篇，《轻重》各篇，主要论述财政、经济和工商业管理。"轻重无数，物发而应之，闻声而乘之"的大意是："轻重"之术没有规定的方式方法，要随着事物的发展趋势采取对策，要对事物表现出来的征兆因势利导。

的生态文明启示是：经济方面的竞争也好，生态环境方面的竞争也好，首先要在五个方面与竞争对手进行对比考量。一是在相关的制度和行为规范方面的对比；二是经济结构关系协调与否的对比；三是市场流通畅通及市场发达程度方面的对比；四是各方力量的相互制衡关系适当与否的对比；五是国际局势与未来发展态势有利于哪一方面的对比。只有在上述五个方面取得优势，才有可能取得竞争的胜利。

"……故君请缟素而就士室，朝功臣、世家、迁封、食邑、积余、藏羡、踌蓄之家曰：城肥致冲，无委致围。天下有虑，齐独不与其谋？子大夫有五谷菽粟者勿敢左右，请以平贾取之子。……"① 的生态文明启示是：社会建设也好，生态文明建设也好，各个有一定实力的主体，都应当承担相应的社会责任，而承担责任的方式是服从国家对于重要物资资源的统一调配使用。

"……物之所生，不若其所聚"的生态文明启示是：经济社会建设也好，生态文明建设也好，对于建设中所需的资源，与其国家主导投资生产，还不如通过市场机制和利益机制引导相关资源源源不断地集聚流向相关建设事业中。

"……鸬鹕之所在，君式璧而聘之。菹泽之民闻之，越平而射远，非十钧之弩不能中鸬鸡鹌鴁。彼十钧之弩，不得辈撤不能自正。故三月

---

① "故君请缟素而就士室，朝功臣、世家、迁封、食邑、积余、藏羡、踌蓄之家曰：城肥致冲，无委致围。天下有虑，齐独不与其谋？子大夫有五谷菽粟者勿敢左右，请以平贾取之子"的大意是：国君严肃地召集那些功臣世家、高官贵族、富商巨贾，对他们说：城防不固易被敌国攻破，没有粮食贮备易被敌国围困，一旦天下发生战乱，我们齐国也无法置身局外。所以，你们凡存有五谷粮食的请不要自行转移或动用，应接受国家的平价收购。

解医而弓弩无匡𫐄者，此何故也？以其家习其所也"① 的生态文明启示
是：经济产业技术也好，生态环境治理技术也好，直接提出技术高要求
则很难达到目标，但如果通过某一产品的高价采购方式，可通过利益机
制"倒逼"该项产业高技术得以迅速实现。

"……万民、室屋、六畜、树木且不可得籍：鬼神乃可得而籍夫？
管子对曰：厌宜乘势，事之利得也；计议因权，事之囷大也。王者乘
势，圣人乘幼，与物皆宜。……昔尧之五吏五官无所食，君请立五厉之
祭，祭尧之五吏，春献兰，秋敛落；原鱼以为脯，鲵以为殽。若此，则
泽鱼之正，伯倍异日，则无屋粟邦布之籍。此之谓设之以祈祥，推之以
礼义也。然则自足，何求于民也"② 的生态文明启示是：经济建设也好
生态文明建设也好，需要公共事业和公共基础设施建设的资金，直接对
各种生产环节、消费环节征收税收，只会起到抑制相关生产、消费的作
用，不宜采用。而应当考虑通过合乎人们意愿的方式间接达到获取建设
资金的目的。如预期人们普遍有意愿参与某一活动（且这一活动有利
于国家倡导的经济社会发展、生态文明建设目标），国家通过引导这一
活动的形成，那么与这一活动相关的经济活动就将得到发展，由此带来

---

① "鹄鹍之所在，君式璧而聘之。菹泽之民闻之，越平而射远，非十钧之弩不能中鹍
鸡鹄鸨。彼十钧之弩，不得蜚撇不能自正。故三月解医而弓弩无匡𫐄者，此何故
也？以其家习其所也"的大意是：（为什么国家的工匠建造的弓弩质量不好，而采
用重金征购天鹅却可以起到提高弓弩质量的作用呢？）那是因为，用玉璧征购天鹅
的消息传开后，住在水草丰茂地方的百姓知道后，就会越过平地去远方射猎。另
外，没有三百斤拉力的硬弓是无法射中天鹅的，而三百斤拉力的硬弓，必须使用矫
正弓身的蜚撇，否则发出的弓弩无法准直射中猎物。所以，再对弓弩质量进行检验
时，弓弩就没有质量不合格的了。根本原因在于工匠都清楚知道弓弩所要达到的技
术要求。
② "昔尧之五吏五官无所食，君请立五厉之祭，祭尧之五吏，春献兰，秋敛落；原鱼
以为脯，鲵以为殽。若此，则泽鱼之正，伯倍异日，则无屋粟邦布之籍"的大意
是：先朝尧帝有五个功臣，现在无人祭祀。请君上建立五位立祀，让人们来祭祀。
春天献兰花，秋天献新谷，用大鱼做成的鱼脯、用小鱼做成的菜肴作为祭品。这
样，国家的鱼税收入可以比从前增加百倍，那就无须征收人口税了。

的正常税收增长，就可为相关公共事业提供资金。

"……万乘之国、千乘之国，不能无薪而炊。今北泽烧，莫之续，则是农夫得居装而卖其薪荛，一束十倍。则春有以倳耜，夏有以决芸。此租税所以九月而具也"① 的生态文明启示是：经济建设也好，生态文明建设也好，合理调整某种生产生活必要资源的供给，通过影响其价格进而影响各群体的利益关系。所以，必要资源供给的合理调整，可以作为合理调整收入分配关系、合理增加公共收入的有效政策工具。

"……请以令：禁百钟之家不得事鞊，千钟之家不得为唐园，去市三百步者不得树葵菜，若此，则空闲有以相给资，则北郭之甿有所雠。其手搔之功，唐园之利，故有十倍之利"② 的生态文明启示是：对于经济贫困者、生态环境相关的贫困者，如何进行有效的扶助？可以对中高收入的就业和消费做出一定的倡导或规定，以使他们为贫困者创造就业岗位而获得必要收入。

"……今君之籍取以正，万物之贾轻去其分，皆入于商贾，此中一国而二君二王也。故贾人乘其弊以守民之时，贫者失其财，是重贫也；农夫失其五谷，是重竭也。故为人君而不能谨守其山林、菹泽、草莱，

---

① "万乘之国、千乘之国，不能无薪而炊。今北泽烧，莫之续，则是农夫得居装而卖其薪荛，一束十倍。则春有以倳耜，夏有以决芸。此租税所以九月而具也"的大意是：无论大国小国，炊事都不能没有柴草。现在北部草泽起火，柴草无以为继，这样，各地农民就可大量装车去卖柴草，一捆柴草可比平常价高数倍。这样一来，农民就可顺利地耕作：春天耕种土地，夏天除草耘苗。这就是税收能在九月缴纳完毕的原因。

② "禁百钟之家不得事鞊，千钟之家不得为唐园，去市三百步者不得树葵菜，若此，则空闲有以相给资，则北郭之甿有所雠。其手搔之功，唐园之利，故有十倍之利"的大意是：有百钟粮食的富家不得做鞋，有千钟粮食的富家不得经营菜园，住在城郊三百步以内的家庭不得自种蔬菜。这样失业家庭就可从中得到资助，北郭贫民也可出售其手工制品而有所获利。他们的劳动所得和种菜收入，都将大幅增加。

不可以立为天下王。……"① 的生态文明启示是：各种经济资源、生态环境资源，只要管理、引导应用得当，就能够为经济社会发展、生态文明建设提供公共建设资金，而不必通过挤压基础生产和基本消费来获取财政资金。

"桓公曰：四夷不服，恐其逆政游于天下而伤寡人，寡人之行为此有道乎？管子对曰：吴越不朝，珠象而以为币乎？……然后，八千里之昆仑之虚可得而朝也。故物无主，事无接，远近无以相因，则四夷不得而朝矣"② 的生态文明启示是：经济产业发展、生态文明建设，要想全球各主体积极参与其中，就应努力将各主体拥有的重要资源纳入相关事业之中，由此将各主体的利益与相关事业形成密切的关联性，各主体即使地理距离遥远，也必然积极参与其中。

---

① "今君之籍取以正，万物之贾轻去其分，皆入于商贾，此中一国而二君二王也。故贾人乘其弊以守民之时，贫者失其财，是重贫也；农夫失其五谷，是重竭也。故为人君而不能谨守其山林、菹泽、草莱，不可以立为天下王"的大意是：现在国君收税采用直接征收正税方式，民众为缴税而急于抛售其产品，往往降价一半而使利益落入商人手中。这就相当于一国有两个君主在征税。因此，商人趁民众有难处来控制百姓销售产品的时机，使贫者丧失财物，等于双重剥夺；使农夫失去粮食，等于加倍的耗竭。所以说，君主不能有效控制山林、沼泽和草地来作为国家收入的主要来源，也就难以成就其大业。

② "吴越不朝，珠象而以为币乎？……然后，八千里之昆仑之虚可得而朝也。故物无主，事无接，远近无以相因，则四夷不得而朝矣"的大意是：要想解决吴、越各边国不来本国朝拜的问题，就用他们所产的珍珠和象牙等物作为货币，这样一来，哪怕是八千里外的昆仑山国也会来朝拜。所以，资源没有利用起来，事物之间没有建立联系，远近各国不能互利，四夷也就不会前来朝拜。

第四十章

轻重乙

【原文】

......

桓公曰："衡谓寡人曰：'一农之事必有一耜、一铫。一镰、一鎒、一椎、一铚，然后成为农。一车必有一斤、一锯、一釭、一钻、一凿、一𫓹、一轲，然后成为车。一女必有一刀、一锥、一箴、一𫓨，然后成为女。请以令断山木，鼓山铁。是可以无籍而用尽。'"管子对曰："不可。今发徒隶而作之，则逃亡而不守；发民，则下疾怨上，边竟有兵则怀宿怨而不战。未见山铁之利而内败矣。故善者不如与民，量其重，计其赢，民得其十，君得其三。有杂之以轻重，守之以高下。若此，则民疾作而为上虏矣。"

桓公曰："请问壤数。"管子对曰："河淤诸侯，亩钟之国也。瀆，山诸侯之国也。河淤诸侯常不胜山诸侯之国者，豫戒者也。"

桓公曰："此若言何谓也？"管子对曰："夫河淤诸侯，亩钟之国也，故谷众多而不理，固不得有。至于山诸侯之国、则敛蔬藏菜，此之谓豫戒。"

桓公曰："壤数尽于此乎？"管子对曰："未也。昔狄诸侯，亩钟之国也，故粟十钟而锱金，程诸侯，山诸侯之国也，故粟五釜而锱金。故狄诸侯十钟而不得傅籍，程诸侯五釜而得傅籍，十倍而不足，或五分而有余者，通于轻重高下之数。国有十岁之蓄，而民食不足者，皆以其事业望君之禄也。君有山海之财，而民用不足者，皆以其事业交接于上者也。故租籍，君之所宜得也；正籍者，君之所强求也。亡君废其所宜得而敛其所强求，故下怨上而令不行。民，夺之则怒，予之则喜。民情固然。先王知其然，故见予之所，不见夺之理。故五谷粟米者，民之司命也；黄金刀布者，民之通货也。先王善制其通货以御其司命，故民力可尽也。"

管子曰："泉雨五尺，其君必辱；食称之国必亡，待五谷者众也。故树木之胜霜露者不受令于天，家足其所者不从圣人。故夺然后予，高然后下，喜然后怒，天下可举。"

……

桓公曰："吾欲杀正商贾之利而益农夫之事，为此有道乎？"管子对曰："粟重而万物轻，粟轻而万物重，两者不衡立。故杀正商贾之利而益农夫之事，则请重粟之价金三百。若是则田野大辟，而农夫劝其事矣。"

桓公曰："重之有道乎？"管子对曰："请以令与大夫城藏，使卿、诸侯藏千钟，令大夫藏五百钟，列大夫藏百钟，富商蓄贾藏五十钟，内可以为国委，外可以益农夫之事。"桓公曰："善。"下令卿诸侯令大夫城藏。农夫辟其五谷，三倍其贾。则正商失其事，而农夫有百倍之利矣。

桓公问于管子曰："衡有数乎？"管子对曰："衡无数也。衡者使物一高一下，不得常固。"

桓公曰："然则衡数不可调耶？"管子对曰："不可调。调则澄。澄则常，常则高下不贰，高下不贰则万物不可得而使固。"

桓公曰："然则何以守时？"管子对曰："夫岁有四秋，而分有四时。故曰：农事且作，请以什伍农夫赋耜铁，此之谓春之秋。大夏且至，丝纩之所作，此之谓夏之秋。而大秋成，五谷之所会，此之谓秋之秋。大冬营室中，女事纺织缉缕之所作也，此之谓冬之秋。故岁有四秋，而分有四时。已有四者之序，发号出令，物之轻重相什而相伯。故物不得有常固。故曰衡无数。"

桓公曰："皮干筋角竹箭羽毛齿革不足，为此有道乎？"管子曰："惟曲衡之数为可耳。"

桓公曰："行事奈何？"管子对曰："请以令为诸侯之商贾立客舍，一乘者有食，三乘者有刍菽，五乘者有伍养。天下之商贾归齐若流水。"

【生态文明启示】

"……故善者不如与民，量其重，计其赢，民得其十，君得其三。有杂之以轻重，守之以高下。若此，则民疾作而为上虏矣"① 的生态文明启示是：在经济建设、生态文明建设中，有若干重要的生产资料，是不是由国家来垄断生产就能够掌控相关建设呢？其实，这并不是合理的生产方式。因为，由国家来垄断生产，可能引发许多非预期的后果。所以，更为合理有效的生产方式是分散由民营主体进行生产经营活动，通过合理财税等政策机制，实现合理的利益分享。民营主体获利在七成左右。国家获利在三成左右。只要政策机制合理有效，那么，民营力量同

① 《轻重乙篇》，主要论述生产流通过程中的相关问题。原为第八十一篇，第八十二篇《轻重丙篇》已佚；本书略去了第八十三篇《轻重丁篇》，该篇主要论述的是国家谋取收益的一些具体计策；略去了第八十四篇《轻重戊篇》，该篇主要论述以经济手段进行国家竞争；略去了第八十五篇《轻重己篇》，该篇主要论述依据时令变化的行为准则；第八十六篇《轻重庚篇》已佚。"故善者不如与民，量其重，计其赢，民得其十，君得其三。有杂之以轻重，守之以高下。若此，则民疾作而为上虏矣"的大意是：（农业生产、手工业生产所需要的生产工具，不宜由国家集中开矿制造，因为集中开矿制造过程中可能引发多方面的问题）因此，更为合理的方式是交由民间主体分散经营，预算好它的产值和盈利，达成盈利分成目标：百姓分利七成、国家分利三成。国君在这一过程中用好价格调节政策，就可使民间力量为国家目标服务。

样能够为国家的经济社会发展、生态文明建设目标服务。

"……民，夺之则怒，予之则喜。民情固然。先王知其然，故见予之所，不见夺之理。故五谷粟米者，民之司命也；黄金刀布者，民之通货也。先王善制其通货以御其司命，故民力可尽也。……故夺然后予，高然后下，喜然后怒，天下可举"①的生态文明启示是：经济政策也好，生态文明建设政策也好，都要考虑民众的行为偏好（通常都是"获得"增加其效用、"付出"则降低其效用），这样的政策才是有效的。所以经济政策、生态政策，对民众的补偿机制优于对民众的成本分担机制。因此，实施补偿机制应尽可能显性化，而实施成本分担机制则应尽可能隐性化；同理，对于民众相关权益的政策，如果是增加民众权益则应尽可能显性化，如果是限制民众权益则应尽可能隐性化；再者，在给予与予夺权益的机制同时存在时，考虑到民众的行为偏好，不妨先予夺后给予，这种方式优于先给予后予夺。

"……粟重而万物轻，粟轻而万物重，两者不衡立。故杀正商贾之利而益农夫之事，则请重粟之价金三百。若是则田野大辟，而农夫劝其事矣。……请以令与大夫城藏，使卿、诸侯藏千钟，令大夫藏五百钟，

---

① "民，夺之则怒，予之则喜。民情固然。先王知其然，故见予之所，不见夺之理。故五谷粟米者，民之司命也；黄金刀布者，民之通货也。先王善制其通货以御其司命，故民力可尽也"的大意是：人们的心理特性一般是获益则快乐，损益则不快乐。先王懂得这个道理，所以在给予民众利益，要显性给予；在夺取民众利益，则应尽可能以隐形方式。再者，粮食是民众追求的核心物品，货币是民众交易物品的中介，所以先王善于用货币来掌控粮食价格，进而掌控民众为国家目标服务。

列大夫藏百钟，富商蓄贾藏五十钟，内可以为国委，外可以益农夫之事"①的生态文明启示是：在经济社会发展、生态文明建设过程中，为了总体目标我们需要及时调整各部门间的结构、调整各群体间的利益关系，而调整结构、调整利益关系，不能直接去削减某些产业部门，而应提高鼓励发展部门产品的价格，这样才能真正起到促进鼓励部门发展、抑制及削减部门发展的效果。提高鼓励部门产品价格，也不能通过人为提价方式，而应通过扩大需求的方式来实现。而扩大需求，一方面应与经济发展、生态文明建设目标一致，另一方面也应起到促进鼓励部门的发展。

"……请以令为诸侯之商贾立客舍，一乘者有食，三乘者有刍菽，五乘者有伍养。天下之商贾归齐若流水"②的生态文明启示是：在经济社会发展、生态文明建设过程中，对于重要资源的获取、重要产业的形成，除了价格机制外，还应建立起有效的投资及经营的便利条件，形成便利化的经营环境。

---

① "粟重而万物轻，粟轻而万物重，两者不衡立。故杀正商贾之利而益农夫之事，则请重粟之价金三百。若是则田野大辟，而农夫劝其事矣。……请以令与大夫城藏，使卿、诸侯藏千钟，令大夫藏五百钟，列大夫藏百钟，富商蓄贾藏五十钟，内可以为国委，外可以益农夫之事"的大意是：粮价高，其他物品价格就低；粮价低，其他物品价格就高。两者双向互动。所以要削减商人赢利而帮助农民生产，应把每釜粮食的价格提高三百钱，就可促进农业规模，提高农民耕种积极性。要想提高粮价，就应扩大需求，可要求诸侯、大夫、列大夫、富商储粮若干，这样一来既可将其作为国家储备，又可促进农业生产。

② "……请以令为诸侯之商贾立客舍，一乘者有食，三乘者有刍菽，五乘者有伍养。天下之商贾归齐若流水"的大意是：（对于短缺商品，应采取有利于商品流入的优待对策）为各国商人建立招待客栈，规定拥有四匹马一车的商人，免费餐饮；有十二匹马三辆车的商人，外加供牲口草料；有二十四匹马五车的商人，还给配备五名服务者。这样一来，各国商人就会像流水一样到齐国来经商。

附录一

《管子》主要思想的白话梗概

一、《牧民篇》

1. 不遵循天时，生产和财富就不能实现；不遵循土地耕作规律，粮食就不会充足；田地荒芜不被开发利用，意味着民众生活无着；君主挥霍无度，则民众无力满足之；不禁止奢侈品生产，则民众消费超出其能力。总之，不堵塞索取无度和奢侈这两个根源，社会稳定秩序必然受到严重影响。

2. 什么是国家治理的四维？一是礼，二是义，三是廉，四是耻。有礼，人们则不会超越行为规范；有义，则人与人之间不会不择手段地获取竞争优势；有廉，则不会掩饰过错；有耻，就不会趋从恶行。民众遵守行为规范，则国家秩序和君主地位稳定；不会为了目的不择手段，则人与人之间就不会相互欺骗；不掩饰过错，人们行为则会不断自我校正；不趋从恶行，则不会引致社会混乱之事循环加剧。

3. 不强为难以办成之事，就是要考量民力的承受度；不追求难以获得的利益，就是不迫使民众去做不愿之事；不立足于难以持久之所，就是不把事业建立在高风险的基础上；不为不可重复推行的策略，就是不以欺瞒取巧手段去管理民众。

二、《形势篇》

4. 不要因为不同宗不同姓，就不听取外人的意见；不要因为不同乡，就不采纳外乡人的建议；不要因为不同国，而不听从别国人的主张。听取意见建议，就要像天地对待万物那样，没有什么偏私偏爱。

5. 谋虑远大的人，可以与他共商大事；见识高超的人，可以与他探讨治国之道。但是，对于那种贪图速效而只顾眼前利害的人，就不可与之商讨大计。

6. 顺天道之行为，没有利害关系的人也会认同；不守规矩的行为，近亲也会怨恨。如同用新伐木材做屋柱而房子倒塌，谁也不怨恨木材；小孩子把屋瓦拆下来，慈母也会操起棍子追打。

三、《权修篇》

7. 发现人们做有益之事，对其嘉许就要有实际奖赏；发现人们做有害之事，对其反对也要有具体惩罚。赏功罚过，对于亲身经历者而言得以真实兑现，那么，没有亲身经历者也就不敢乱为了。如果发现人们做有益之事，空自嘉许而没有实际奖赏；发现人们做有害之事，空自反对而没有具体惩罚；赏功罚过之说，亲身经历者没有获得兑现，不可能指望没有经历者为之感化。君主治理国家能够付出厚爱和切实利益，就可亲近民众；申明知识和礼节，就可教导民众。以身作则来引导民众，确立规章制度以规范民众行为，设置官吏以管理和引导民众行为。也就是，用法令加以约束行为范围，用奖赏鼓励有益行为，用刑罚威慑有害行为。这样一来，民众行为就会愿意选择"为善"，"为恶"行为便会大大受到制约。

8. 土地生产财富，受时令限制；民力使用，有其承受力。如果君主欲望无度，有时令限制的土地和有承载力限制的民力是无法满足其欲望的，两者间若没有一个合理限度，则上下之间就会互相怨恨，臣反君、子杀父的现象也可能由此产生。因此，向民众征取必须有度，用度有节制的话，国家虽弱小也能够稳定；反之，对民众征取无度，用度没有节制的话，国家虽强大也难以稳定。

9. 农事与经商总是存在劳力之争，民间与官府总是存在财富货物之争，货币与粮食总是存在价格贵贱之争，地方与朝廷总是存在治理权限之争。所以，要想使土地不荒芜，就应把农业放在首位；要想让官府不积财货，就应把财富货物藏于民间；要想让商业市场不过度发展，就应努力做到家用自足；要想使朝廷不聚众讨论具体事务，就应当向地方管理者分权。

10. 做一年的打算，最好是种植五谷；做十年的打算，最好是种植树木；做长远的打算，最好是培育人才。种谷，是一种一收；种树，是一种十收；培育人才，则是一种百收。如果我们注重培养人才，其效应是不可估量的，只有真正掌握了治理之道才能够获得这一深远的效应。

11. 凡是治理，都意图使民众走正道。要使民众走正道，就不能不禁止小的不当行为。因为，小的不当行为是大危害的形成根源。所以，引导民众在日常生活中践行礼义廉耻，是实现有效治理的根本途径。

12. 凡是治理，都意图使民众服从驱使。要想使民众服从驱使，就不可不重视"法"的作用。法，是用来建立国家权威的。所以，如果国家荣誉不受尊重，民众对国家治理认为于己无关，有人站出来代表民众发难，这些问题都是国家法规制度不当导致的。

四、《立政篇》

13. 山泽能够防范火灾，草木繁殖成长，国家可望富足；使沟渠全线通畅，堤坝之水不会漫溢，国家可望富足；田野种植桑麻，五谷因地制宜种植，国家可望富足；农家饲养六畜，蔬菜瓜果齐全，国家可望富足；工匠不作刻花镂空、女红也不求文采花饰等奢侈品，国家可望富足。

14. 法令公布以后，各地就应当不折不扣地执行。法令公布后，有不执行的，叫作"不从令"；检查法令，有与太府所存文本不符的、条文增多的叫作"专制"，减少的叫作"亏令"。这些情况，都应当坚决杜绝。

15. 制定防火法令；戒止山泽林薮之处堆积枯草；对自然资源的出产，按时封禁和开放，保障公共建筑需求和民间生活需求。这些方面，应当设立专门管理者行使其职责。

16. 排泄积水，疏通沟渠，修整堤坝，以保持蓄水安全，以期雨水过多时无害于五谷、年景干旱时也有正常收成。这些方面，应当设立专门管理者行使其职责。

17. 一旦征召就立即来到，一旦派遣就立即前往，民众舍己而一心为君，这是教化所期望的成效。初始成效未必明显，而最终成效深远。君主一人发令，民众万人遵从，这是训练所期望的成效。不加强令而主动办事，不加强求而主动前往，不用劝勉，而民众尽心竭力，这是树立风尚所期望的成效。君主的愿望刚在内心形成，百姓就领会而化为行动；法律尚未惩处而民众就懂得戒惧，激励尚未兑现而民众就积极行动，这是推行诚信所期望的成效。

五、《乘马篇》

18. 土地是政事的根本。所以，土地管理政策应当为政事顺利推行发挥重要作用。土地管理政策，如果不能实现相关利益的公平协调，那么，政事就必然无法公正。没有公正的政事，生产就无法有效管理。

19. 黄金是计量财用的货币工具。通晓黄金货币在经济活动中的规律，就懂得什么是奢侈和俭省。懂得奢侈与俭省，各项用度就能够实现适度的满足。国家用度过少，对举办事业不利；用度过多，则对商品价格不利。因为，国家用度过少，则金价低迷，金价低则对各项事业举办不利；国用过多则金价高企，金价高则商品价格低，所以对商品生产不利。导致商品供给不足，这是不懂得适度造成的；或者导致商品供过于求，也是不懂得适度造成的。不适量、不适度都是不利于国家治理的。国家治理，必须懂得货币与生产的规律。

20. 只有智者懂得而一般人不懂的事，不可要求一般民众；只有巧者能做到而一般人做不到的事，也不可要求一般民众；不是命令一下，人人都能执行的目标，最终很难实现；不是那种只要努力就能完成的功业，很难切实地达成。因此，应当规定：不是真正有商业能力的商人，不得经商；不是真正有技能的工匠，不得为工；不是用心耕种的农夫，不得务农。

21. 应当认识到这样的规律：土地分租耕种，分户经营，可以使民众自动地抓紧农时。实行了与民分利的制度，民众就可预期到切实的收益；再明确分利准则，民众就会竭尽全力。这样一来，不必督促，所有的劳动力都会自觉自愿地投入到农业生产之中。

六、《版法篇》

22. 兴办所倡导之事项，一定要预估到可能的结局；废止所厌恶之事项，一定要考虑到可能的关联影响。

23. 用人要比照一下自身，办事要根据实际能力。对于国家用度应详细考量，对于奖惩要慎重处理，要明察事物的分量与限度。所以，君主用财于民不可以吝啬，征用民力不可以过当。用财吝啬反而没有成效，用民力过度反而劳而无功。总是使得民众贫困，则政令难以推行；总是滥用民力，则政令难以实施。

七、《五辅篇》

24. 治理之道的根本，在于强化农业的根本地位，减少无用之物的生产，以使民众富足；选拔贤才，任用能臣，以使民众得以有效管理；

减轻赋税，不苛求于民，忠爱相待，以使民众亲近君主。古代治世，优良的工匠也不能用智巧去做玩好之物。无用之物，守法者从不去生产。

八、《枢言篇》

25. 爱护民众、利导民众、使民众增益、使民众安定，这四个方面都是国家治理的应有之义。君主能够推行相应的政策，国家即可得到有效治理。君主应当懂得什么为先、什么居后的目标次序，亦即民众与土地放在首要地位则有利于国家治理，如果把君主尊严和骄奢生活放在优先地位则有害于国家治理。

26. 治理有道的先王在处理国家关系时，既不"约束"，也不"结纽"，因为"约束"和"结纽"，都不是真正地有机协作，其关系最终必然散开。所以，国家亲善不在于形成"约束""结纽"般的关系，也不可采用"纳贡"和"裂地"的方式来统治天下各国。而有效的方式是有效把握合乎时势、合乎正义的准则。既占天时，又合正义，就可得到上天和各国民众的支持。所以，不采用武力就可保障边境安定、邻国亲善，共同目标也可得以实现。

27. 一国之亡，其根源往往在于过于看重自身的优势；人犯错，其根源也往往是过于自负。粮食问题是攸关民众生存的大问题，而具体政事井井有条则是攸关国家治理稳定的关键。所以，自古以来，一个国家，如果仅仅依赖国力强盛，而不注重具体的政事得当与否，那么这个国家不可能得到有效治理。

28. 人们在国家事业中，按职责可以划分为三类：一类是管理者，一类是监督督促者，一类是从事具体事务的劳动者。人们的行为，也可划分为两种：一种是事前明确规定的，一种是事后查明改正的。

九、《八观篇》

29. 一个国家，如果不当的税赋征收制约了货物的生产，如果日常用品得不到有效供给，那么这个国家即使富有珍宝，也依然是贫困国家。

30. 一个国家，对于山林树木砍伐的封禁和开放要有合理的时期规定；对于捕鱼业须有政府管理，民众不能只靠捕鱼这一条单一财路来维持生活。这些规章并不是对草木、鱼鳖有什么爱惜之心，而是防范民众为获得其他收入而荒废了粮食生产。

十、《重令篇》

31. 法令虽然由上面制定，而可行不可行却取决于下面，这就是君主权威被下面所牵制。权威被下面的官吏牵制，就会被官吏们用于谋私。因此，法令只要颁行，就不应为执行者提供可不落实法令的路径，一旦为他们预留了可不落实的各种路径，那么法令所意图达成的目标根本无法达成，上下的法制秩序也必定混乱。

32. 粮食不足，却不禁止奢侈品生产，民众必定饥饿，而工匠们还以雕木镂空相夸耀，这就是"逆"；布帛不足，富贵人家的衣物却没有节制，民众必定要受冻，而富贵人家女眷还以衣着美丽、锦绣花团相夸耀，这就是"逆"；有万辆兵车的大国，士卒不拼命作战应敌，国家必定有危亡之患，而武士们还以免服兵役相夸耀，这就是"逆"。

33. 有效落实政策目标的工具有三个：一是政策要求，二是处罚性法规，三是激励机制。影响政策有效落实的因素有六个：一是政策执行有偏向性，二是管理层不以身作则，三是有经济利益输送，四是有其他方面利益的输送，五是有投机取巧的方式，六是执行者偏离了既定目标。

十一、《法法篇》

34. 不依法推行法度，则国家各方面行事不能常态化；法度不采用依法手段推行，则政令难以贯彻落实。政令不能贯彻落实，是因为政令没有成为强制性法规；成为强制性法规而不能贯彻，是因为政令制定不切合现实；切合现实而不能贯彻，是因为激励处罚程度不足以达到预期目标；激励处罚程度适当而不能贯彻，是因为激励处罚没有信用（没有一一兑现实施）；有信用而不能贯彻，是因为上层统治者不以身作则遵守法令。所以说，法令能够约束上层统治者遵守，就可以广泛推行于大众。

35. 知有贤才而不举用，听到有好的做法而不去调查借鉴，有人才而不发挥其才能，对任用人才的信任并不坚定，决策谋划者之间并不团结，想处置不当人员却无能为力，明知无法胜任而弃用的人员又不得不启用，事可为而不为，富贵家族并不怜悯而帮助他人，凡此种种现象，都是国家治理出现问题的征兆。

36. 依靠笼络人心的治理方式，如对于违法行为的赦免，这种方式初期有一定效果但问题越积累越多，积累到一定程度，社会就难以承受其累积的后果；而依法治理的方式在初期有一定难度和问题，但推行一段时间后问题得到化解，社会长期稳定的成效也就显现了。

37. 上层统治者对民众有三种要求，都应当尽可能节制。一是向民众征取财富，二是对民众行为作出禁止性规定，三是向民众发布命令。如果征取财富总是希望得到，禁令总是希望立竿见影，命令总是希望切实推行，那么其结果必然是与预期相反。

38. 所谓"依法"，就是既要防止过度，也要防止偏轻。无论是过度，还是偏轻，都不是"依法"，都将损害国家治理和社会秩序。

39. 导致民众贫困、耗费社会财富的莫过于战争；对国家造成危险、对统治带来危机，没有比战争更直接的。战争对国家和民众带来的四种危害是很显然的，但古往今来都不能废止战争。只能说，非必要的战争应当制止，但必要的战争也不得不进行，发动不必要的战争与不发动必要的战争，对国家和民众的危害是一样的。

214

十二、《霸形篇》

40. 民众担心饥饿，是因为当前税赋过重；民众担心死罪，是因为当前法规过于严苛；民众担心劳困，是因为当前国家征用民力过重。

41. 古代贤明所说的行乐于钟磬之间，是在这样的情形下进行的：君主命令一出就行于天下，此时行乐于钟磬之间，没有四面兵革之忧。反之，如果君主命令并不能行于天下，即使身在钟磬之间却有四面兵革之忧，这是"堪哀"而非"堪乐"的情形。

十三、《霸言篇》

42. 在诸侯各国之中自身实力强盛称作"霸"，能够纠正诸侯国行为的称作"王"。能够成为王者，有他国所不具备的公正性、正当性。道义相同的国家，它不会去攻取；理念一致的国家，它不去统治。王者争夺天下，是以威信去推翻暴君。称王以统治各国必须有正当性，称霸以号令各国则必须合乎天下情势。

43. 兵力的强大有赖于权威的树立，权威的树立有赖于土地生产的富强。所以，各国由于经济富强，才能树立其权威，经济衰败则失去了其权威。而要将权威树立于天下各国，则必须首先获取各国民众的民心，获取民心就是考虑大众的共同利益，而只考虑自身局部利益者，是无法获取天下各国民心的。

44. 古代贤明君主对外发动战争时，其前提是要有正义性，用兵须迅即，依情势而决断可否举兵，量实力而决断能否进攻，考虑得失而决断行动时机。

十四、《问篇》

45. 要了解国情民情，应当调查国内尚未开发的资源有哪些，其中可以解决人们之急需的有哪几处？调查人们认为有害于乡里的是哪些因素？

46. 要了解治理状况，应当调查选拔人才采用什么标准？调查各个责任官员的任职时长，他们在任内开垦的荒地，使人们受益的有多大面积？他们所提的奏议，可使民众增加财力的有哪些内容？他们建筑的城郭、修建的墙垣、设置的路障、安设的门楼及加深的护城河，有益于城池守卫的，都有哪些？所捕盗贼，消除祸患，有多少？

十五、《制分篇》

47. 伯夷、叔齐并不是因为饿死才被人称道的，而是因为他们一直以来就注重修德；周武王取胜商纣王，并不是在甲子那天起兵取得的，而是由于之前就多行善政。

48. 国家得以治理要有制度，国家得以富裕要有生产，国家得以强盛要有客观条件，国家地位得以形成要遵从竞争优势准则，掌控天下则要掌握关键性因素。

十六、《侈靡篇》

49. 发展了工商业，民众生活才好转，这是不重虚名而注重实效的措施。所以，在重视农业本业的同时也应发展游乐等他业。

50. 要根据时代不同而改变政策。不过度追求粮食，而去追求粮食之外的东西，那样人们的生活可有序而有效管理。

51. 发展他业，可提倡各种附加精神满足的消费，如吃最好的饮食，听最美的音乐，把禽蛋雕画后煮食，把木柴雕刻后烧用等。富有阶层，可通过挖掘巨大墓室，使穷人有工做；装饰堂皇墓地，使雕画工匠有工做；制造巨大棺椁，使木工有工做；多用随葬衣被，使女红有工做。此外，还有各种祭奠包裹、仪仗、殉葬品，也可带动相关的生产活动。

52. 城市需求得不到完全满足而农村供给得不到完全售出，是市场交易不充分造成的；城市需求得到完全满足，而农村供给得到完全售出，则是市场交易充分带来的。

53. 只要利益不是来自政府规定，就能够使利益出自市场交易。商人并非听从于政令，而是听从于利益。

十七、《白心篇》

54. 建立行为准则和行动规划，应秉持三方面的准则：避免反反复复、合于时宜、公平，三方面相互协调则其制度能够持久有效。

55. 一面之词的善言或恶言，都不要轻易相信，等待时间并进一步获得可信的信息，不做预设判断，最终可以获得正确的认知。不要把道听途说当成事实，要观察与考证，不要听信任何巧辩，将相关事物进行归纳综合比较，事物的性质是好是坏就会自然而然地显现。

56. 解决问题，必定有其恰当的方法。然而在人们无法解决之时，人们才会着力去寻求解决方法；犹如用工具去解开绳结，就是在绳结无法解开时才想到的方法。

57. 发布一项法令不可轻易而为，必须符合众人意愿。不要在共同认知上增加或删减，既有法令接近众人意愿就不要轻易变更。什么是智慧，什么是谋略，只要符合民众意愿而制定的法令，就会得到更多人的认同。认识自己意愿并依此行事叫作"稽"，了解他人意愿并依此行事叫作"济"，了解天下众人意愿并依此行事叫作"周"。

58. 最基本的规律是无处不在的，无处不起作用的，但是人们与之共处对它并不认知。所以说，人们合理的行为就是遵从基本常识，可现实中人们却总是放着常识不去遵从，而舍近求远地谋求特殊渠道，其结果必然是费力而成效低。

十八、《水地篇》

59. "准"是衡定五种量器的"标准器","素"是判定五种颜色的基础色调,"淡"是辨别五种味道的味觉基准。同理,"水"便是区别万物的基准,区分一切生命的基准,判别其性质差别的基础。

十九、《四时篇》

60. 执行法律、推行德政,都应当考虑与四季的气候特征相符合。如果与四季特征相符合,则有利于社会稳定,反之则对社会稳定造成负面影响。

61. 如果春天去推行只适合冬天的政策,那么春天的繁育就会导致冬天般的凋敝;如果施行只适合秋天的政策,那么春天的繁育就会受到秋霜般的肃杀;如果施行只适合夏天的政策,那么春天的繁育就会导致欲速则不达的后果。

62. 如果夏天施行只适合春天的政策,那么夏天的繁盛就会受到春风般的过度保护;如果施行只适合秋天的政策,那么夏天的繁盛就会如秋水般缺乏温度的助长;如果施行只适合冬天的政策,那么夏天的繁盛就会提前如冬天般凋落。

63. 如果秋天施行只适合春天的政策,那么秋天的收获就会变成春天般不合时宜的生发;如果施行只适合夏天的政策,那么秋天的收获就会承受夏水般的高温而腐败;如果施行只适合冬天的政策,则秋天的收获将提前消耗殆尽。

64. 如果冬天施行只适合春天的政策,那么冬天的收藏就会提前生发而影响其生机;如果施行只适合夏天的政策,则冬天的收藏会承受被提前惊蛰的虫害;如果施行只适合秋天的政策,那么冬天的收藏就会承受秋旱般的干燥而使其种子因缺乏水分而影响生机。

65. 自然规律决定社会的行为准则，社会行为准则决定国家治理思路，治理思路决定具体事项。

二十、《势篇》

66. 作战过程中必须一往无前。如果总是担心会不会遭受暴雨之类的意外，这就是过于瞻前顾后，那样的话，原本很简单的问题被弄得复杂无序，原本有可能解决的大问题则完全被动；如果总是担心会不会陷入险境，这实际上就是心中无数，那样的话，只会造成队伍混乱，上下陷入迷茫，注定要打败仗。

67. 某诸侯国的悖逆之事刚刚萌生，上天对其尚没有什么表示的情形下，就提早对其征讨的话，因缺乏正当性所以不可能成功，反而将因此受到惩罚。上天是根据人的行为善恶做出反应，贤明君主则根据上天征象对悖逆之国进行征伐。

68. 隐秘方式周全的话，明察也难以发现；明察锐利的话，即使隐秘周全也难以不被发现。所以，如果在下面搜寻不到线索的话，那就在可能范围内最大限度搜寻线索。

69. 野兽一味地奔跑，必然遭遇暗伏的罗网；所以，为政也不能一味地推行某一政策，必须有起有伏，否则难以达成治理目标。仁政推行若干年，民众偏重义与德，此时，则应适当强化法治；同理，严刑峻法推行若干年后，民间刀兵与暴力得以平息，此时则应适当强化仁政。

二十一、《正篇》

70. 制定五种刑罚，每一种都应罪罚相当，使违法者无所抱屈，守法者不生恐惧，这就是"刑罚"。使人们行为规正、使人们遵守规范、使人们承担责任、使人们受到应有的约束，号令严格而使人遵守，这就是"政令"；如同四季一样有规律地运行，四时变换如同天上星辰一样准确，如同昼与夜、阴与阳、太阳与月亮一样判别分明，这就是"法律"；护佑生命、孕育生命、养育生命、成就生命，但并不自认为有德于大众，万物都与之同等亲近，这就是"自然之德"；无所谓恩德、无所谓偏向，万物都遵从，阴阳自然交合，这就是"自然规律"。刑罚用于惩治弊恶，政令用于号令，法律用于约束，仁德用于教化，规律用于明理。

二十二、《九变篇》

71. 民众不为邀功而为自觉自愿的行为，有其内在的成因，而不是依靠外在的技巧手腕就可以促成的。

二十三、《明法篇》

72. 有四种现象表明国家治理存在危机：急要的法令却无法下达，叫作"灭"；法令下达停留在中层而无法下达基层，叫作"雍"；急要的下情无法上传，叫作"塞"；下情上传停留在中层而无法上传到决策层，叫作"侵"。灭、侵、塞、雍现象的产生，都是法规制度没有确立其权威性和责任性造成的。所以先王治国，不在法规制度之外行事，也不以私行小惠去干预法规制度的执行。

二十四、《正世篇》

73. 古代想要匡正治理天下的君主，必定先考察国家治理政情，调查国家治理事项，考察民众习俗，以查明治乱的根源与得失的所在，然后着手推进其治理。这样，法规制度才能得以推行，政策措施才能得以贯彻落实。

74. 社会各群体不和谐、社会不稳定，如果不是制度政策不当的话，那么就是不良社会风气造成的。

75. 君主治理国家，最为重要的在于一个"胜"字，所谓"胜"，就是制定的法规制度得以顺利推行，制定的政策措施得以有效贯彻落实。

76. 古代的贤明君主对社会风气的治理并非千篇一律。激励有薄厚之分，禁令有宽严之分，之所以不同，是因应时势发展变化、因应社会风气不同而采取不同的举措。

77. 如果民众普遍贪利且急功近利，刑罚过宽的话，其违法势头就得不到遏制，就会助长民众不择手段牟利的行为。宽刑，似乎是爱民，实质上是害民，"爱民"与"害民"的关系必须深刻认识。

78. 政事最要紧的是解决当前急要问题，治理最重要的是把握好政策的缓急适中。如果政策过于严厉，则民众被迫行事而难以适从，其长期形成的稳定生活方式也失去了保障；如果政策过于宽缓，则民众不在意政策举措的推行，依旧以自己利益为考量行事，则必然偏离公共政策的目标。

二十五、《治国篇》

79. 民众富裕的话就会安居惜家，安居惜家就会恭顺君主而畏惧刑罪，这样就容易治理了。反之，民众贫穷的话则不安居、不惜家，不安居惜家就敢于对抗君上而违禁违法，这样就难以治理了。

80. 手工业者工作一天的收入足以维持其五天的生活，而农民每日劳作都难以维持其正常生活，这样的话，农民必然放弃农业而去从事手工业，如此一来，必然导致农田荒芜而国家陷入贫穷。

81. 农业的收入支出不是稳定的，农民在许多月份没有收入，只有按年度计算才具备缴纳税收的能力。如果官府征税不考虑农民收入的时间特点，就会导致农民在没有收入的时间点不得不借高利贷来完税。

82. 促使从事四种职业的民众交换产品、互通有无，使他们的年收入相差不悬殊；民众无论从事哪一行业，其收入差距都不大；民众稳定从事各行各业（而不是趋向某一高收入行业），农业就能够得到稳定的发展。

二十六、《禁藏篇》

83. 把"禁止性规定"牢记在心，则可以避免各种关联的风险。要做到以"禁"防范"风险"，就必须使禁止性规定切实关乎民众的内在关切。

84. 要实现没有不遵守法律而被法律惩处的目标，就必须明确并确保哪些行为必然会被追究惩处。之所以有大量不遵守法律而未被惩处的现象，就是因为没有确保非法行为受到应有的追究惩处。必须有利于民众谋求正当利益、避免不法障碍。

二十七、《桓公问篇》

85. 统治者不应为创新而创新，只有在条件成熟的条件下才可以实施创新。不以个人好恶损害公正原则，要体察民众不喜欢什么，并引以为戒。

86. 在国家治理过程中，实施咨议制度征求意见建议，其目的就是使得国家法度简而易行，刑罚审慎而有震慑力，政事简而易从，税收少而易征。

二十八、《版法解篇》

87. 所谓"版法"，就是效法天地的方位，参照四时的运行，来治理天下。四时季节运行，有寒有暑，圣人可以效法之，从而形成强制性的和柔性管理的治理制度。

88. 统治者的天然心性，应当是无偏私、对于任何人都是一视同仁的。这样的统治，在任何情形下，人们无论地位高低、关系远近，都能够得到同等程度的护佑。

89. 万物都是尊崇天而珍重风雨的。尊崇天，是因为万物无不接受天候所决定的命运；珍重风雨，是因为万物无不依靠风的吹拂、雨的滋润来维系其生命。

90. 有些事务，开头轻易而后则转向艰难；有些事务，开头不加重视而后则难以补救。这就是有效的路径未能寻求到，而导致越来越难以推进的结果。开头容易的事务，人们往往轻易对待，轻易对待就很难顺利成事；开头不加关注的事务，人们往往轻易放弃，轻易放弃就会导致丧失良机而难以补救的结果。

91. 任何事务一旦过当就必然导致事倍功半的结果。使用民力过当的话，其事就不会做得完善，不完善就要不断返工，这叫作"劳"；君主用财过于吝啬，就不得人心，不得人心则会形成怨恨的社会氛围，这叫作"费"。

92. 要避免祸患的生成，根本在于减少引发民众怨恨之情。不是说民众有了怨恨之情才去消除，而应当在一般情形下不出现引发民众怨恨情绪之事。凡是祸患的出现，其根源都在于民众怨恨情绪的不断积累；引发民众怨恨情绪的，都是非理性的政策、非理性的管理导致的。

93. 人没有不是趋利避害的。因此，与天下人共享利益的，天下人就会拥护他；独占利益的，天下人就会图谋他。天下人所图谋的，地位虽然确立也必然倒台；天下人所拥护的，则能够保障其地位尊贵而不危险。所以说地位稳固要靠利益共享。

二十九、《臣乘马篇》

94. 谋划国家财政可以借鉴这样一种做法：对种百亩田的农民，下达一个通告：春耕时期的二十五天，国家不派徭役，你们搞好春耕，国家给你们贷款。到了秋收，粮食丰收，粮价必然下降许多。这时又通告农民：春耕时的贷款，要折成粮食偿还，送交官府库存。这样，大量粮食掌握在国家府库，可掌控粮食价格的上涨。此时可通告各级官府，要求他们缴纳兵器用具。同时通告：国库缺少货币，可用粮食折成货币交纳。由此，国家便可在粮食价格的涨落过程中获得财政收入，使得国家的粮食和器物都得到有效供应，而不必向百姓直接征收。

三十、《乘马数篇》

95. 成就霸业的国家只掌握财富的一半左右，国家与民间的财富游动在半数之间以保证国用充足。国君通过调控粮食价格，可以做到每年贮备粮食的十分之三，十年必有三年的积蓄。如果遇上旱涝灾年，民众无法生活，则可以通过修建宫室台榭，雇用那些身无长物的穷人做工。所以修建宫室台榭不是为观赏之乐，而是国家的经济调控政策。

96. 经过综合核算的价格水平，应当与各诸侯国的价格水平保持一致。各类商品，价格偏低则产品外流，价格偏高则他国倾销取利。这便是对立国家相互倾销商品、投机者相互争利的源头。力图成就王业的国家，应有效掌控国内市场流通态势，否则就会被投机者所操控，那样的话，国家的财政经济政策就会被打乱而目标落空。

97. 对郡县上等土地掌握相当数量的粮食，中等土地掌握相当数量的粮食，下等土地掌握相当数量的粮食。由此，按土地好坏确定征收，则民心安定，赈济贫困而补助不足，民众也对君主满意。所以，国家要用上等土地提供的盈余，补足下等土地的短缺，控制四季物价变化，掌控市场收放权力，则民心安定，如同把方形物体放在平地上一样平稳。这就是综合筹划的财政理财方法。

三十一、《事语篇》

98. 君主的生活过于简朴，相关经济活动就得不到发展。如果君主不修饰车帷车盖，不大量添置衣服，织纺业就得不到发展；祭祀之礼不用牲，畜养业就得不到发展；不建楼台亭榭、华丽宫室，各种木材就得不到采用。

99. 善于理财治国的人，能够运用不归他所有的资财，使用不归他所有的人力，因此应该用好各诸侯国的财力、人力来管控天下。

三十二、《海王篇》

100. 如果对全国民众直接征收人口税，那么一定会引起所有民众强烈的反应。因此应当采取对生产生活必需品加价征取的方式，如针的价格每根加一钱……其他铁器的价格，均可依此而行。那么，只要人们动手干活，则无不负担此税。

101. 对生活必需品实施专卖方式也是获取国家财政的途径。如让有海国家把盐卖给本国，以每釜十五钱的价格买进，而官府专卖的价格增加至一百钱。

三十三、《国蓄篇》

102. 粮食，是民众的基本需求；货币，是民众交易的通货。所以，善治者，通过掌握流通手段来控制其必要需求，即可最大限度使用民力。

103. 从他者中获得利益则快乐，被他者夺去利益则痛苦，这是人们普遍的心理。制定政策应当基于这一心理，才能更有效。

104. 民众获利只能通过国家控制的唯一途径，这样的国家才能强盛。先王懂得这个道理，所以杜绝民众谋取不正当的高利，限制其获利的途径。

105. 不懂得调节掌控之术，就不能形成无形的"经济之笼"来控制、引导民间经济活动；不能够调整各阶层民众的利益关系，也就谈不上实现了"大治"。

106. 善治国者，总是在民间物资不足时，把库存供应出去；在民间物资过剩时，将之收购储存。

107. 粮食价格是主导其他商品价格的基础。粮价高则一般商品必贱，粮价低则一般商品必贵。粮价与物价不能保持在合理水平，那么两方面都将供需失衡。

三十四、《山国轨篇》

108. 采用盐铁税收方法，可以使粮食大幅增加，且主要为国家掌控。民众生活生产正常、稳定而无怨。

三十五、《山权数篇》

109. 君主每年将粮食的十分之三用于贮备，三年多就能贮备够吃一年的粮食；三十七年就能贮备够吃十一年多的粮食。每年贮备三分之一左右不至于伤害民生，还可以促进农民更加勤劳耕作。这样一来，即使天灾毁坏土地耕种条件、出现严重的旱涝气候，百姓也不至于饿死或逃荒乞讨。

110. 管理得当的话，商品收益由一分可以增加为十分，其中九分可为国家所掌握使用；各种政策轻重缓急得当的话，收益可以增加为十分，十分可以再增加为百分。在国家掌控的九成中，四成用于储备，五成用于发展国家公共事业。

111. 某地有人掘地得到一只大龟，用这个大龟就可得到相当于百里土地的利益。之所以如此，一是因为国君以其信用为其巨大价值背书，二是因为其巨大价值得到了社会普遍认同，三是因为存在价值兑现的具体情形。所以，此类能够赋予巨大价值的宝物，应当由国家掌控，并在必要时发挥其抑制市场过度波动的作用。

三十六、《地数篇》

112. 地理与矿藏条件，是人们区分土地种植的基础，也是兵器和钱币的来源。善于利用这些条件的国家，则财用有余；不善于利用的国家，则财用不足。

113. 周武王故意设立了一种称为"重泉"的兵役，下令说：百姓自家储粮一百釜的，可以免除此役。民众便尽力收购粮食以逃避这个兵役，从而使国内粮价上涨二十倍，官方巨桥仓的粮价也随之提升。武王用此二十倍的巨桥仓粮食收入购买丝帛，军队可以五年不向民间征收军服；用此项收入购买黄金百万斤，那就终身不必向民众收税了。这就是"准衡"方式的财政理财之法。

114. 我们齐国是一地处交通要冲的国家，四通八达，是游客富商的必经之地。外人来到我国，吃我们的粮食，用我们的钱币，好马和黄金也就提供出来了。只要我们掌控市场信号有缓有急，物品价格有高有低，天下的宝物都可以为我所用。善治国者，可以使用不是自己所有的物品，也可以役使不是自己臣民的人力。

三十七、《揆度篇》

115. 尧舜当政的时代，他们之所以能把天下治理好，是因为在北方取用禺氏玉石，从南方取用江汉珍珠，还在驱捕野兽时促使大夫参与其中。他们的做法是，下令"各国诸侯之子到本朝为质都要穿两张虎皮做成的皮裘，国内上大夫要穿豹皮袖的皮裘，列大夫要穿豹皮衣襟的皮裘"。这样一来，大夫们就都卖出他们的粮食、财物去购买虎豹皮张，因此山林民众捕杀猛兽就像驱逐仇人那样用心用力。这就是说，国君只需端坐在堂上，猛兽就将被猎获于野外；大夫们散其财物，民众从中得利。这就是尧舜为达成治理目标所采用的手段。

116. 正确把握好事物的两个方面、五类准则，国家就可以得到大治。有关天时方面的策略、有关地利方面的策略，就是事物的两个方面；权、衡、规、矩、准，就是五类准则。即在落实制度、政策的过程中，对于各部门之间、各区域之间、各群体之间的利益关系，要体现因应变化的权变性、部门间的协调平衡性、政策间的平缓递进性、法规的严格性、利益关系的公平性。

117. 如果天下各国起兵进攻我国，对于凡能谋划利国定民的大臣，就要割地而封；凡能作战成功立名的大臣，也要割地而封。这样，实际上是敌国在封赏大臣，而不是君主在封赏。敌国已使君主把十里土地封给大臣，随着每一次动兵，又要把二十里土地再次封给富商，富商致富不是君主使之，而是敌国使他们致富。敌国每动一次兵，都会造成富商多发一次财，弄得贫者更贫，富者更富，这就是"失准"的必然结局。……商人就在这物品价格贵贱的十分之三中买来卖去，国家财物将全部落入商人之手，君主无力掌控，致使民众贫富之间不断地盘剥，国君无能为力，这些就是国家掌控能力的"失准"。

118. 商品供求一旦发生变化，国家应采取相应措施。预先阻塞投机获利的途径，投机商人就无法行事。君主掌控了从生产到流通的过程，商人就无法抬高物价，从而失去操控市场的能力。所以，有效控制好全国各地物价的涨落，国内就没有投机商人的生存空间，市场价格趋于平稳，这就是"国衡"。

119. 善于统治的君主，驱使民众不会让民众感受到被驱使，征用民众的财物不会让民众感受到被征用。

120. 善于统治国家的君主，犹如拿着黄金货币和粮食放在秤上权衡，粮食贵重了，黄金就相对轻贱了。同样的道理，国家治理中，威权与道德教化也应相互权衡，威权起作用了，某些方面也可达成道德教化的效果。

三十八、《国准篇》

121. 黄帝时代，人们只是小心翼翼地避免野兽的伤害；虞舜时代，枯竭水泽、烧光山林；夏朝时代，焚毁野兽生存的草薮和大泽，还无法为民众猎获和耕种提供利器；殷商时代，不许诸侯畜牧牛马，还限制他们制造武器和工具；周朝则设官任能，统筹各种资源。五个时代的统治方式各不相同，而统一治理的原则是一样的。到了当今时代，祭祀山林之神则可以祈求风调雨顺，制造器械则可以利用万物，枯竭水泽、烧光山林则可以开采矿藏，畜牧则可以富民以弥补粮食的不足。这样一来，五代的做法，都可古为今用。

三十九、《轻重甲篇》

122. "轻重"之术没有固定的方式方法，要随着事物的发展趋势采取对策，要对事物表现出来的征兆因势利导。

123. "轻重"之术例一。国君严肃地召集那些功臣世家、高官贵族、富商巨贾，对他们说城防不固易被敌国攻破，没有粮食贮备易被敌国围困，一旦天下发生战乱，我们齐国也无法置身局外。所以，你们凡存有五谷粮食的请不要自行转移或动用，应接受国家的平价收购。

124. "轻重"之术例二。为什么国家的工匠建造的弓弩质量不好，而采用重金征购天鹅却可以起到提高弓弩质量的作用呢？那是因为，用玉碧征购天鹅的消息传开后，住在水草丰茂地方的百姓知道后，就会越过平地去远方射猎。另外，没有三百斤拉力的硬弓是无法射中天鹅的，而三百斤拉力的硬弓，必须使用矫正弓身的辈撒，否则发出的弓弩无法准直射中猎物。所以，再对弓弩质量进行检验时，弓弩就没有质量不合格的了。根本原因在于工匠都清楚知道弓弩所要达到的技术要求。

125. "轻重"之术例三。先朝尧帝有五个功臣，现在无人祭祀。

请君上建立五位立祀，让人们来祭祀。春天献兰花，秋天献新谷，用大鱼做成的鱼脯、用小鱼做成的菜肴作为祭品。这样国家的鱼税收入可以比从前增加百倍，那就无须征收人口税了。

126. "轻重"之术例四。无论大国小国，炊事都不能没有柴草。现在北部草泽起火，柴草无以为继，这样，各地农民就可大量装车去卖柴草，一捆柴草可比平常价高数倍。这样一来，农民就可顺利地耕作：春天耕种土地，夏天除草耘苗。这就是税收能在九月缴纳完毕的原因。

127. "轻重"之术例五。有百钟粮食的富家不得做鞋，有千钟粮食的富家不得经营菜园，住在城郊三百步以内的家庭不得自种蔬菜。这样失业家庭就可从中得到资助，北郭贫民也可出售其手工制品而有所获利。他们的劳动所得和种菜收入都将大幅增加。

128. 现在国君收税采用直接征收正税方式，民众为缴税而急于抛售其产品，往往降价一半而使利益落入商人手中。这就相当于一国有两个君主在征税。因此，商人趁民众有难处来控制百姓销售产品的时机，使贫者丧失财物，等于双重剥夺；使农夫失去粮食，等于加倍的耗竭。所以说，君主不能有效控制山林、沼泽和草地来作为国家收入的主要来源，也就难以成就其大业。

129. 要想解决吴、越各边国不来本国朝拜的问题，就用他们所产的珍珠和象牙等物作为货币，这样一来，哪怕是八千里外的昆仑山国也会来朝拜。所以，资源没有利用起来，事物之间没有建立联系，远近各国不能互利，四夷也就不会前来朝拜。

四十、《轻重乙篇》

130. 农业生产、手工业生产所需要的生产工具，不宜由国家集中开矿制造，因为集中开矿制造过程中可能引发多方面的问题。因此，更为合理的方式是交由民间主体分散经营，预算好它的产值和盈利，达成盈利分成目标：百姓分利七成，国家分利三成。国君在这一过程中用好价格调节政策，就可使民间力量为国家目标服务。

131. 人们的心理特性一般是：获益则快乐，损益则不快乐。先王懂得这个道理，所以在给予民众利益时，要显性给予；在夺取民众利益时，则应尽可能以隐形方式。再者，粮食是民众追求的核心物品，货币是民众交易物品的中介，所以先王善于用货币来掌控粮食价格，进而掌控民众为国家目标服务。

132. 粮价高，其他物品价格就低；粮价低，其他物品价格就高。两者双向互动。所以要削减商人赢利而帮助农民生产，应把每釜粮食的价格提高三百钱，就可促进农业规模扩大，提高农民耕种积极性。要想提高粮价，就应扩大需求，可要求诸侯、大夫、列大夫、富商储粮若干，这样一来既可作为国家储备，又可促进农业生产。

133. 对于短缺商品，应采取有利于商品流入的优待对策。如为各国商人建立招待客栈，规定拥有四匹马一车的商人，提供免费餐饮；有十二匹马三辆车的商人，外加供应牲口草料；有二十匹马五车的商人，还给配备五名服务者。这样一来，各国商人就会像流水一样到齐国来经商，短缺商品将源源不断流入。

附录二

《管子》主要用语的新阐释

【安乡重家】综合《管子》各篇的相关论述，其主要意涵是：安居乐业并珍惜既有所得而不生他愿。

【霸】综合《管子》各篇的相关论述，其主要意涵是：一个诸侯国具有号令其他诸侯国的威信与能力。

【百利不得】综合《管子》各篇的相关论述，其主要意涵是：各种商业都不得获取过高利润。

【本】综合《管子》各篇的相关论述，其主要意涵是：一般指农业生产、粮食生产，即"以农为本"之意。

【鄙】综合《管子》各篇的相关论述，其主要意涵是：乡村。

【不时】综合《管子》各篇的相关论述，其主要意涵是：不合时宜。

【朝不合众】综合《管子》各篇的相关论述，其主要意涵是：朝廷不必召集众臣商议。

【侈靡】综合《管子》各篇的相关论述，其主要意涵是：为促进生产活动的奢侈性消费、需求。

【耻】综合《管子》各篇的相关论述，其主要意涵是：人们对于不当行为的不趋从态度。

【乘马】综合《管子》各篇的相关论述，其主要意涵是：对于国家财政的理财方法。

【得人】综合《管子》各篇的相关论述，其主要意涵是：得人心，获得民众支持。

232

【度量】综合《管子》各篇的相关论述，其主要意涵是：认识事物的合理限度。

【法】综合《管子》各篇的相关论述，其主要意涵是：法度、法令、依法。

【靡】综合《管子》各篇的相关论述，其主要意涵是：浪费。

【分货】综合《管子》各篇的相关论述，其主要意涵是：生产者分取土地的收益。

【轨】综合《管子》各篇的相关论述，其主要意涵是：某一方面具体的准则、规制、法令、政策。

【国衡】综合《管子》各篇的相关论述，其主要意涵是：遏止投机牟利以维护国家经济稳定。

【国邑（国）】综合《管子》各篇的相关论述，其主要意涵是：都市城镇。

【国准】综合《管子》各篇的相关论述，其主要意涵是：历代国家治理的根本准则。

【害】综合《管子》各篇的相关论述，其主要意涵是：影响目标达成的不利因素。

【和调】综合《管子》各篇的相关论述，其主要意涵是：不相互争夺。

【衡】综合《管子》各篇的相关论述，其主要意涵是：比较、衡定。

【黄金】综合《管子》各篇的相关论述，其主要意涵是：货币、贵金属货币。

【货】综合《管子》各篇的相关论述，其主要意涵是：商品、物质财富。

【籍】综合《管子》各篇的相关论述，其主要意涵是：按户籍人口征税。

【计】综合《管子》各篇的相关论述，其主要意涵是：考量、评估。

【积货】综合《管子》各篇的相关论述，其主要意涵是：囤积商品。

【交能易作】综合《管子》各篇的相关论述，其主要意涵是：交换产品、互通有无。

【开阖】综合《管子》各篇的相关论述，其主要意涵是：市场开放或收紧的政策。

【揆度】综合《管子》各篇的相关论述，其主要意涵是：估测民众的预期反应，以制定合乎政策目标的策略或手段。

【亏令】综合《管子》各篇的相关论述，其主要意涵是：减删法令条文。

【礼】综合《管子》各篇的相关论述，其主要意涵是：人们的行为规范。

【利出一孔】综合《管子》各篇的相关论述，其主要意涵是：财富的产生出自一个渠道，以使国家能够掌控。

【廉】综合《管子》各篇的相关论述，其主要意涵是：人们对于自身过错的不掩饰态度。

【令】综合《管子》各篇的相关论述，其主要意涵是：法规、法令。

【留令】综合《管子》各篇的相关论述，其主要意涵是：不将法令向下推行。

【笼】综合《管子》各篇的相关论述，其主要意涵是：引申为国家管控经济之"笼"，包括国家垄断经营权等手段。

【民心】综合《管子》各篇的相关论述，其主要意涵是：民众意愿。

【末】综合《管子》各篇的相关论述，其主要意涵是：农业以外的活动，手工业、商业等。

【齐】综合《管子》各篇的相关论述，其主要意涵是：得当、适宜。

【轻重】综合《管子》各篇的相关论述，其主要意涵是：根据情势，国家对经济事务轻重缓急、物品价格高低等的掌控调节。轻重广狭、徐疾、决塞等，均为《管子》中的相对概念。

【权】综合《管子》各篇的相关论述，其主要意涵是：权衡、权变。

【劝】综合《管子》各篇的相关论述，其主要意涵是：激励。

【人情（民情）】综合《管子》各篇的相关论述，其主要意涵是：人的本性、民众的心性。

【伤货】综合《管子》各篇的相关论述，其主要意涵是：造成商品浪费。

【伤事】综合《管子》各篇的相关论述，其主要意涵是：影响生产。

【赏】综合《管子》各篇的相关论述，其主要意涵是：对某些行为或成效的激励。

【审】综合《管子》各篇的相关论述，其主要意涵是：慎察。

【胜】综合《管子》各篇的相关论述，其主要意涵是：有能力达成、有能力胜任。

【时】综合《管子》各篇的相关论述，其主要意涵是：季节、时令，亦指春种、夏长、秋收、冬藏等时令特征。

【食】综合《管子》各篇的相关论述，其主要意涵是：供养、生活。

【事】综合《管子》各篇的相关论述，其主要意涵是：某一目标或某一具体事项。

【事名二】综合《管子》各篇的相关论述，其主要意涵是：事物两个方面，即有关天时、地利两方面的策略。

【势】综合《管子》各篇的相关论述，其主要意涵是：对他者具有强大影响力的态势。

【数】综合《管子》各篇的相关论述，其主要意涵是：（针对各种统治之术）固定的方式方法。

【术】综合《管子》各篇的相关论述，其主要意涵是：方法、策略。

【私】综合《管子》各篇的相关论述，其主要意涵是：违背法律的偏向行为。

【天植】综合《管子》各篇的相关论述，其主要意涵是：无偏的自然心性。

【文巧】综合《管子》各篇的相关论述，其主要意涵是：华丽服装与巧作器物，代指奢侈品。

【问】综合《管子》各篇的相关论述，其主要意涵是：对经济活动相关的各方面情况进行调查了解。

【一】综合《管子》各篇的相关论述，其主要意涵是：同一的、同样的。

【益令】综合《管子》各篇的相关论述，其主要意涵是：增加法令条文。

【义】综合《管子》各篇的相关论述，其主要意涵是：人与人之间的行为关系准则。

【争货】综合《管子》各篇的相关论述，其主要意涵是：争相累积商品和财富。

【争民】综合《管子》各篇的相关论述，其主要意涵是：争相使用劳力。

【诛】综合《管子》各篇的相关论述，其主要意涵是：法律、刑罚。

【准】综合《管子》各篇的相关论述，其主要意涵是：以均衡作为衡定事物的标准和准则。

【准平】综合《管子》各篇的相关论述，其主要意涵是：国家采取供过于求之低价时收购，求过于供之高价时抛售的方式，以维持粮食等重要商品的市场价格稳定并维护社会稳定。

【正名五】综合《管子》各篇的相关论述，其主要意涵是：权、衡、规、矩、准等五类准则。

参考文献

[1] 龚得君.《管子》法治思想的生态意蕴及其启示 [J].法制与经济, 2019 (10): 134-136.

[2] 段玉裁.说文解字注 [M].北京: 中华书局, 2013.

[3] 谷衍奎.汉字源流字典 [M].北京: 语文出版社, 2008.

[4] 郭沫若, 等.管子集校 [M].北京: 科学出版社, 1956.

[5] 任继亮.《管子》经济思想研究 [M].北京: 中国社会科学出版社, 2005.

[6] 万英敏.《管子》管理哲学思想研究 [D].上海: 华东师范大学, 2008.

[7] 巫宝三.管子经济思想研究 [M].北京: 中国社会科学出版社, 1989.

[9] 赵守正.管子经济思想研究 [M].上海: 上海古籍出版社, 1989.

[10] 中国人民大学、北京经济学院《管子》经济思想研究组.《管子》经济篇文 [M].南昌: 江西人民出版社, 1980.

[11] 周俊敏.管子经济伦理思想研究 [M].长沙: 岳麓书社, 2003.